臺灣歷史與文化 研究輯刊

八 編

第 6 冊

臺灣城鎮體系變遷研究

呂穎慧 著

花木蘭文化出版社

國家圖書館出版品預行編目資料

臺灣城鎮體系變遷研究／呂穎慧 著 -- 初版 -- 新北市：花木蘭
文化出版社，2015〔民 104〕
目 8+264 面；19×26 公分
（臺灣歷史與文化研究輯刊 八編；第 6 冊）
ISBN 978-986-404-432-0（精裝）
1. 都市發展 2. 臺灣
733.08   104015133

ISBN- 978-986-404-432-0

9 789864 044320

臺灣歷史與文化研究輯刊
八 編 第 六 冊   ISBN：978-986-404-432-0

臺灣城鎮體系變遷研究

作　　者　呂穎慧
總 編 輯　杜潔祥
副總編輯　楊嘉樂
編　　輯　許郁翎
出　　版　花木蘭文化出版社
社　　長　高小娟
聯絡地址　235 新北市中和區中安街七二號十三樓
　　　　　電話：02-2923-1455／傳眞：02-2923-1452
網　　址　http://www.huamulan.tw 信箱 hml 810518@gmail.com
印　　刷　普羅文化出版廣告事業
初　　版　2015 年 9 月
全書字數　226589 字
定　　價　八編 29 冊（精裝）台幣 58,000 元

臺灣城鎮體系變遷研究

呂穎慧 著

作者簡介

呂穎慧，女，山東陽穀人，歷史學博士，副教授。先後就學於聊城師範學院歷史系、山東師範大學政法系、中國社會科學院研究生院近代史系，曾在家鄉鄉鎮中學、山東師範大學從事多年教學工作。2010年起師從中國社科院張海鵬教授，開始臺灣城市史研究。主要研究方向爲城市歷史文化，合著的代表性作品有《紀效新書（十八卷本）校釋》、《齊魯文化通史》（明清教育）、《文化中國（科技卷）》、《中國城鄉一體化發展報告》等。

提　　要

　　臺灣城鎮是中國城鎮體系的有機組成部分。探討臺灣城鎮體系的變遷過程和發展動因，不僅可以揭示臺灣城鎮發展變遷規律，有助於深化臺灣史的研究，也有利於豐富中國城鎮體系的研究，更好地推動兩岸城市之間的融合交流，爲大陸更好地發展城市、建設城市提供一定的借鑒。

　　本書首先分析了臺灣城鎮產生發展的地理環境，並簡要梳理了清代之前臺灣城鎮發生發展的概況，進而根據歷史發展進程，對清代、日據時期、光復後至90年代三個歷史時期臺灣城鎮發展的資料進行了系統的挖掘整理，盡可能眞實全面地反映不同歷史時期的城鎮發展進程，從中心城市、空間格局、功能結構等方面歸納分析不同時期城鎮體系的時代特徵，探尋其發展變遷的社會經濟文化動因。

　　本書運用歷史學的理論和方法，借鑒城市地理學、經濟學、社會學、城市發展學等學科的理論、概念梳理分析臺灣城鎮體系變遷的歷史軌跡及其穩定的自然社會文化特徵。在選材上，注重從宏觀、長時段角度分析臺灣城鎮發展變遷；在內容上，注重從政治、經濟、社會、文化等多個視角綜合把握臺灣城鎮體系在不同歷史階段發展變遷的過程，深入分析其變遷動因和城鎮化的經驗；在研究方法上，借用社會科學的研究方法以定性和定量統計分析的形式，對臺灣城鎮體系的變遷及其特徵進行理論的概括與分析，從中歸納出其發展演變的規律。這種長時段的貫通性與多學科的交叉性，在目前臺灣城鎮的研究中尚不多見，可以在一定程度上彌補臺灣城鎮發展史與中國城鎮體系研究的薄弱環節，這或許可以成爲本書的創新與特色。

目

次

圖表目錄

導　論

　　城市是人類文明的結晶。隨著城市的產生和發展，城市成為文明的載體和溫床。20 世紀以來，城市發展日新月異，城市化成為世界各國現代化的必然趨勢；另一方面，隨著城市化的快速進展，城市的內在機理與系統結構日趨複雜，城市問題亦是層出不窮。如何認識和發展城市，讓城市生活更加美好，已成為全球城市發展面對的重大熱點課題，因而，尋找可持續的城市形態和理想的城市發展模式迫在眉睫。但是，要想解決城市發展中的問題，「要想更深刻地理解城市的現狀，我們必須掠過歷史的天際線去考察那些依稀可辨的蹤迹，去瞭解城市更遠古結構和更原始的功能，這應成為我們城市研究的首要的任務。但這還不夠，我們還要循這些遺迹繼續追尋，沿著城市經歷的種種曲折和所留下的印痕，通考有 5000 年文明可考的歷史，直到今天正在展現的未來」〔註 1〕。因而，就某種意義而言，研究城市發展史，在追尋城市發展演變的足迹中，找尋解決城市問題的鑰匙，也就成為理解並解決城市問題的重要一環。

第一節　選題的意義

　　城市是人類文明的傑作，並隨著人類社會的變革而不斷演進、演化和成長為一個複雜的有機系統，人、城市和環境三個有機系統間的相互作用也日

〔註 1〕　〔美〕劉易斯・芒福德著：《城市發展史——起源、演變和前景》，宋俊嶺、倪文彥譯，中國建築工業出版社，2008 年，第 2 頁。

益加深和擴大。如果說 20 世紀是城市化世紀，那麼 21 世紀則是「城市世紀」。世界各國和聯合國教科文組織都將城市化和高科技發展並列作爲深刻影響 21 世紀人類社會的兩大課題，並予以高度關注。

　　隨著城市化進程的加速，越來越多的人口聚集到城市。根據《2011 年世界人居報告》，到 2011 年全球 70 億人口中城市人口已超過半數，並預測在僅僅一代人之後城市人口將超過三分之二。隨著人口在城市的集聚，城市資源與社會需求之間的矛盾日益突出，致使城市環境「超載」，城市各要素之間的關係失調，進而出現諸如交通擁堵、公共設施故障頻發、資源短缺、環境污染、突發自然災害頻現等嚴重問題，以及由上述問題引起的城市人群易患的各種身心疾病，這就是我們所知的「城市病」。換言之，「城市病」體現的是快速膨脹的人口與城市資源不協調的問題。國際經驗表明，「城市病」是農業社會向工業社會轉型中人口向大城市過於集中而引起的一系列社會問題，而快速城市化階段往往是各種「城市病」的頻發期。根據美國地理學家諾瑟姆的研究，城市化進程的軌迹是一條稍被拉平的「S」曲線，一般認爲在城市人口比重達到 30% 左右，城市化速度加快；等到了 70% 左右，城市化速度又逐漸放慢，並趨於停滯。2011 年末中國大陸城鎮人口占總人口比重達到 51.27%，首次超過 50%，預計到 2020 年中國大陸城市化率將超過 55%。儘管我國各區域發展階段有所差異，但是各大中心城市都在步入郊區化、大都市區化的關鍵階段。未來一段時期，隨著城市人口的快速膨脹，將可能是中國大陸各大城市「城市病」的集中爆發期，2012 年引起國內外關注的中東部大範圍持續霧霾天氣就是一個顯著的徵兆和病症。城市病的多發並發將會直接威脅現代化進程和國家生態安全，成爲影響中國城鄉可持續發展以及社會和諧穩定的隱患。因而，改變粗放的城市發展模式和空間佈局，提升城鄉規劃水平，引導大中小城市協調發展，進而形成空間分佈、職能、結構合理的城市體系，實現各地社會、經濟的均衡發展，是當前我國城鎮發展亟需解決的歷史性課題，也是城鎮規劃和城鎮研究的關鍵內容之一。

　　城鎮體系是城鎮群體發展到一定階段的產物，也是區域社會經濟發展到一定階段的產物。城鎮體系有一個逐漸形成、發展、完善、成熟的過程。對一定地域的一系列不同等級、不同數量的城鎮及城鎮體系形成發展動因、過程及規律的研究，對於實現城鄉人口的合理佈局，大中小城市協調發展，預防「城市病」的惡化和蔓延，充分發揮各區域間的社會、經濟、資源優勢，

實現區域整體的持續、健康、快速發展有著積極而重要的意義。

臺灣是是我國最大的島嶼省份，臺灣城鎮體系是全國城鎮體系的有機組成部分。臺灣地區在光復後走出了一條高速、高質的城市化發展道路，曾被聯合國作為發展中經濟體城市化進程成功的典型案例。若以居住在五萬人以上的行政區域的人口作為臺灣城市人口，1991年臺灣地區已有高達75%的人口居住在城市，臺灣城市化水平已經達到成熟期。但是，由於歷史的原因，大陸學術界對臺灣城鎮的研究還相對薄弱，因而，對臺灣城鎮體系變遷及其動因進行研究，不僅有助於研究臺灣開發史、經濟和社會發展史，更有助於全面系統地分析臺灣的城鎮發展史，臺灣城鎮空間佈局、等級規模、職能體系等的特徵，從而進一步深化我國城鎮體系的研究，促進海峽兩岸城市體系的融合互補；也可以為大陸更好地發展城市、建設城市、管理城市，實現城市的平穩、健康、持續發展提供一定的借鑒。

第二節　基本概念的界定

臺灣地區：為了便於收集資料和研究的方便，本書研究對象的地域範圍限定在臺灣島內，較少涉及臺灣省轄的澎湖及福建省轄的金門等地。

城鎮：不同的學科、不同的研究者對於城市（鎮）的概念從不同角度有不同的界定。如經濟學家巴頓認為：「城市是一個坐落在有限空間內的各種經濟市場——住房、勞動力、土地、運輸等相互交織在一起的網狀系統。」[註2]而城市學家麻庫斯·維巴在其著作《城市類型學》一書中則說，所謂城市，如同巨大、一體的定居村落，家家緊連著定居。然而，居民間的相識關係很差，這與城市以外的鄰居之間的關係大不一樣。居民的大部分不是靠農業，而是靠工業或商業的毛利收入維持生活[註3]。法國城市地理學家菲利普·潘什梅爾認為：城市既是一個景觀，一片經濟空間，一種人口密度，也是一個生活中心和勞動中心，更具體點說，也可能是一種氣氛，一種特徵或者一個靈魂[註4]。《韋氏大辭典》（第3版）認為，城市是「一個團體的

〔註2〕〔英〕K·J·巴頓著：《城市經濟學：理論和政策》，商務印書館，1984年，第14頁。

〔註3〕朱鐵臻著：《城市發展學》，河北教育出版社，2010年，第21頁。

〔註4〕〔法〕菲利普·潘什梅爾著：《法國》，轉引自朱鐵臻著《城市發展學》，河北教育出版社，2010年，第21頁。

人構成一個在政治上有組織的共同體……一個比較有永久性和高度有組織的中心，包括有各種技能的一個人口集團，在糧食的生產方面缺少自給，而通常主要地依賴著製造業和商業以滿足其居民的需要」〔註5〕。城市的定義遠不止於此，目前尚未有一個各學科公認的、主流城市學家普遍接受的定義。

中國古代文獻中，「城」、「市」、「鎮」原是各自獨立的概念，三者的關係非常複雜。「城」原指防禦性的牆垣，遂泛指有防禦性圍牆的地方，能扼守交通要衝的軍事據點和軍事要塞。「市」是商品交換之所。《周易・繫辭下傳》說：「日中為市，致天下之民，聚天下之貨，交易而退，各得其所。」春秋戰國以後，「城」和「市」在空間、功能上實現了融合，才形成了兩者並稱的復合城市概念。「鎮」原為北魏開始專門設置的軍事鎮守之所，後指縣城之外的工商業活動聚集的居民點。清代臺灣的商業集中地一般稱為「街」，類似於今人所稱的「城鎮」。「商賈錯居者謂之『街』」〔註6〕。「凡有市肆者皆曰街：闤闠囂塵，居處叢雜，人煙稠密，屋宇縱橫。街旁胡同曰巷。郊野之民，群居萃處者，曰村莊，又曰草地。番民所居曰社」〔註7〕。可見，當時的街就是店鋪雲集，商業繁榮，人口稠密，屋宇眾多之地。鑒於本書對臺灣城鎮發展史的研究時段較長，且各個不同的歷史時期城鎮發展狀況差異較大，因而將城鎮概念界定為：城鎮是一定規模的非農業人口的聚居地，其居民主要從事非農產業活動和政治、文化以及相關的管理活動。

城市（鎮）體系：是指一個國家或一個地域範圍內由一系列規模不等、職能各異的城市（鎮）所組成，並具有一定的時空地域結構、相互聯繫的城市（鎮）網絡的有機整體〔註8〕。它包括城市職能組合機構、等級規模結構、空間地域結構，具有整體性、等級性或層次性、動態性等特徵。城市體系的類型主要有金字塔型、多核型、網絡型、帶狀型等。

〔註5〕 張鍾汝等著：《城市社會學》，上海大學出版社，2001年，第1～2頁。
〔註6〕 連橫著：《臺灣通史》，卷五，《疆域志》，廣西人民出版社，2005年，第65頁。
〔註7〕 《彰化縣志》，卷二，《規制志》，臺灣文獻叢刊156種，臺灣銀行經濟研究室，第39頁。
〔註8〕 顧朝林著：《中國城鎮體系——歷史・現狀・展望》，商務印書館，1992年，緒論。

第三節 研究方法、思路與框架結構

一、研究方法

城鎮是集各種人文要素和自然要素爲一體的特殊地域景觀，其研究涉及到城市地理學、經濟學、社會學、歷史學以及城市規劃等諸多學科，是一個綜合性、跨學科的研究領域。本書以歷史唯物主義爲指導，運用歷史學的理論和方法，利用城市地理學、經濟學、社會學、城市發展學等相關學科的理論、概念，以臺灣城鎮發展變遷爲主題，以歷史過程爲脈絡，從長時段的城鎮發展及其職能、規模等級、空間分佈變遷的角度，分析不同歷史階段臺灣城鎮體系變遷及其變遷動因，並從中歸納出其發展演變規律。

史學方法：社會經濟的發展是臺灣城鎮形成和發展變遷的主要動因，與此同時，城鎮的發展也是一個動態的歷史過程，歷史學的理論方法能更好地把握這一動態過程，更好地認識城鎮發展變化規律。因而必須採用歷史唯物主義的史學理論和方法，把城鎮體系的發展變遷放到特定的時空中，進行具體分析研究。

文獻研究法：關於臺灣城市發展的文獻資料並不集中，大多散見於各種文獻資料，其中有古籍文獻，也有當代文獻；有成文文獻，也有實物材料；有較爲系統的地方志資料，也有零散的筆記等資料。本書盡力搜集、鑒別、閱讀有關臺灣城市發展的省志、府志、縣志、有關市志等方志文獻，筆記及其他相關研究成果，通過對文獻的研究，梳理出臺灣城鎮發展的歷程。

比較分析法：影響城鎮體系發展變遷的因素眾多，即使是在同一個歷史時期內，其城鎮的發展狀況也不盡相同，而臺灣城鎮體系的變遷研究是從一個較長的歷史時段分析研究臺灣城鎮體系的變遷過程，因此，本書通過縱向和橫向的比較分析，研究臺灣城鎮間的共同性和差異性，希望能更全面分析、掌握臺灣城鎮在各個歷史時期和同一歷史時期內的發展和變遷狀況。

統計分析法：用統計方法將所搜集得來的數據系統化，用來說明事物的量的發展，並通過分析這種量的發展，達到對事物質的認識。城鎮體系變遷研究涉及到大量的數據、表格、圖片，本研究力圖通過定性與定量的分析相結合，對這些數據整理、對比、分析，以揭示臺灣城鎮體系的變遷過程。

理論與實證相結合：理論對實證分析起著重要的指導作用。本書將借鑒其它相關學科的理論成果，尤其是城鎮體系的中心地理論、核心——邊緣理

論等分析臺灣城鎮體系的發展變遷的動因。

二、研究思路與框架結構

　　城市是在一定的社會經濟條件下產生和發展的，是人類居住、生產、管理等活動的集聚中心，德國地理學家克里斯泰勒曾說：「城市在空間上的結構是人類社會經濟活動在空間上的投影。」〔註9〕正如侯仁之先生所說：城市與其周圍自然地理環境的關係，是人地關係的一個重要表現方面。人類可以開發利用和改造自然環境，使之適合於城市發展的需要，這是人地關係的主導方面。不過，自然環境對於城市的發展又有很大的制約作用。不同自然環境中的城市，在面貌上，在發展特點上，往往有很大的差異。各種自然因素，如氣候、水文、動植物資源、礦產資源等等，都會在不同程度上影響城市的職能，左右城市的發展。因此，要認識一個城市必須認識其早期城址的起源及其地理條件〔註10〕。本書將首先分析臺灣城市產生發展的地理環境，並在臺灣城市的歷史變遷中展開地理環境與城市發展關係的深度分析。

　　城市的發展變遷及其分佈是一個歷史的動態過程，與一定區域的社會經濟發展緊密相關，由此本書將嘗試系統分析臺灣社會經濟發展模式與城市體系的關係。臺灣20世紀60年代中期以後開始的經濟起飛帶來了臺灣社會的快速城市化，到80年代中期，「臺灣經濟發展大致完成工業化進程，逐步邁入後工業社會」〔註11〕。以居住有5萬人以上的行政區域的人口數量界定臺灣城市人口，從1981年到1991年，臺灣人口數量增加240萬人，而城市人口則是增加326萬，居住在城市人口的比例提高到74.75%。根據世界城市化經驗，20世紀90年代初臺灣已經進入城市化的後期階段，城市化進程逐步放慢，轉入城市體系優化升級的新階段。其後隨著生育率的降低，人口數量增加得非常緩慢，與1991年相比，2000年臺灣人口數量只增加157萬人，而城市地區人口只增加180萬人，是歷年來增加最緩慢的一個時期。這也就是說「在20世紀90年代以後，臺灣都市化程度已經達到高峰點，所以之後臺灣都市化的發展是進入平緩時期，都市化人口的比例不可能再大幅增長」

〔註9〕 轉引自黃勇、朱磊：《大都市區：長江三角洲區域城市化發展的必然選擇》，《浙江社會科學》，2003年2期。

〔註10〕 侯仁之：《城市歷史地理的研究與城市規劃》，《地理學報》，1979年第34卷，第4期，第317頁。

〔註11〕 李非著：《臺灣經濟發展通論》，九州出版社，2004年，第2頁。

〔註12〕。因而，本書對臺灣城鎮發展變遷的分析大致截止於 20 世紀 90 年代。根據臺灣歷史發展進程，把臺灣城鎮體系的發展變遷劃分爲清朝時期、日據時期、光復後到 90 年代三個歷史時期，按照不同歷史時期城市發展變遷進程，分析了各個時期城鎮體系的特徵，及其發展變遷的動因等。

　　本書正文分爲六章。導論部分，大致交代了選題的意義、概念以及研究的方法、思路和框架。第一章，主要分析臺灣城鎮體系的研究現狀，對臺灣城市（鎮）的研究進行了學術史回顧，從而根據以往的薄弱環節來明確本書的研究方向與重點。第二章，臺灣的生態環境和早期的城鎮。環境是城市賴以存在和發展的基礎。該章主要分析臺灣城鎮產生的地理環境以及臺灣早期城鎮的出現。第三章到第五章，分別是清代、日據時期、光復後臺灣城鎮體系的發展。主要分析了各個不同歷史階段臺灣城鎮的發展過程，城鎮體系的發展變遷以及其發展變遷的動因。最後是結語，簡要歸納了臺灣城鎮體系變遷規律。

三、特色與創新

　　臺灣城鎮體系的變遷及其動因研究主要以歷史時間爲線索，對臺灣各個不同歷史時期的城鎮發展、城鎮等級規模結構、職能組合結構、空間地域分佈、城鎮間的聯繫與網絡以及變遷動因進行了分析和研究，進而探索臺灣城鎮發展變遷規律，一方面進一步深化我國城鎮體系的研究，另一方面爲大陸城鎮發展規劃、建設提供一定的借鑒。

　　全書以歷史唯物主義爲指導，運用歷史學的理論和方法，借鑒城市地理學、經濟學、社會學、城市發展學等相關學科的理論、概念梳理分析臺灣城鎮體系變遷的歷史過程。在選材上，注重從宏觀、長時段角度分析臺灣城鎮發展變遷；在內容上，注重從政治、經濟、社會、文化等多個視角綜合把握臺灣城鎮體系在不同歷史階段發展變遷的過程，深入分析其變遷動因和城市化道路的經驗；在研究方法上，借用社會科學的實證研究方法以定性和定量統計分析的形式，對臺灣城鎮體系的變遷及其特徵進行理論的概括與分析，從中歸納出其發展演變的規律。這種長時段的貫通性與多學科的交叉性以及實證研究方法的運用，在目前臺灣城鎮的研究中尚不多見，或許可以在一定

〔註12〕陳東升、周素卿著：《臺灣全志》，卷九，《社會志·都市發展篇》，「國史館」臺灣文獻館，2006 年，第 37 頁。

程度上彌補臺灣城鎮發展史與中國城鎮體系研究的薄弱環節，這或許可以成為本書的創新或特色。

四、研究不足

　　臺灣城鎮體系發展變遷研究屬於長時段的宏觀歷史研究，正如法國史學家費爾南・勃羅代爾所說：「長時段是一個棘手、複雜和陌生的概念。把長時段接納到史學研究中來不是件好玩的事。這不是簡單的擴大研究和興趣的範圍，也不是僅僅對史學研究有利的一種選擇。對歷史學家來說，接受長時段意味著改變作風、立場和思想方法，用新的觀點去認識社會。」〔註 13〕再加上城市研究是一跨學科的研究，在初涉臺灣城市史研究的情況下，本人既要遵循歷史研究的理路來廣泛搜集資料，更要在寫作中妥善處理本人難以輕鬆駕馭的其它學科知識，致使在對歷史文獻資料進行跨學科剖析和提煉時往往力不從心。因而，本書對臺灣城市的研究僅是一個粗淺的嘗試，疏誤不當之處在所難免，祈望專家、學者不吝賜教。

〔註13〕蔡少卿主編：《再現過去：社會史的理論視野》，浙江人民出版社，1988 年，第 57 頁。

第一章　臺灣城鎮體系的研究現狀

　　目前，對臺灣歷史的研究不論是縱向的時期分佈還是橫向的各個研究領域，都有相關論文涉及。但是，國內外的現有研究在時段上更多的集中在清代臺灣史、日據臺灣史方面。在研究領域方面，主要涉及政治史、社會史、經濟史。如關於農墾社會、商業傳統、臺灣移民、臺灣開發等；日據時期的保甲制度、臺灣教育、臺灣總督府的南進政策等；戰後對日據時期的反省、民間文化、宗教信仰與醫療、婦女史等。儘管大陸和臺灣的一些學者對臺灣城鎮的發展史、城鎮體系、城市規劃等有過相關研究，並產生了一些研究成果，但是相對不多。以下列述了有關臺灣城鎮研究的較重要成果。

第一節　大陸學者的相關研究

　　大陸學者對臺灣城市的宏觀研究近幾年逐漸增多，一些研究論文相繼發表，但是對城市個案研究不多。具體梳理如下：

一、專　著

　　較早對臺灣城市進行專題研究的是大陸學者畢福臣編著的《臺灣城市與縣鄉鎮總覽》。該書基本是資料彙編，共分三篇，首先是臺灣省綜述；其次是臺灣省各大中城市，最後為臺灣省縣、鄉鎮，包括大中城市的重點介紹和縣、鄉鎮（含其它城市）的介紹。學者呂淑梅（1999）的專著《陸島網絡——臺灣海港的興起》從中國海洋社會經濟史和海洋人文社會學的大視野，在中國島嶼帶開發和臺灣海島開發的歷史背景下，考察了明清時期臺灣海港興起、

發展與變遷的歷史過程,從中探討臺灣海港發展的一般規律,以及海港和臺灣開發的密切關係。

2008 年,廈門大學唐次妹教授出版了專著《清代臺灣城鎮研究》,該書從整體上對清代臺灣城鎮的變遷進行了分析探討。唐次妹教授根據清代臺灣市鎮發展不同時期的特點,以臺灣對外通商爲界,將臺灣市鎮發展史分爲開港前和開港後兩個時期,對臺灣開港前後城鎮的形成、發展過程、城鎮類型以及城鎮網絡結構進行了研究,並進一步分析了臺灣城鎮及其網絡發展的動力。除此之外,還對清代臺灣城鎮的內部管理體系及其功能進行研究。但是,唐次妹教授的臺灣城鎮研究僅限於清代的臺灣城鎮,尚未從更長歷史時段上來認識臺灣城鎮的變遷。

城市發展與經濟發展、產業結構的調整密切相關。2009 年大陸學者盛九元、胡雲華在《臺灣的都市化與經濟發展》一書中,把臺灣都市的發展放到經濟發展的大背景中加以研究和探討。二位學者認爲「有必要對臺灣的行政沿革有所認識,這是準確把握臺灣都市化進程的基礎」〔註1〕,由此在書中分析了臺灣行政區劃的沿革與都市化進程、都市規劃及其特點,並對臺北、高雄、臺中、臺南、新竹五大都會區的形成和發展進行了論述和分析。不過,兩位學者對臺灣城市的分析多集中於臺灣光復之後,對清代和日據時期的臺灣城市變遷較少論及。

2011 年浙江大學出版社出版了集美大學湯韻教授的著作《臺灣城市化發展及其動力研究》。該書運用空間計量經濟學的方法,研究了 20 世紀 90 年代後臺灣城市人口空間分佈的現狀、變動趨勢及其特徵,分析了臺灣城市化發展所處的階段及其特點,並用空間計量方法來驗證了變遷背後的主要影響因素。該專著立足於空間計量經濟學分析臺灣 20 世紀 90 年代以後的城市化發展,對於長時段的、宏觀的城市體系的變遷探討不多。

二、論 文

目前,從宏觀上對臺灣城鎮進行整體研究,大陸學者主要以論文爲多。

(一)臺灣城鎮發展史及其特點的研究

〔註 1〕 盛九元、胡雲華著:《臺灣的都市化與經濟發展》,九州出版社,2009 年,第33 頁。

　　主要有李非教授的《臺灣城市聚落型態的演變及其發展趨勢》一文，李非教授把臺灣城市聚落的形成和發展，依據一定經濟條件下產生的不同的聚落型態，分為三個歷史時期，即：明清時期（1624～1895），為臺灣港口市鎮聚落型態的形成和初步發展時期；日據時期（1895～1945），為臺灣早期的港口市鎮衰落而內陸城市興起的時期；光復以後（1945～）為臺灣城市伴隨著工業化的進程而進入人口聚落急劇膨脹、城市規模日益擴大的發展時期。學者張立彬、王建銘在《日據時期臺灣地區城市化的特徵》一文中，分析考查了日據時期（1895～1945）臺灣地區城市的發展歷程，指出臺灣城市基本上從封建性質的城市發展到具有近代性質的城市，並分為前後兩個時期三個階段：以 1920 年為界，前期為 1895 年～1920 年，為城市化準備發展期；後期包括兩個階段，1921 年～1943 年是城市化初步發展期，1944 年～1945 年為停滯破壞期，後期城市化總體發展相對較快，城市佈局及規模、城市化進程、城市近代化程度等方面都有較大的發展。然而，臺灣地區的城市化是在日本殖民者統治下進行的，具有明顯的殖民地特徵。學者邵秦在《略談臺灣城市人口與城鎮化特點》一文中，分析了臺灣城鎮化的特點及原因，認為形成臺灣城市人口發展變化與城市化水平高、速度快的因素是多方面的，但主要是社會經濟因素；臺灣經濟發展，產業結構變化，帶來城鄉勞動力構成變化，特別是第二、三產業區位的集中使城市化速度加快，城市化水平不斷提高。學者侯曉虹、劉塔的《臺灣西部城市地帶的形成與發展》一文，論述臺灣經濟空間演變與城市化發展過程，並對該過程中經濟增長與城市發展的關係、都市連綿區的形成與發展、港口對工業區與城市的影響等方面進行了探討。

（二）臺灣城市體系、城市形態的研究

　　主要成果有：傅玉能教授的論文《近 50 年來臺灣地區城市和城市體系的發展》，分析了近 50 年來臺灣地區城市的發展及其特點、臺灣城市體系的形成和發展、臺灣城市體系的等級規模和空間結構，「臺灣城市體系設置較為齊全，各層級城市分佈較為均衡。……城市等級規模在數量上分佈較為齊全」〔註2〕，認為經過 50 多年的發展，臺灣城市體系發育較為成熟，大、中、小城市等級規模系列比較完整，地域城鎮體系基本形成。學者湯韻和張榕暉

〔註2〕傅玉能：《近 50 年來臺灣地區城市和城市體系的發展》，《經濟地理》，2006年第 2 期，第 243 頁。

在《臺灣城市規模分佈初探》一文中，運用城市位序——規模法則，對臺灣自日據時期至今的城市規模分佈體系進行回歸分析。結果顯示，在臺灣城市化進程中，城市人口規模分佈由日據時期的人口相對集中於大城市逐步發展為戰後的人口分散於各級城市的分佈格局，並提出戰後臺灣之所以能構築起各級城市規模均衡發展的多層次城市體系，主要得益於其工業化發展模式及政府制定的人口分散政策等。

（三）臺灣城市規劃研究

主要成果有：學者盛九元的論文《臺灣的都市化與經濟發展互動之研究》，該文分析了臺灣都市規劃理論與實踐的發展和演變、經濟發展對都市規劃的影響以及影響臺灣都市化進程的基本因素及其衍生的問題等，闡述了臺灣都市化的基本原則以及可以汲取的經驗。學者施昱年、廖昭雅、秦波在《我國臺灣經濟增長階段的城市規劃功能演變》一文中，針對臺灣自 1895 年農業社會迄今各政治環境及經濟增長階段分析，歸納出臺灣的城市發展轉型及其相應的城市規劃功能：日據時代農業社會的城市規劃強調環境衛生以及城市分工體系；光復後，城市規劃的功能在於將土地資本轉為工業資本，城市規劃與土地政策開始緊密相連；工業發展階段，城市規劃的執行經費主要依靠各項土地政策籌措，以達成完善規劃工業區的功能，並通過公私協力模式以及成立由學者及民意代表組成的審議委會員，實現協調社會利益的功能。

（四）臺灣城市發展道路、原因的分析

主要成果有：學者盛九元的論文《臺灣都市化發展的經驗與缺陷》，重點分析全球化對臺灣都市化發展與社會經濟發展的影響，並進一步分析了臺灣都市發展的基本路徑以及臺灣都市未來發展趨勢。學者周偉在《臺灣省的城市化與人口分散》一文中分析了隨著臺灣經濟的不斷發展，臺灣的城市化步伐加快，城市人口急速增加，同時臺灣的大中城市人口仍一直保持低速而穩定的增長，認為這種適度的城市人口增長速度和合理的人口地區分佈背後原因，就在於 20 世紀 50～80 年代臺灣經濟發展計劃、政策和推行「全臺自然分區綜合規劃」等合理的人口分散化政策。

三、論及城市的其它相關研究

大陸學者在研究臺灣各方面的狀況時，也或多或少涉及對市街、城鎮等

的考察，這類著作出現早，類型多，現擇取其代表者簡要介紹。筆者目前見到的較早的此類著作是 1947 年上海正中書局出版的宋家泰先生的專著《臺灣地理》，1957 年三聯書店出版的吳壯達先生的專著《臺灣地理》，其中專列「都市概況」一章，其它兩章「工業」、「交通與海港」也與城市密切相關。學者陳碧笙著的《臺灣地方史》敘述臺灣古代至光復的歷史，其中部分內容涉及臺灣城鎮的設置、城市經濟的發展。學者陳永山、陳碧笙主編的《中國人口（臺灣分冊）》分析人口的遷移與流動、人口的分佈，並設有「人口的城鎮化」專章，探討城鎮人口的數量、規模及其分佈的變化。李祖基教授著《近代臺灣地方對外貿易》一書，在考察近代臺灣地方對外貿易後，分析了外貿對臺灣城鎮的影響，認爲開港以前臺灣的市鎮結構主要是以那些與大陸有貿易關係的港口城鎮爲中心的，開港後逐漸出現了以打狗（包括安平）和淡水（包括基隆）爲中心的南北兩個貨物集散地，並以這兩個集散地爲中心形成了南北兩個大的市場體系，即臺灣的市鎮結構從與大陸貿易的港口市鎮爲中心的「一府二鹿三艋舺」局面，轉變爲開港後以與外國貿易的通商口岸打狗和淡水爲中心的南、北兩大市場體系。林仁川和黃福才兩位教授在其著作《臺灣社會經濟史研究》和黃福才教授著的《臺灣商業史研究》中，在分析臺灣商品市場的演變和商業發展之時，都論及臺灣市街和市集的出現、城鎮數量的增加、規模的擴大和繁華。

第二節　臺灣學者的相關研究

　　對臺灣城市與聚落的研究，較早就引起了臺灣學者們的關注，並且出版了一些相關的研究成果。

一、城鎮的宏觀研究

　　臺灣學者施添福（1989）從行政和軍事的角度考察清代臺灣的市鎮。他追蹤清代臺灣行政中心的設置及其演變過程，建構了臺灣市鎮與行政、軍事系統的相對關係。他認爲，清代臺灣的縣廳治所是根據人文發展的可能中心地點而設置的，並根據清代臺灣縣廳衙門人數來推論市鎮的規模，以此建構臺灣的行政中心系統。但是施添福教授的研究對象主要限於清代設置行政或軍事單位的市鎮，對其它時期及其它市鎮很少涉及。

　　港口城市作為城市的一種類型，在臺灣的航運和貿易史上佔有重要位置，也吸引了不少學者的目光。其中林玉茹（1996）教授在其著作《清代臺灣港口的空間網絡結構》一書中，對清代臺灣港口的形成、發展、興衰及其等級規模體系及變遷過程都做了深入系統的分析，對清代臺灣港口市鎮變遷及港口等級系統進行了較為全面的研究。林玉茹教授的研究對象僅限於港口，對其它城市類型論述極少。

　　對日據時期的臺灣城市，研究比較多的是黃武達（1996）教授。在其主編的《臺灣近代都市計劃之研究（1895～1945）》一書中，探討 1895～1945 年間都市計劃概況。該書重點分析日據五十年間，臺灣各市鄉鎮與聚落的計劃編制年代、計劃範圍、道路系統、道路構造、公園綠地及使用分區概況介紹，較多關注的是城市規劃。

　　對臺灣城市體系的研究，以社會學者的論文為多。臺灣學者章英華教授著有《清末以來臺灣都市體系之變遷》一文。章英華教授採取城市歷史的研究途徑，探討清代以來臺灣城市體系的轉變，以及轉變的影響因素。他根據歷史資料的考察，認為清代以來，臺灣的主要城市和其它次要城市間的層級關係並沒有出現很大的落差，首要城市並沒有獨大化進而阻礙其它城市的發展。臺灣學者孫清山教授在其論文《戰後臺灣都市之成長與體系》中，從二戰以後臺灣地區聚居於城市的歷年人口數量變化、人口遷移的特性以及工業化和經濟發展形態等方面，分析了戰後臺灣城市化的過程是配合人口轉型與經濟結構的轉變，並論證了在國際經濟分工角色下，臺灣產業經濟發展的特色及其對城市成長的影響。總體而言，臺灣學者關於城鎮體系的論文不多，而且現有論文和著作多是從社會學角度對臺灣城市的內部結構和空間格局、社區、家庭等領域的研究。目前從史學角度對臺灣城鎮體系變遷過程、動因進行系統研究的成果較少。

二、城鎮的個案研究

　　有關臺灣城市個案發展的研究較多，已經發表了一些研究成果。黃富三教授在《臺北建城百年史》一書中以臺北的興起、市政的演進、經濟的發展、文教的進步及社會生活變遷五個面向，敘述臺北城在一百年來都市化過程中的變化。另外還有臺中市發展史、高雄市發展史等，都曾分析探討過臺中、高雄等個案城市的變遷。

　　對臺灣歷史上重要港口的個案研究也較多。學者蔡采秀在《海運發展與臺灣傳統港都的形成——以清代的鹿港為例》中，強調鹿港港口即使海運衰落，也還具有海防和地理上位於米、樟腦盛產區的重要性。學者范勝雄的《三百年來臺南港口之變遷》、學者洪敏麟的《笨港之地理變遷》、學者林永村的《笨港聚落的形成與媽祖信仰重鎮的確立》、學者姜道章的《臺灣淡水之歷史與貿易》、學者周宗賢的《淡水與淡水炮臺》、學者張柄楠的《鹿港開港史》、學者葉大沛的《鹿港發展史》、學者王顯榮的《大安港史話》等，都從不同的角度，分別集中探討了臺灣歷史上的重要海港臺南港、笨港、淡水港、鹿港、大安港的興衰變遷過程。這些個案研究都為本研究提供了許多有價值的研究資料。

三、論及城鎮的其它相關研究

　　城市的變遷與經濟的發展、產業結構的調整密切相關。因而，臺灣學者在研究臺灣經濟史時也或多或少論及到城鎮。臺灣銀行經濟室主編的《臺灣經濟史》、周憲文先生編著的《臺灣經濟史》等著作在論述經濟發展時，部分內容論及臺灣城市發展狀況。臺灣銀行經濟室編的《臺灣經濟史六集》中的《1882～1891年臺灣淡水海關報告書》以及《1882～1891年臺灣臺南海關報告書》對於大稻埕、臺南市街、人口發展狀況都有不少的描述。臺灣學者林滿紅的著作《茶、糖、樟腦業與臺灣之社會經濟變遷》在探討茶、糖、樟腦產業與晚清臺灣社會時，也論及市鎮，指出由於茶、糖、樟腦產業的發展，特別是茶和樟腦等新興產業的興起，促進了北部山區經濟的大開發，導致與茶和樟腦業相關的大批資源型市鎮的勃興，並最終促使經濟重心的北移。

　　臺灣城鎮的研究和分析離不開大量的地方志文獻。臺灣省文獻委員會編印了《臺灣通志》、《重修臺灣通志》等，臺灣各縣市也有各自的方志，在這些方志中，特別是政治志、經濟志、住民志、土地志等有較多城鎮發展的相關史料，這也是本書分析臺灣城鎮發展變遷的主要資料。臺灣學者陳東升、周素卿著《臺灣全志》卷九《社會志‧都市發展篇》研究分析了1980年以後臺灣都市變遷的歷史，認為「都市是政治、經濟與文化的中心，都市發展的歷史主要是在展現政治與經濟菁英的意志，而不是一般常民所擁有的都市經驗」〔註3〕。該書從政治轉型、產業轉型、全球化、都市弱勢群體等方面分析

〔註3〕陳東升、周素卿著：《臺灣全志》，卷九，《社會志‧都市發展篇》，「國史館」臺灣文獻館，第35頁。

了臺灣都會發展變遷的歷史及其影響。但是兩位學者僅僅論及 1980 年以後的城市變遷，儘管分析了 1945 年後的臺灣城市體系的轉變，但對 1945 年之前都市的發展變遷分析不多。總之，臺灣學者對本地城市研究宏觀上的分析或者僅限於某一特定時間段，或者僅限於某一特定的研究對象；在城市的個案研究上，多是某一特定的城市變遷，較少從長時段、整體上分析城市變遷及其特徵。

此外，對臺灣城鎮研究較早的還有日本學者富田芳郎（1955），他在大量社會調查的基礎上，考察了臺灣市鎮的起源、發展變遷及其生活形態。他認為臺灣市鎮的本質是直接依附於周邊農村的鄉村都市（即市街），其研究成果在臺灣市鎮研究史上具有重要地位。

綜上所述，可以發現以往關於臺灣城鎮的研究已經有初步的基礎，積纍了相當數量的研究成果，這些成果對本研究均具有極好的借鑒意義。另一方面，臺灣城鎮研究仍有不少薄弱環節，尚有待進一步深入探討。具體而言，不足之處有以下兩點：其一、長於微觀和實證分析，宏觀結構分析不夠。著重個別城市發展史的研究，缺乏對臺灣島城鎮體系整體發展過程的宏觀把握，割斷了臺灣城鎮發展的連續性，容易導致認識的片面性和「只見木，不見林」的問題。毫無疑問，前人的研究具有重要價值。但要從臺灣城鎮發展的長時段歷史進程中來全方位把握其全貌，則有待宏觀格局的把握和多角度長時段的理論分析，這是本書的主要任務。其二、對臺灣城鎮變遷動因、不同歷史時段的城鎮特徵等分析不足。目前分析更多的是針對某時段的變遷分析，未對臺灣城鎮進行整體的、宏觀的社會經濟分析。因此，本研究嘗試將宏觀和微觀的分析結合起來，既將城鎮作為一個整體進行研究，又分析個別有典型意義的城鎮。既著重一般，又突出個性，從而全面把握城鎮發展的全貌。

第二章　臺灣的地理環境和早期城鎮

　　城鎮是人口聚居和社會經濟活動聚集之地，其產生和發展必然離不開一定的自然條件和自然資源。因此，地理環境是城鎮形態和城鎮空間發展的基礎條件，分析區域城鎮體系的發展和變遷，首先要瞭解該區域的地理環境。

第一節　臺灣地理環境與城鎮

　　自然地理單元及其組合而成的環境是區域經濟與社會活動內容的載體，是城鎮形成和發展的基礎條件。自然地理條件如地質、地貌、氣候、水文、土壤、植被首先作為人類生存的環境，通過影響人口分佈而影響城鎮的形成和發展。正如地形的起伏高低、坡度的和緩陡峻，直接影響著人們的出行和生產。美國芝加哥學派的社會學者 R・E・帕克等指出影響人類聚落分佈的幾個主要因素是「居住地」、「水源」、「生活必需品的生產」以及「交通要道」等〔註1〕。在人類開發早期，人口一般分佈在水源充足、氣候適宜、地勢起伏不大、坡度不陡且土壤適於耕種的平原或河谷地帶。世界大城市多集中分佈在平原、濱海、濱湖及沿江沿河地帶。海拔較高的城鎮多集中於低緯的高原地區或山間盆地，儘管海拔高，但緯度低，溫度適宜，仍然適合人們生活居住。當然，在社會經濟發展到一定程度後，一些交通便利、區位優越之地，也有利於人口的聚集和城鎮的發展。

〔註1〕R・E・帕克（R・E・Parker）等著：《城市社會學——芝加哥學派城市研究文集》，宋俊嶺等譯，華夏出版社，1987年，第65頁。

一、臺灣島的地形條件

在影響城鎮興起的區位因素之中，最重要的因素之一是地形。一般情況下，在平原地區，沒有顯著的地形障礙，交通也容易發展形成網絡，特別是在能控制廣大腹地的交通便利地點，更有利於城鎮的形成，正如世界上許多城鎮往往出現在河流三角洲及其沖積平原上一樣。在早期陸路交通不發達、使用船隻運輸貨物的時代，一些位於河流交通與海上交通銜接點上的河口港，往往因其優越的區位條件而發展起來。河口港的發展既利用了河流交通，也為其流域腹地的城鎮發展提供了條件。在山地與平原接觸的山麓地區的山地河流出口處，也往往發展成谷口聚落，特別是此處因山地與平原出產產品的差異而成為交換產品的市場，發展起來。

臺灣本島形狀略呈紡錘形，北起富貴角，南抵鵝鑾鼻，全長約 400 公里。東西最寬部分（東起秀姑巒溪口，西至濁水溪口）寬約 160 公里。全島多山，山地占全島面積 2/3。主要山脈南北縱貫，有中央山脈、雪山山脈、玉山山脈、阿里山脈及臺東海岸山脈等。中央山脈高度約在 1000 米至 3000 米之間，分佈稍偏於全島東部。中央山脈東側為臺東海岸山脈，由花蓮沿海延伸至臺東，海拔在 1000 米以下。中央山脈西側有北部的雪山山脈與南部的玉山山脈，高度大抵與中央山脈相類似。玉山山脈西側為阿里山脈，海拔在 2000 米至 1000 米間。這些平行山脈將全島分為東西兩部，阻礙了臺灣本島東西橫貫的聯絡網絡，影響了臺灣城鎮的發展和空間佈局。

中央山地的西部和東部分佈著一些丘陵與臺地，其中還有一些面積不太大的平原，高度約在 100～1000 米之間，以桃園、新竹、苗栗三縣臺地分佈最廣。丘陵臺地地勢較高，不宜稻作，盛產茶、鳳梨及其它青果。

臺灣島最外圍分佈著平原，平原面積約占全省面積的 24%，包括河流沖積平原與海岸平原。據統計，臺灣高度 100 米以下土地，或可稱為平地，僅占本島全部面積31.3%〔註2〕。其中以嘉南平原和屏東平原最大。嘉南平原，4550 平方公里，占全島面積的 12%，占全省耕地的一半，是臺灣面積最大平原。此處土地肥沃，交通便利，已經成為臺灣穀倉及工業與經濟重鎮。嘉南平原南是屏東平原、鳳山丘陵與中央山脈間的平原，臺灣本島第二大平原，是臺灣省熱帶農業中心。其它較小的有臺北盆地、臺中盆地和埔里盆地。東

〔註2〕《重修臺灣省通志》，卷四，《經濟志‧礦業篇》，臺灣省文獻委員會，1997 年，第 5 頁。

部較大的平地有蘭陽平原和臺東縱谷平原。山地和平原之間還有許多臺地和丘陵，沿海也有一些小平原散佈。這些平原、盆地或臺地是臺灣聚落分佈的主要場所。

區位、自然條件較好的地方是臺灣早期人口活動的主要區域。例如，早期的大陸移民在選擇開墾地時往往「視其勢高而近溪澗淡水者，赴縣呈明四至，請給墾照，召佃開墾」〔註3〕。因「勢高而近溪澗淡水」之地，有豐沛的水源供應，既有利於農業生產，也適合人類居住，因地勢稍高，也不必擔憂洪水之患。如鹽水港地形高爽，且有生產、生活用水及航運的優勢，適宜早期移民居住，康熙年間就已發展成繁華的市街，「其地形高爽、其人居稠密」〔註4〕。

從臺灣城鎮各個歷史時期的空間分佈看，城鎮的空間分佈很大程度上受限於臺灣島的地形條件。臺灣島幾乎所有的城鎮和絕大部分人口都集聚在臺灣西部從基隆到高雄這個南北走向的狹長地帶。特別是臺北和臺中盆地、彰化平原、嘉南平原和屏東平原，更集中了大量的城鎮。而東部因地形等的限制，城鎮數量極少，其規模相對於臺灣島西部的城鎮而言也不大。可以說臺灣島的地形在相當大的程度上決定了臺灣經濟與城鎮發展東疏西密的基本格局。

〔註3〕　《淡水廳志》，卷十五（上），《附錄一》，臺灣文獻叢刊 172 種，臺灣銀行經濟研究室，第 372 頁。
〔註4〕　《諸羅縣志》，卷六，《賦役志》，臺灣文獻叢刊 141 種，臺灣銀行經濟研究室，第 95 頁。

圖 2.1-1：臺灣地勢圖

資料來源：參考《臺灣省地圖集》，星球地圖出版社，2009 年版。

二、臺灣的河流與交通

　　河流和水利條件不僅影響農業開發，而且是影響交通運輸和聚落產生的重要因素。特別是在陸路交通不發達的社會，人類生產和生活更多地依賴自然條件，其中水上交通尤為重要，它是城鎮形成與發展的重要條件之一。

　　臺灣地形由北而南，略微向東彎曲，整個山地呈非對稱分佈，這極大地影響著臺灣的水系分佈。臺灣的脊梁山脈南北縱列，略偏於東部，其東西之比近於一比二，河流西長東短，西部的較大河如淡水河、大安溪、大甲溪、大肚溪、濁水溪、曾文溪、高屏溪等都由東向西，注入臺灣海峽。東部的河流如蘭陽溪、花蓮溪、秀姑巒溪、卑南溪等，河身短、坡度大。臺灣大部分河流長度不到 50 公里，河流上游坡陡水急，落差大。湍急的河流一出山地，因河床坡度驟緩，致使泥沙堆積，河床升高。特別是臺灣中南部，夏季多雨，溪流猛漲，易造成洪潦災害。而冬季乾旱時間長，有的僅剩小小細流，有的則全部乾枯。「臺灣島上河流雖多，但除少數可以終年航行平底船外，大部分均為急湍。每當雨季，河水泛濫，常泛濫成災。而在旱季，又幾乎乾涸，乾旱河床往往成為土人所行道路」〔註5〕。這種河流的特性，不利於農業灌溉用水，極易產生水患，大多不適合航運交通，大型商船隻能停泊在海島沿岸港口，無法溯河進入內陸地區。故而大量商貿活動多集中在沿海口岸，這也正是沿海口岸成長的重要原因。不過因大部分河流常泛濫成災，有些洪患頻繁地區的沿岸較少聚落分佈。

　　臺灣作為一個海島，港口在其對外聯繫交往中的位置極為重要。臺灣本島雖有綿長的海岸線（約 1250 多公里），但形狀單調，缺乏良港。臺灣島的海岸大致上分為四種：北部對置海岸、西部離水海岸、南部珊瑚礁海岸和東部斷層海岸〔註6〕。北部海岸，海岸線的方向又和山脈方向相交，海浪的長期侵蝕形成了許多岬角和灣澳。西海岸多是臺地與海岸平原，海岸線單調，因石礫沙土的堆積，海岸線逐漸向西推展，港口屢屢淤塞。南部海岸是典型的珊瑚礁海岸。東部海岸幾乎全是斷層形成的斷層海岸，只有在大河河口附近才有衝擊扇三角洲，海岸線單純。臺灣的天然良港不多，像北部的基隆和東部的蘇澳，因腹地狹小，其發展也受到一定的限制。

〔註5〕CamillclmImult Huart 著：《臺灣島的歷史與地志》，黎烈文譯，臺灣研究叢刊第 56 種，臺灣銀行經濟研究室，第 72 頁。

〔註6〕《重修臺灣省通志》，卷二，《土地志‧地形篇》，臺灣省文獻委員會，1996 年，第 802 頁。

第二節　清代以前的臺灣城鎮

臺灣島因開發較晚，城鎮的產生也比大陸晚許多。歷史上臺灣地區最早的有形之城，似是明朝嘉靖末年都督俞大猷爲征討海寇林道乾，而在澎湖地區構築的軍事要塞暗澳城，《臺灣通史》載「明嘉靖末年，海寇林道乾亂，據澎湖。都督俞大猷征之，乃駐偏師，築城暗澳」〔註7〕。以後的荷蘭人和西班牙人在臺灣島上修築城堡，儘管其目的主要是爲了防禦，不過其城堡內也設有市場，並吸引大陸商人前來貿易，因而初步具有了市街的形態。明鄭入臺灣以後，實行寓兵於農的屯墾政策，吸引大陸移民來臺，臺灣的城鎮得到初步的發展。

一、荷西時期臺灣的市街

漢族人民究竟始於何時移居臺澎說法不盡一致。三國時吳國的衛溫、諸葛直和隋朝的朱寬、陳稜、張鎮周等人都曾率兵到達臺灣，但他們沒有在臺灣定居，應該不算是移民。史學家連橫在其著《臺灣通史·開闢紀》中說：「及唐中葉，施肩吾始率漢族，遷居澎湖」〔註8〕，但目前尙未發現其他史料可據。現有的文獻資料多載「大約於北宋末年，最遲於南宋時已有大陸漢族人民遷移臺澎，從事打魚、撈貝和耕種」〔註9〕。臺灣有組織的開發活動出現於明朝末年，最初有以顏思齊和鄭芝龍爲首的海商集團在臺灣島安營紮寨，設佐謀、督造、主餉、監守等官職進行管理，開展亦盜亦商的活動。江日昇在《臺灣外記》記載，天啓四年（1624年），顏思齊、鄭芝龍等到臺灣，「即安設僚寨，撫恤土番。然後整船出掠，悉得勝焉，故閩、浙沿海，咸知思齊等踞臺橫行」〔註10〕。崇禎間，福建大旱，出現大批流民，鄭芝龍得到福建巡撫熊文燦准許，招募饑民移民臺灣，「福建巡撫熊文燦撫閩，值大旱，民饑，上下無策……乃招饑民數萬人，人給銀三兩，三人給牛一頭，用海舶載至臺灣，令其芟舍開墾荒土爲田。厥田惟上上，秋成所獲，倍於中土」〔註11〕。

〔註7〕 連橫著：《臺灣通史》，卷十六，《城池志》，廣西人民出版社，2005年，第238頁。

〔註8〕 連橫著：《臺灣通史》，卷一，《開闢紀》，廣西人民出版社，2005年，第4頁。

〔註9〕 林仁川著：《大陸與臺灣的歷史淵源》，文匯出版社，1991年，第32頁。

〔註10〕《臺灣外記》，卷一，臺灣文獻叢刊60種，臺灣銀行經濟研究室，第13頁。

〔註11〕 黃宗羲，《賜姓始末》，臺灣文獻叢刊25種，臺灣銀行經濟研究室，第6頁。

　　新航路開辟之後，隨著資本主義的發展，歐洲列強紛紛到海外尋求殖民地及貿易市場。臺灣地理位置優越，「靠近中國大陸，並有東京（今越南河內一帶）、澳門、馬尼拉及日本環繞」〔註12〕，更引得西方殖民者垂涎三尺。1622年（明天啟二年）荷蘭人爲尋求東洋貿易根據地，自爪哇的巴達維亞進入臺灣海峽，在澎湖島上建立武裝城堡，1624年（天啟四年）在明軍出兵收復澎湖後，荷蘭殖民者從澎湖逃出，轉而侵略臺灣西南沿海一帶，並在一鯤身（即安平）築城。

　　起初荷蘭人在臺灣大員島西岸的沙質高地——一鯤身（即安平）以木板和沙土建築奧倫治城（Orange），1627年改名爲熱蘭遮城，並逐漸以磚石改建。當時的大員島，在地形學上的學術用語是一個「連島沙洲」。自一鯤身而南七個小島，合稱七鯤身，「雖在海中，泉甘勝於他處」，「多生荊棘，望之鬱然蒼翠，外爲大海，內爲大巷」〔註13〕。大巷水深，夾板船可以出入。大員島全長約13.9公里、寬約1.4公里，大員島的北端距臺灣本島約4.2公里；南端則在一弓射程範圍，低潮時人們還可以涉水到其南端。由於大員島屬於沙洲地形，缺乏淡水，荷蘭人「自澎湖島遷移福爾摩砂之後」，因「中國人來者驟增，……得土番承諾，選定新港領域內，以Cangan布（一種布料）十五疋，向新港番買得土地，選定地點之一方，有淡水之河川，土地肥沃，野獸群生，又有多棲魚類之澤沼，沿岸亦多魚類，故有中國人及日本人之移往」〔註14〕。於是，在此地建普羅民遮城。熱蘭遮城與普羅民遮城互爲犄角，成爲荷蘭殖民者在臺灣的政治及貿易中心。

　　《重修臺灣府志》載：「安平城……荷蘭於一鯤身頂築小城，又繞其麓而周築之爲外城。……樓屋曲折高低，棟梁堅巨，灰飾精緻。瞭亭螺梯，風洞機井，鬼工奇絕。」〔註15〕《續修臺灣縣志》外編也詳細記述：「赤嵌城：在安平鎮一鯤身，沙磧孤浮海上，西南一道沙線，遙連二鯤身至七鯤身，以達府治。灣轉內抱，北與鹿耳門隔港犄角如龜蛇相會狀。……荷蘭設市於此，築磚城，制若崇臺……城基方廣二百七十六丈六尺，高凡三丈有奇，爲兩層，

〔註12〕高淑娟、馮斌著：《中日對外經濟政策比較史綱——以封建末期貿易政策爲中心》，清華大學出版社，2003年，第187頁。

〔註13〕曾乃碩編著：《復興基地臺灣歷史沿革》，正中書局印，1987年，第17頁。

〔註14〕村上直次郎著：《巴達維亞城日記》，1625年1月決議。

〔註15〕《重修臺灣府志》，卷十九，《雜記·樓堞》，《臺灣方志》105種，第539～540頁。

各立雉堞，釘以鐵，瞭亭星布，淩空縹緲。上層縮入丈許，設門三……東畔嵌空數處，爲曲洞、爲幽宮。城上四隅箕張，現存千斤大砲十五位。複道重樓……下層四面加圓凸。南北規井，下入於海，上出於城，以防火攻。……西城基內一井，半露半隱，水極清冽，可於城上引汲。西北隅繚築爲外城，抵於海，屋址高低，佶曲迷離其間。政府第宅，舞榭歌亭……倚城舊樓一座，榱棟豎巨機車一軸，可挽重物以登城。……內城之北，基下闢小門，佝僂而入，磴道曲窄，已崩壞，地下有磚洞，高廣丈餘，長數丈，曲轉旁出……大抵此城磚砌，層疊悉以糖水糯汁搗蜃灰傅之，堅不可劈。其中或實或虛，鬼工奇絕，難以砉求。」〔註16〕熱蘭遮城作爲荷蘭臺灣總督的駐所，其內部有總督的住宅、教堂、監獄、儲藏武器與食物的倉庫。臺灣學者李乾朗著《臺灣建築史》記述，「城堡分內外城廓，其內城爲方形，坐南朝北，有兩層臺基……。北側有小門及磚梯，可下地下室的彈藥庫。城內有長官宅邸、教堂、軍營及刑場……規模甚大」〔註17〕。

當時大陸沿海災荒、戰亂連綿，大陸人來臺者甚多。《小腆紀年》曾載，「荷蘭夷二千踞城中，流民數萬屯墾城外，……鴻荒甫闢……一歲三熟，厥田惟上，漳、泉之人，赴之如歸市」〔註18〕。另據山崎、野上合著的《臺灣史》記載，「自對岸移民於臺南附近者，在 1644 年時，戶數爲三萬，人口稱十萬，……其在市鎮者，則營商業；其在平地者，則開拓荒地，從事耕種與製糖；其入番界者，或從事與土番之交易」〔註19〕。

荷蘭殖民者爲了與中國大陸開展貿易，在熱蘭遮城建成後，「設市於安平鎮城外，與商賈貿易」〔註20〕，「泉、漳之商賈始接踵而至焉」〔註21〕。當時各殖民統治機構多位於城堡內，市場則設於城堡外，據華連泰因所著《新舊東印東志》第四卷記載，「眾多之建築物及邸宅，悉置於其廓內。城廓外設有區劃整齊之市街，荷蘭人及中國人所營商家櫛比在此」〔註22〕。林謙光著《臺

〔註16〕《續修臺灣縣志》，卷五，《外編・遺蹟》，《臺灣方志》140 種，第 332～333 頁。
〔註17〕李乾朗著：《臺灣建築史》，雄獅圖書股份有限公司，1986 年，第 71 頁～73 頁。
〔註18〕《小腆紀年》，卷二十，臺灣文獻叢刊 134 種，臺灣銀行經濟研究室，第 948 頁。
〔註19〕周憲文編著：《臺灣經濟史》，臺灣開明書店印行，1980 年，第 127 頁。
〔註20〕《澎湖臺灣紀略》，《沿革》，臺灣文獻叢刊 104 種，臺灣銀行經濟研究室，第 53 頁。
〔註21〕《臺灣府志》，卷一，《沿革》，臺灣文獻叢刊 65 種，臺灣銀行經濟研究室，第 2 頁。
〔註22〕〔日〕伊能嘉矩著：《臺灣文化志》，上卷（中譯本），臺灣省文獻委員會編譯，

灣紀略》也有「東畔設屋宇市肆，聽民貿易」〔註23〕之言。熱蘭遮城爲荷蘭總督的駐紮地點，當時到訪過臺灣的 Dapper 也記載，在熱蘭遮城內建有荷蘭長官公所、教堂、監獄、軍械庫和供給庫。城外北邊的沿海一側設有稅關、市場和刑場；在東邊廣場的東側闢有街市，許多大商人都居住於此。街市的道路用四角大磚鋪設，步行繞街市一周，約需 15 分鐘〔註24〕，其「城內樓閣廳廊，悉仿西洋式造」〔註25〕。城堡和市街間的功能有了明顯分區。

　　荷蘭人在臺灣開展與中國大陸、日本商人的多角貿易。正如英商所言：「最好的鹿皮每百張值 20 元，在日本通常可售 60 元，次等之鹿皮每百張值 16 元，在日本值 46 元，最壞者在臺灣 8 元，在日本值 20 元。」〔註26〕荷蘭殖民者把米、糖、鹿肉、鹿角、藤等從臺灣輸往中國大陸，再從中國大陸換回生絲、犀角、藥材等，並把這些東西轉口到日本出賣；把綢緞、陶器、黃金則運回巴達維亞或荷蘭本國。他們從臺灣販運日本的，以糖爲最，年達 800pikul；其次爲鹿皮、牛角及牡牛皮等。從巴達維亞輸入臺灣的貨物，則爲香料、胡椒、琥珀、錫、鉛、麻布、木綿及鴉片等，並把這些東西絕大部分再轉販到中國大陸。在 Riess 著的《臺灣島史》中記有，「荷蘭人的公司，主要是以臺灣爲根據，從事中國與日本的貿易。他們拿大量的香料、胡椒、琥珀、錫、鉛，經過臺灣，輸至中國；他們也從臺灣收買藤，向中國輸出。從中國方面，則買入絲綢、陶器及黃金，而轉銷於巴達維亞。他們從臺灣輸往日本的主要商品，是每年 7000～8000pikul 的糖，總計可獲淨利數十萬 gulden（1653 年的 11 個月間獲利 338917gulden）」〔註27〕。

　　荷蘭人佔領了臺灣南部後，西班牙總督深感其貿易面臨的威脅，1626 年（天啟六年）五月間，派卡黎尼奧率船十四艘，沿著臺灣東海岸北上，進入雞籠港，並在社寮島（今和平島）築城，名爲聖薩爾瓦多（San Salvadon，又

　　　　1985 年，第 354 頁。

〔註23〕《澎湖臺灣紀略》，《臺灣紀略附澎湖・城郭》，臺灣文獻叢刊 104 種，臺灣銀行經濟研究室，第 58 頁。

〔註24〕Dapper《荷蘭東印度公司中國事蹟志》，《臺灣文獻》，九卷一期。

〔註25〕吳桭臣著：《閩遊偶記》，諸家《臺灣輿地彙鈔》，臺灣文獻叢刊 216 種，臺灣銀行經濟研究室，第 18 頁。

〔註26〕高淑娟，馮斌著：《中日對外經濟政策比較史綱──以封建末期貿易政策爲中心》，清華大學出版社，2003 年，第 188 頁。

〔註27〕轉引自周憲文編著：《臺灣經濟史》，臺灣開明書店印行，1980 年，第 137～138 頁。

名雞籠城），建立起西班牙在北臺灣的殖民基地。《赤嵌筆談・形勢》謂：「雞籠港……港口有紅毛石城，非圓非方，圍五十餘丈、高二丈。」〔註28〕在近山和港口沿岸建築四座炮臺用來拱衛主城，並在大沙灣設置漢人街市，稱之為「澗內」，吸引中國人和日本人前往經商貿易。

明崇禎二年（1629年）西班牙人侵入臺灣北部的基隆，進入淡水，並將地命名為卡西多路（Casidor），在港口之北崗設城砦命名為聖・多明各（San Domngo）〔註29〕。在城堡中建教堂，設市場，吸引商人前來貿易。1654年所測繪的「淡水及其附近村落並雞籠嶼圖」中顯示，淡水已有三排市街，並注記39號，是華人市街地區〔註30〕。

西班牙人以今基隆為中心，從事硫磺、鹿皮和紅樹皮等的貿易。雞籠港也成為當時華南和馬尼拉之間貿易的中心。據記載，曾有商船二十二隻滿載貨物同時進口的盛況〔註31〕。

從當時荷蘭和西班牙築城的狀況及其一些貿易情況可以看出，當時臺灣的市街已經有了初步的發展。

二、明鄭時期臺灣市街的發展

1662年，鄭成功率軍驅逐荷蘭殖民者，收復臺灣。在臺灣實行寓兵於農的屯墾政策，招徠大陸沿海之人到臺墾殖。隨著鄭氏部屬、官兵以及移民的到來，臺灣人口迅速增加。據陳孔立教授估算，鄭氏時代臺灣的漢人人口在10萬～12萬人之間，其中鄭氏時代新增漢人為5.6～5.8萬人〔註32〕。

鄭成功收復臺灣後，仿照明朝體制，設一府二縣。設承天府，下設天興和萬年二縣，並將熱蘭遮城更名為安平鎮。承天府治設於原普羅民遮城，為當時全臺政務中樞所在。基層行政單位有坊、裏、莊、社、鎮五種。鄭成功將荷蘭人建的臺灣城和赤嵌城作為鄭氏政權的總部，「就城居之，改臺灣為安平鎮，赤嵌為承天府，總名東都」〔註33〕。

〔註28〕《臺海使槎錄》，卷一，《赤嵌筆談・形勢》，臺灣文獻叢刊4種，臺灣銀行經濟研究室，第9頁。

〔註29〕〔日〕伊能嘉矩著：《臺灣文化志》（中譯本）上卷，臺灣省文獻委員會編譯，1985年，第358頁。

〔註30〕曹永和：《歐洲古地圖上之臺灣》，聯經出版事業公司，1985年，第348頁。

〔註31〕張明雄、單兆榮等著：《躍升的城市臺北》，前衛出版社，1999年，第62頁。

〔註32〕陳孔立著：《清代臺灣移民社會研究》，廈門大學出版社，1990年，第88頁。

〔註33〕《臺灣府志》，卷一，《沿革》，臺灣文獻叢刊65種，臺灣銀行經濟研究室，

　　鄭成功鼓勵土地開發，「興市廛，構廟宇，新街、橫街是其首建之處」〔註34〕，吸引商人前來貿易。高拱乾也指出，鄭氏收復臺灣後，「稍爲更張，設四坊以居商賈」〔註35〕。後來的鄭經還「遣商船前往各港，多價購船料，載到臺灣，興造洋艘、鳥船，裝白糖、鹿皮等物，上通日本……並鑄永曆錢，下販暹羅、交趾、東京各處以富國。從此臺灣日盛，田疇市肆不讓內地」〔註36〕。鄭成功還創設承天府學等文化設施，傳播中華文化，臺南又成爲全臺灣文化的發祥地。

　　明鄭時期實行屯田兵制，寓兵於農，數萬鄭軍官兵在逐步對臺灣進行開墾的同時，還積極招徠大陸沿海之民來臺墾殖，「漳、泉、惠、潮之民望風而至，拓地遠及兩鄙，所產愈豐」〔註37〕。鄭氏時期的「拓殖區域，除有承天一府、安平一鎮之外，以附近南北所發展之文賢、仁和、永寧、新昌、仁德、依仁、崇德、長治、維新、嘉祥、仁壽、武定、廣儲、保大、新豐、歸仁、長興、永康、永豐、新化、永定、善化、感化、開化等二十四里爲中心，漸次擴及以外之地方，即南是鳳山、恒春，北是嘉義、雲林、彰化、埔里社、苗栗、新竹、淡水、基隆等」〔註38〕。總體上看，明鄭時期的屯田南密北疏，儘管其「點」狀之開拓甚多，遍及全島各地〔註39〕，但是基本上以承天府及天興、萬年兩縣（今臺南和高雄及附近地區）爲核心地帶。因此，人口聚集和商業繁榮的市街也主要集中於這一區域。

　　總之，清以前臺灣市街還處在萌芽狀態。此時的市街正如《臺灣府志》中所言，「荷蘭人居臺……惟建臺灣、赤嵌二城（臺灣城，今安平鎮城；赤嵌城，今紅毛樓），規制甚小，名城而實非城。設市於臺灣城外，遂成海濱一大聚落。順治間，鄭成功取臺灣，稍爲更張：設四坊以居商賈，設里社以

　　第 4 頁。

〔註34〕《臺灣府志》，卷一《沿革》，臺灣文獻叢刊 65 種，臺灣銀行經濟研究室，第 4 頁。

〔註35〕《臺灣府志》，卷一《封域》，臺灣文獻叢刊 65 種，臺灣銀行經濟研究室，第 5 頁。

〔註36〕江日昇，《臺灣外記》，卷六，臺灣文獻叢刊 60 種，臺灣銀行經濟研究室，第 237 頁。

〔註37〕連橫著：《臺灣通史》，卷二十七《農業志》，廣西人民出版社，2005 年，第 347 頁。

〔註38〕〔日〕伊能嘉矩著：《臺灣文化志》，下卷（中譯本），第 132 頁。

〔註39〕曹永和：《鄭氏時代之臺灣墾殖》，《臺灣經濟史初集》，第 79～80 頁。

宅番漢……然規模不遠，殊非壯觀」〔註40〕，規模不大，數量有限。荷西時期多局限於殖民統治中心及其鄰近地區。到了明鄭時期，在承天府（今臺南市內）除築圍柵、起衙署，致力於市肆的建設外，並將承天府治劃分爲東安、西定、寧南、鎮北四坊，「這種政治制度與市肆規劃合二爲一的方法，使得赤嵌地方由商業聚落轉變成爲政治聚落，爲清代時期臺南府城的發展奠定一個基礎」〔註41〕。

〔註40〕《臺灣府志》，卷一，《封域》，臺灣文獻叢刊 65 種，第 5 頁。

〔註41〕侯怡泓編撰：《早期臺灣都市發展性質的研究》，臺灣省文獻會編印，1989 年，第 6 頁。

第三章　清代臺灣城鎮體系的發展

　　清朝時，隨著閩粵籍移民源源不斷地渡海來臺，臺灣的土地開拓不斷推進，經濟日益繁榮、行政建制逐漸健全，城鎮數量和規模日漸擴充，等級職能漸趨分化，相互間的聯絡不斷增強，城鎮體系日益完善。但是，清代臺灣的城鎮規模不大，數量不多。到光緒元年（1875 年）時，臺灣地區「第一大都市——臺南市的總人口約四萬人。此時人口約 230 萬人（不包括先住民），其中都市人口約 184000，占總人口 8%，分佈於 15 個城鎮。此都市人口標準採用 5000 人集聚地區」〔註 1〕。

第一節　清代臺灣城鎮發展背景

　　城鎮的成長發展是其所在區域的政治、經濟、社會、文化等因素共同作用的結果，較集中地反映了當時社會發展變遷的軌跡。清代的臺灣是一個以移民為主的商品經濟社會，移民人口的增加，商品經濟的繁榮，貿易的發展，都有力推動了臺灣當時城鎮體系的發展。

一、移民開發與臺灣城鎮

　　臺灣是與大陸僅一水之隔的海島，「臺灣與我國大陸僅以一海之隔，故國人發現臺灣最早，而閩粵沿海居民，自古移臺耕墾者亦多，是以臺灣不僅為我國之領土，且其社會構成亦為我國社會之一部分。以此，整個臺灣經濟

〔註 1〕李瑞麟：《臺灣都市之形成與發展》，《臺灣銀行季刊》，第二十四卷第三期，1973 年，第 7～8 頁。

發展過程，實爲我國經濟發展之擴大與延續，亦爲我中華民族一部分之開發史」〔註2〕。臺灣歷史的演變，大都源於大陸，「而閩、粵兩省地區，因距離尤近，故對臺灣之影響，而益顯著。由於地理與歷史之關係，臺灣固然有其特殊情形，但吾人必須從大陸上之演變主流考察臺灣，始能把握重點。臺灣人口，自日據以後雖現出顯著之變遷；但清代及其以前之臺灣人口，則可視爲吾國大陸人口演變之一衍生現象」〔註3〕。

人口的遷移受社會、經濟、文化、自然環境等多因素的複雜影響。研究者多用推拉理論分析人口遷移的原因，認爲人口遷移是由原住地的推力或排斥力和遷入地的拉力或吸引力交互作用而成。遷移者離開原住地，可能是受到原住地的排斥力，當然排斥力因人而異，如有的人是缺少就業機會、有的可能是農作物收益率相對較低等；當然有排斥力還要有吸引力，對吸引力的感受也是因人而異，如對某地就業機會、公共設施、教育、氣候等的嚮往；也有人是同時受到推力與拉力的影響而遷移的……在拉文斯坦的遷移理論中，分析了遷移的七個法則，即遷移與距離；遷移成階段性；流向與反流向；城鄉遷移之差異；短距離的遷移以女性居多；技術與遷移；經濟動機爲主等。拉文斯坦提出運輸、交通工具與工商業的發展使人口遷移增加；雖然受歧視壓迫，沉重的稅負、氣候不佳、生活條件不合適等因素也是促使人口遷移的原因之一，不過其中仍以經濟因素最重要，人們爲了改善物質生活而遷移的情形占最多數。

清代臺灣的大陸移民多是閩粵兩省的民眾，大多是因人口壓力、自然災害、戰爭等因素而外出謀生。當時閩粵一帶山多地少，土壤貧瘠，人口稠密，人多地少的矛盾尖銳，「由於人稠地少，閩粵兩省在清代成爲嚴重的缺糧省份」〔註4〕。許多人離鄉尋求生存和發展的空間，「華南人民之一部，向海外冒險求生；有遷往菲律賓者，亦有遷往臺灣者」〔註5〕，尋求生存和發展是當時閩粵移民的主要推動力。而臺灣島上「野沃土膏，物產利溥；耕桑並耦，漁鹽

〔註2〕《臺灣省通志》卷四，《經濟志·綜說篇》，臺灣省文獻委員會，1971 年，第1 頁。

〔註3〕《臺灣省通志》卷二，《人民志·人口篇》，臺灣省文獻委員會，1972 年，第1 頁。

〔註4〕鄧孔昭主編：《閩粵移民與臺灣社會歷史發展研究》，廈門大學出版社，2011年，第21 頁。

〔註5〕《臺灣省通志》卷二，《人民志·人口篇》，臺灣省文獻委員會，1972 年，第9 頁。

滋生；滿山皆屬茂樹，遍處俱植修竹；硫磺、水藤、糖蔗、鹿皮以及一切日用之需，無所不有。……且舟帆四達，絲縷踵至，飭禁雖嚴，終難杜絕，實肥饒之區」〔註6〕。而且，臺灣氣候溫暖，「四季皆可種植」，特別是以水稻種植爲多，「穀產最饒」〔註7〕，極其適宜農耕，「宜種植，凡樹口芃芃鬱茂，稻米有粒大如豆者；露重如雨，旱歲過夜轉潤，又近海無潦患，秋成納稼倍內地；更產糖蔗雜糧，有種必獲」〔註8〕。同時臺灣優越的地理位置也蘊含了極大的貿易商機，種種因素的疊加形成臺灣對大陸移民的拉動力，漳、泉、潮、惠客民「因貪地寬，可以私墾，故冒險渡臺」〔註9〕。正是在這些推拉力的綜合作用下，康熙末年後移居臺灣的漢人急遽增加。乾隆三十三年（1768年）臺灣人口接近70萬，乾隆四十七年（1782年）臺灣人口已超90萬，嘉慶十六年（1811年）更急劇擴張到超過190萬〔註10〕。

　　清初臺灣移民開發的範圍，從臺南附近逐漸向南、北兩路延伸。清初主要城鎮臺南、媽宮（馬公）、安平、笨港（北港）、鹿港等，都集中在府城附近的區域。藍鼎元謂「臺灣祇府治百餘里，鳳山、諸羅皆惡毒瘴地，令其邑者不敢至」〔註11〕。鳳山設縣後，「因土地寥曠，文武職官多僑居府治」〔註12〕；同樣，諸羅「置縣後，以民少番多，距郡遼遠，縣署、北路參將營，皆在開化里佳里興，離縣治八十里。四十三年（注：康熙四十三年，1704年）奉文：文武職官俱移歸諸羅山，縣治始定」〔註13〕。可以說，平臺後二十多年，清廷行政僅限於臺灣縣及其附近。

　　隨著移民的增多，臺灣的土地開發加快，再加上興修水利系統、改善耕

〔註6〕　《臺灣府志》，卷十，《藝文志・奏議》，臺灣文獻叢刊65種，臺灣銀行經濟研究室，第232頁。

〔註7〕　《福建通志臺灣府》，《賑恤・閩政領要》，臺灣文獻叢刊84種，臺灣銀行經濟研究室，第189頁。

〔註8〕　《裨海紀遊》，卷上，臺灣文獻叢刊44種，臺灣銀行經濟研究室，第12頁。

〔註9〕　《淡水廳志》，卷十五（上），《附錄・文徵》（上），臺灣文獻叢刊172種，臺灣銀行經濟研究室，第373頁。

〔註10〕　陳孔立著：《清代臺灣移民社會研究》，1990年，第8頁。

〔註11〕　《鹿洲文集・平臺紀略總論》，《治臺必告錄》卷一，臺灣文獻叢刊17種，臺灣銀行經濟研究室，第2頁。

〔註12〕　《鳳山縣采訪冊》，《舊志紀略・建制沿革》，臺灣文獻叢刊73種，臺灣銀行經濟研究室，第29頁。

〔註13〕　《諸羅縣志》，卷一，《封域志・建置》，臺灣文獻叢刊141種，臺灣銀行經濟研究室，第5頁。

作技術，雍正年間臺灣已「開墾流移之眾，延袤二千餘里，糖穀之利甲天下……北至淡水、雞籠，南至沙馬磯頭，皆欣然樂郊」〔註14〕，稻米則「千倉萬箱，不但本郡足食，並可資贍內地。居民止知逐利，肩販舟載，不盡不休」〔註15〕。史料記載，當時臺灣每年外運大米，包括「兵米及眷米及撥運福、興、漳、泉平糴之穀，以及商船定例所帶之米，通計不下八九十萬石」〔註16〕。

　　乾隆後期開始，隨著清政府渡臺禁令的鬆馳，先後開放鹿港和八里坌等與大陸對渡，移民的大批湧入，臺灣開發由沿海向內陸挺進。由於移民增多、土地開拓，「生齒日繁」，導致日用品的需求增加，兩岸的貿易交易量劇增，商品經濟的繁榮促使內陸和近山地區大量市街的形成。康熙二十四年（1685年）蔣毓英編纂的《臺灣府志》記載，清初設立的三縣，其中臺灣縣和諸羅縣轄區都或多或少出現了街，唯有三縣之一的鳳山縣仍然屬於「延袤荒野」之地，尚未發展出「市廛」〔註17〕。康熙三十五年（1696年）時高拱乾編纂的《臺灣府志》中已記載，鳳山縣形成了安平鎮街、半路竹街和興隆莊街，其中安平鎮街因連接鹿耳門與府城之間的交通，「府中市物轉聚於此」〔註18〕，遂成街。康熙五十八年（1719年）編纂的《鳳山縣志》中記載，鳳山縣新增七市街，即「下陂頭街、新園街、萬丹街、楠仔坑街、中衝街、阿公店街、大湖街。其中下陂頭街，店屋數百間，商賈輳集。莊社街市，惟此爲最大。而安平鎮街，商賈輳集。近海街市，惟此爲最大」〔註19〕。清初在諸羅縣全境只有接近臺南的目加溜灣街，「目加溜灣街，在善化里。縣轄多番鄉，鄉民需物皆市府中；獨此一、二列肆，故名街」〔註20〕。隨著大

〔註14〕《噶瑪蘭志略》，卷十三，《藝文志・文》，臺灣文獻叢刊 92 種，臺灣銀行經濟研究室，第 152 頁。

〔註15〕《臺海使槎錄》，卷三，《赤嵌筆談・物產》，臺灣文獻叢刊 4 種，臺灣銀行經濟研究室，第 51 頁。

〔註16〕連橫著：《臺灣通史》，卷二十七《農業志》，廣西人民出版社，2005 年，第 347 頁。

〔註17〕《臺灣府志》，卷六，《市廛・街》，臺灣文獻叢刊 65 種，臺灣銀行經濟研究室，第 127 頁。

〔註18〕《臺灣府志》，卷二，《規制志・市鎮》，臺灣文獻叢刊 65 種，臺灣銀行經濟研究室，第 48 頁。

〔註19〕《鳳山縣志》，卷二，《規制志・街市》，臺灣文獻叢刊 124 種，臺灣銀行經濟研究室，第 26～27 頁。

〔註20〕《臺灣府志》卷二，《規制志・市鎮》，臺灣文獻叢刊 65 種，臺灣銀行經濟研

量移民前來，諸羅縣的土地開發迅速展開，眾多的新市街形成。康熙五十六年（1717 年）周鍾瑄編纂的《諸羅縣志》記載，當時諸羅縣的市街有「下加冬街、急水溪街、鐵線橋街、茅港尾街、麻豆街、灣里溪街、灣里社街、木柵仔街、新港街、蓮池潭街、蕭壠街，以上俱縣南。笨港街、土獅仔街、猴樹港街、井水港街、鹽水港街，俱縣西南；打貓街、他里霧街、斗六門街、半線街，俱縣北」〔註21〕。這些市街的位置仍主要位於沿海平原地帶，以海港和河港市街為主，其中尤以茅港尾街、鹽水港街和笨港街為重要，三者規模都相對較大，商業繁盛。乾隆中後期臺北平原基本上均被墾殖，乾隆二十八年（1763 年），據護理臺灣府北路淡防同知印務彰化縣知縣胡邦翰稱，「查興直保山在竹塹城北百里，……四面環繞，平原廣闊，水田肥美，實為臺北要區、天然巨鎮也。中有新莊街一道，商販雲集，煙戶甚眾」〔註22〕。

隨著移民綿綿不斷的遷入，臺灣人口數量不斷增多。史學家連橫著《臺灣通史》載：及嘉慶十六年，有司彙報全臺民戶，計有二十四萬一千二百十七戶，男女大小凡有二百萬三千八百六十一口，而土番不計也。比之清初，幾增百倍〔註23〕。

表 3.1-1：清代臺灣戶口

廳、縣	戶　數	口　數	備　註	戶　數	口　數	備　註
臺灣	8624	10865	乾隆二年	28145	341624	嘉慶十六年
鳳山	1667	3300	雍正九年	19120	184551	嘉慶十六年
諸羅	2436	3955	乾隆二年	—	—	嘉慶十六年
彰化	—	125	乾隆二年	40407	342166	嘉慶十六年
淡水	—	30342	乾隆二十九年	17943	214833	嘉慶十六年
澎湖	2752	24052	乾隆二十七年	8974	59128	嘉慶十六年
嘉義	—	—	—	126628	818659	嘉慶十六年
噶瑪蘭	—	—	—	—	2900	嘉慶十六年

究室，第 48 頁。

〔註21〕《諸羅縣志》，卷二，《規制志·街市》，臺灣文獻叢刊 141 種，臺灣銀行經濟研究室，第 32 頁。

〔註22〕《臺灣教育碑記》，《附錄·明志書院案底》，臺灣文獻叢刊 54 種，臺灣銀行經濟研究室，第 62～63 頁。

〔註23〕連橫著：《臺灣通史》，卷七《戶役志》，廣西人民出版社，2005 年，第 84 頁。

合計	15749	72639	－	241217	2003861	－

資料來源：連橫著：《臺灣通史》，卷七《戶役志》，廣西人民出版社，2005 年，第 84 頁、85 頁。

　　道光二十年（1840 年）姚瑩在《上督撫言全臺大局書（庚子四月）》，稱臺灣西部地區已是「自嘉慶以來，地利盡闢，野無曠土，生齒日繁」〔註24〕。隨著開發日益向內山推進，一些重要山地的出入口形成了許多聚落，如旗山、噍吧年（玉井）、竹崎、東勢、集集、霧峰、南莊、竹東、大溪等。一些聚落隨著商品交易的日益頻繁而逐漸形成市街或市集。正是這些大陸移民，與當地土著一道披荊斬棘，推動著臺灣土地的開發和社會經濟的發展，推動著臺灣城鎮的繁榮與壯大。

　　清代臺灣城鎮的形成和發展過程是與移民和土地開發的進程一致的。開發最先從南部開始，然後向北逐漸拓展，臺灣城鎮的發展亦是由南而北，由西而東，由海岸平原向內陸山地推進。

二、貿易與臺灣城鎮

　　臺灣在地理上屬於島嶼海洋區，海上交通優越，極其便於商貿往來。臺灣港口城鎮和商業城鎮的發展變遷，與臺灣商貿的發展有著密切聯繫。

　　臺灣的對外貿易傳統歷史悠久。目前，有關宋元時期兩岸貿易的記載不多，比較確鑿的記載是元代的汪大淵隨商船至臺灣後，在《島夷志略》裏記載「地（臺灣）產沙金、黃豆、黍子、硫黃、黃蠟、鹿、豹、麂皮」〔註25〕，而前來臺灣的大陸商船則用「土珠、瑪瑙、金珠、粗碗、廬州瓷器之屬」〔註26〕與之貿易。除這些零散的貿易外，還有海盜集團進駐臺灣。1564 年林衡道、1574 年林鳳等海盜集團，因明朝的剿擊退居臺灣，「其中林衡道曾聚眾五千，擁有船隻一百餘艘，雖主要以今基隆、淡水一帶為基地，但足跡遍及安平、高雄、大甲、苑裏、蘇澳等臺灣西部即東北部等地區。林鳳集團曾聚眾萬人，其船隻聚於後來稱為笨港或北港一帶的魍港。以臺灣為基地的這些海盜集團，與柬埔寨及呂宋均有貿易往來」〔註 27〕。荷蘭、西班牙占

〔註24〕《中復堂選集目錄》，《東溟文後集卷六‧上督撫言全臺大局書》，臺灣文獻叢刊 83 種，臺灣銀行經濟研究室，第 120 頁。
〔註25〕蘇繼廎：《島夷志略校釋》，中華書局，1981 年，第 17 頁。
〔註26〕蘇繼廎：《島夷志略校釋》，中華書局，1981 年，第 17 頁。
〔註27〕林滿紅著：《四百年來的兩岸分合——一個經貿史的回顧》，自立晚報社文化

臺灣後，以此島爲根據地，從事掠奪性貿易。荷蘭人當時在臺灣經營的主要貿易對象有日本、大陸和南洋，「所產之物，米糖爲巨，以其有贏，販運中國，遠至日本、南洋，歲值數十萬金」〔註28〕。

明鄭時期，實施寓兵於農政策，大力發展農業生產。因清政府嚴禁船隻出海，鄭氏便積極拓展對外通商，開展海運，其「貿易展開創一頁之新記錄」〔註29〕。

清統一臺灣後，由於移民漸多，開墾之地日廣，物產更爲豐富，再加上海禁漸開，商貿進一步繁榮和發展。

臺灣開拓以後與大陸間有密切的區域分工。臺灣的土地、氣候適合米、糖種植，但不宜於生產棉花、桑蠶。而臺灣所生產的米、糖是大陸所需，而移民所用的棉布、絲織品及其它日用品均可由大陸供給，臺灣與大陸間逐漸形成一方供應農產品，一方供應日用手工業產品的「區域分工」。「山不產鐵，田器、斧鑕之屬悉資內地。土沙粉無黏埴，不堪陶磚瓦；糖漏之外，雖粗碗、瓦盆亦不能成……宮室之用，皆載自漳、泉、寧波。竹類多且蕃，莿竹尤多，遍於莊社。楮亦廣有，臺所謂鹿子草也，材可造紙，而粗細俱資內地，歲糜萬緡；未得造紙之法耳。不產箬葉，船篷、箱簍之絮，悉於內地取之」〔註30〕。丁紹儀曾言，「臺灣出產甚饒，米、糖、油、靛販鬻半天下，其綿、絲、綢、布，爾日用所需，則皆內地運往」〔註31〕。《噶瑪蘭志略》中也有「蘭中惟出稻穀，次則白苧，其餘食貨百物，多取於漳、泉。絲羅、綾緞則取資於江浙」〔註32〕之記載。正如學者林滿紅所言，大陸與臺灣之間有著「高度的區域分工」〔註33〕。

出版部，1994年，第12～14頁。

〔註28〕連橫著：《臺灣通史》，卷二十七，《農業志》，廣西人民出版社，2005年，第346頁。

〔註29〕《臺灣省通志》卷四，《經濟志·商業篇》（上），臺灣省文獻委員會，1970年，第137頁。

〔註30〕《諸羅縣志》，卷十二，《雜記志·外紀》，臺灣文獻叢刊141種，臺灣銀行經濟研究室，第296～297頁。

〔註31〕《東瀛識略》，卷二，《糧課·稅餉》，臺灣文獻叢刊2種，臺灣銀行經濟研究室，第24頁。

〔註32〕《噶瑪蘭志略》，卷十一，《風俗志·商賈》，臺灣文獻叢刊92種，臺灣銀行經濟研究室，第116頁。

〔註33〕林滿紅著：《茶、糖、樟腦業與臺灣之社會經濟變遷》（1860～1895），聯經出版事業公司，1997年，第7頁。

　　臺灣出口到大陸的物品以米、糖為大宗，其它出口品如麻、靛藍、花生、樟腦、鹿皮、藤、鹹魚等亦均屬於農產品。兩地間船舶的頻繁往來，有力地推動著臺灣對外貿易的開展。「海壖彈丸，商旅輻輳；器物流通，實有資於內地」〔註34〕，而當時清政府的渡航禁制令，執行起來時而嚴厲，時而鬆弛。康熙二十三年（1684 年）清政府開放臺灣府的內港鹿耳門與福建廈門進行單口對渡貿易，「船隻往來，在內地惟廈門一口，與鹿耳門一口對渡」〔註35〕。然而，因偷渡營私勢日烈，在康熙年間臺灣的五條港、鹿仔港、淡水港、中北部各港口，早已與大陸內地私自通商貿易，「臺灣瀕海地方，除鹿耳門、鹽水港、鹿仔港、淡水港等處海口，其餘支河汊港甚多，小船皆可偷渡」〔註36〕。

　　乾隆年間，因獎勵移民，臺灣人口激增，需要物資猛增，營私更盛。乾隆四十九年（1784 年），鹿港增設海防同知，准與泉州府下的蚶江通航貿易。乾隆五十七年（1792 年）開放八里坌港，准與福州五虎門以及蚶江往來。自此，得到清廷批准的臺灣與國內大陸的貿易港，有安平、鹿港及八里坌等三處。道光四年（1824 年），再開彰化的五條港（海豐港），噶瑪蘭的烏石港，合稱五口，閩臺地區的商船往來更為便捷。此外當時並非法定但實際與國內大陸早已有貿易交通之主要港口，還有基隆港、烏山港、竹塹港、造船港、後壟港、梧棲港、笨港、東石港、東港、萬丹港、媽宮（馬公）港等多處。

　　19 世紀 60 年代，第二次鴉片戰爭失敗後，清政府被迫向西方開放第二批沿海口岸，其中包括臺灣的安平和淡水兩港，隨後又增設雞籠（基隆）為淡水口的子口，打狗（高雄）為安平港的子口。

　　開港後，臺灣經濟以農業和貿易為主的特徵並未改變。清初臺灣以米、糖為出口大宗。米的出口市場以福建為主，糖的市場以華北、華中為主，有時也到達日本、南洋。通商口岸開放後，臺灣米因島內人口增加，市場擴大，不再成為出口大宗。糖的出口則除了華中、華北市場之外，還大量出口到日本、香港，甚至還遠及澳州、英國、美洲等地。而茶、樟腦卻日益成為出口

〔註34〕《臺海使槎錄》卷二，《赤嵌筆談‧商販》，臺灣文獻叢刊 4 種，臺灣銀行經濟研究室，第 48 頁。

〔註35〕《廈門志》，卷六，《臺運略‧額數》，臺灣文獻叢刊 95 種，臺灣銀行經濟研究室，第 186 頁。

〔註36〕《欽定平定臺灣紀略》，卷五十，《乾隆五十三年正月初四日至十一日》，臺灣文獻叢刊 102 種，臺灣銀行經濟研究室，第 814 頁。

大宗。1868 年至 1894 年間，茶、糖、樟腦的出口值分別占此時期臺灣出口總值之 54%、36%、4%。臺灣茶分爲烏龍、包種兩種。烏龍茶以美國爲主要市場，包種茶以南洋華僑爲主要市場。樟腦市場則是德、法、美、英、印度等國。可見，開放通商口岸後，臺灣的出口市場由以中國大陸爲主，進而拓展及全球。在這種情況下，臺灣逐漸形成了不同於大陸的商業社會，且有著高度的市場取向。早在康熙三十五年（1696 年）臺灣知府高拱乾所修的《臺灣府志》即指出：臺人「偶見上年糖價稍長，惟利是趨。舊歲種蔗，已三倍於往昔；今歲種蔗，竟十倍於舊年」〔註 37〕。開港通商後，淡水的英國領事指出：「年復一年，漢人不斷向山區開發，一山占過一山，砍下了樹木，種下了茶。」〔註 38〕開港後，臺灣對外貿易的日益發展，貿易範圍的擴大，推動了臺灣市街的形成和發展，其中尤以臺灣北部的大稻埕最爲典型。到 1898 年「大稻埕的人口已有 31533 人，僅次於臺南之有 47283 人，而爲全臺第二大城市；艋舺僅有 23767 人，反落於大稻埕之後，而名列第三……是臺灣開港以後所塑造的典型的通商口岸都市」〔註 39〕，自此，大稻埕成爲繼艋舺之後北臺灣最大的商業集散中心。

第二節　清代臺灣城鎮體系的職能組合結構

　　城市職能指的是城市在國家或區域中所起的作用或所承擔的分工，它反映了城市與區域、城市與城市間的關係。在區域城鎮體系中，各城市職能不僅僅是反映各城市本身在國家或區域中所具有的地位及擔負的作用，而且通過各城市職能的有機組合，共同構成具有一定特色的地域綜合體。這種城市體系內各城市職能的有機組合，就稱爲城市職能結構〔註 40〕。一般就個體城鎮的職能而言，規模越大，其職能也越複雜。

　　清代臺灣的城鎮根據其主要職能可以分爲行政、港口、山地貿易三種類

〔註 37〕《臺灣府志》，卷十，《藝文志·公移》，臺灣文獻叢刊 65 種，臺灣銀行經濟研究室，第 251 頁。

〔註 38〕林滿紅著：《茶、糖、樟腦業與臺灣之社會經濟變遷（1860～1895）》，聯經出版事業公司，1997 年，第 13 頁。

〔註 39〕林滿紅著：《茶、糖、樟腦業與臺灣之社會經濟變遷（1860～1895）》，聯經出版事業公司，1997 年，第 170 頁。

〔註 40〕顧朝林著：《中國城市體系——歷史·現狀·展望》，商務印書館，1996 年，第 248 頁。

型的城鎮。行政型城鎮是各級政府（省、府或州、縣或廳）所在地，以行政、文教與軍事功能爲主，如臺北、竹塹、宜蘭、臺中、彰化、嘉義、臺南、左營、鳳山、恒春等；港口型城鎮位於沿河或沿海地區，有較好的水運條件，其發展多依託於港口的貿易往來，如基隆、鹿港、安平、東港、鹽水、朴子、北港、艋舺和大稻埕等；山地貿易型城鎮通常是農產品的交易中心，較大規模的城鎮一般容易出現在多條交通道路彙集之處。臺灣的山地貿易型城鎮多位於內山或是丘陵地帶，一般佔據從平原到山地的交通隘口，有的則擁有某種資源優勢。如早期移民與臺灣山地居民頻繁交易，在交通樞紐處形成如桃園、中壢、新埔等「山地貿易市集」。

一、行政中心城鎮

清代臺灣城鎮聚落興起的原因除了港埠貿易等經濟活動外，政務因素也是其主要因素之一，而且從中國傳統城市體系的構成來看，城市的發展規模多與城市所在的行政級別密切相關。四川大學何一民教授謂之「政治行政中心優先發展規律，即一個城市的發展規模和發展速度與其政治行政地位的高低成正比，政治行政地位越高的城市，規模也越大，發展速度就越快；反之，政治行政地位越低的城市，規模也越小，發展速度就越慢」〔註41〕。臺灣的城市發展也同樣如此，學者施添福曾指出，「行政和軍事是清代臺灣市街分化與成長的兩股基本力量」〔註42〕。隨著由南至北、由西向東的大規模拓墾活動的推展，臺灣的行政區劃亦歷經多次更迭、且日趨綿密，各層級的行政中心聚落也陸續出現在臺灣各地。由於行政中心一般選擇在該行政區「人文社會的可能中心地點」，既有地理位置上的優勢，也有行政、文教等人文因素的集聚，因此，行政中心城鎮的發展條件往往比一般城鎮優越。

清初，朝廷以臺灣爲海上亂藪，曾對臺灣棄、留猶豫不決。施琅上《臺灣棄留疏》謂：「竊照臺灣地方，北連吳會，南接粵嶠，延袤數千里，山川峻峭，港道迂迴，乃江、浙、閩、粵四省之左……野沃土膏……硫磺、水藤、糖蔗、鹿皮，以及一切日用之需，無所不有……且舟帆四達，絲縷踵至，餉

〔註41〕何一民著：《從農業時代到工業時代：中國城市發展研究》，四川出版集團巴蜀書社，2009 年，第 46 頁。

〔註42〕施添福著：《清代臺灣市街的分化與成長：行政、軍事和規模的相關分析（上）》，《臺灣風物》，三十九卷二期。

禁雖嚴，終難杜絕。實肥饒之區，險阻之域。……蓋籌天下形勢，必求萬全。臺灣一地，雖屬多島，實關四省之要害。勿謂被中耕種，猶能少資兵食，固當議留；即爲不毛荒壤，必藉內地挽運，亦斷斷乎不可棄……臣思棄之必釀成大禍，留之誠永固邊圉。」〔註43〕鑒於此，康熙二十三年（1684年），清政府在臺灣設一府三縣，即設臺灣府，轄臺灣、鳳山、諸羅三縣，並在澎湖設巡檢，置臺廈兵備道和總兵，隸屬福建省；其中，諸羅縣爲原天興州的改名，亦稱北路，原萬年州分爲臺灣、鳳山二縣，臺灣縣因位於三縣之中，又稱爲中路，鳳山縣則被稱爲南路。臺灣府治、臺灣縣署都設在東安坊（今臺南市內），鳳山縣縣治初擬設在鳳山地方，後設在興隆莊。諸羅縣的縣治初未建，暫駐於佳里興，康熙四十三年（1704年）移歸。

　　隨著臺灣的開發不斷向北推進、移民的增多，土地開墾面積不斷擴展。鑒於當時的北路遼闊，治理艱難，雍正元年（1723年）諸羅縣另劃出彰化縣及淡水廳，雍正五年（1727年）設澎湖廳，臺灣行政區劃變成一府四縣二廳：即一臺灣府，下轄臺灣、鳳山、諸羅、彰化四縣，淡水、澎湖二廳。乾隆五十二年（1787年）諸羅縣改名嘉義縣。府治在東安坊，臺灣縣署於乾隆十五年（1750年）移設鎮北坊（今臺南市赤嵌樓）；鳳山縣縣治初在興隆莊，乾隆五十三年（1788年）移至埤頭街（今高雄縣鳳山鎮）；諸羅縣縣治在諸羅山（乾隆五十二年改名嘉義，今嘉義市）；彰化縣縣治初在半線（今彰化市），但因衙署未建，暫設於諸羅，雍正六年（1728年）歸；淡水廳，開始廳治設在彰化縣治的半線南街，雍正十一年（1733年）移駐竹塹（今新竹市）；澎湖廳廳治設於大山嶼東西衛澳文澳社（舊名暗澳，今澎湖縣馬公市）。

　　到乾隆末嘉慶初年，隨著噶瑪蘭大量移墾人積聚，民番糾葛、械鬥不斷。嘉慶十六年（1811年）頒佈上諭，「噶瑪蘭田土膏腴，米價較賤，民番流寓日多，若不設官經理，必致滋生事端」〔註44〕。嘉慶十七年（1812年），增設噶瑪蘭廳，臺灣府轄下增爲一府四縣三廳，即臺灣府，下轄臺灣縣、鳳山、嘉義、彰化四縣與淡水、澎湖、噶瑪蘭三廳。臺灣府，府治在東安坊，臺灣縣縣治在鎮北坊赤嵌樓右，鳳山縣縣治在埤頭，嘉義縣縣治在嘉義城東門，彰化縣縣治在彰化縣城，淡水廳廳治在竹塹城，噶瑪蘭廳廳治在五圍三結街（今

〔註43〕《靖海紀事》下卷，《恭陳臺灣棄留疏》，臺灣文獻叢刊13種，臺灣銀行經濟研究室，第59～62頁。

〔註44〕《噶瑪蘭志略》，卷十三，《藝文志‧文》，臺灣文獻叢刊92種，臺灣銀行經濟研究室，第131頁。

宜蘭市）、澎湖廳廳治在大山嶼東西衛澳文澳社（今馬公市）。

鴉片戰爭後，中國屢遭外侮，英法美等國相繼覬覦臺灣。再加上臺灣開港後，英美德俄等國洋商紛紛前來互市貿易，促進臺灣特產茶、樟腦、糖、靛、煤等出口。清政府逐漸改變其消極治臺政策，派總理船政大臣沈葆楨為欽差辦理臺灣等處海防兼理各國事務大臣。沈葆楨奏請開山撫番，增置郡縣。光緒元年（1875 年）清廷改革臺灣行政區域的規劃，設二府八縣四廳，其中二府是臺灣府與臺北府；臺灣府下轄臺灣、鳳山、恒春、嘉義、彰化五縣及埔里社、卑南、澎湖三廳，臺灣府府治在臺灣府城東安坊，臺灣縣縣治在臺灣府城的鎮北坊，鳳山縣縣治在埤頭，恒春縣縣治在宣化里（今恒春），嘉義縣縣治在嘉義城（今嘉義市），彰化縣縣治在彰化縣城（今彰化市），埔里社廳廳治在埔里社大埔城（今埔里）、卑南廳廳治在埤南（又作卑南，即今臺東）、澎湖廳廳治在大山嶼東西衛澳文澳社（舊名暗澳，今馬公市）。臺北府轄淡水、宜蘭、新竹三縣及基隆一廳。臺北府府治初暫駐淡水廳署，光緒五年移至臺北（今臺北市內）；淡水縣縣治在臺北（今臺北市城中區），宜蘭縣縣治在宜蘭城堡東門街（舊名五圍三結街堡，今宜蘭市），新竹縣縣治在新竹（今新竹市），基隆廳廳治在基隆（今基隆市）。此外，沈葆楨曾請移福建巡撫駐紮臺灣，儘管未獲准，卻由此立下半年駐省、半年駐臺之制。經這一次的地方行政區調整，實施了近 190 年的一臺灣府制度，一分為二，成為臺灣、臺北兩府。這在臺灣的行政空間上有著重大的意義，以大甲溪為界，北臺灣逐漸自成一個體系，並與南臺灣分庭抗禮。

1884 年中法戰爭後，清廷深感臺灣地位重要。1885 年宣佈在臺灣建省，劉銘傳為臺灣第一任巡撫。劉銘傳全力建設臺灣，鞏固海防，上奏《臺灣郡縣添改撤裁摺》，謂「建置之法，形勢為先，制治之方，均平為要。臺疆治法，視內地為獨難，各縣幅員，反較多於內地；如彰化、嘉義、鳳山、新竹、淡水等縣，縱橫多至二、三百里，鞭長莫及，治化何由？且防務為治臺要領，轄境太廣，則耳目難周，控制太寬，則聲氣多阻。至山後中、北兩路，延袤三、四百里，僅區五段，分設碉堡，並無專駐治理之員，前實後虛，亦難遙制」〔註45〕。

然而，臺灣省治的選取卻頗費周折。開始時，省治擬在彰化縣的橋孜圖，

〔註45〕《劉壯肅公奏議》，卷六，《建省略·臺灣郡縣添改撤裁摺》，臺灣文獻叢刊 27 種，臺灣銀行經濟研究室，第 285 頁。

「原爲橋孜圖當全臺適中之區，足以控制南北；且地距海口較遠，立省於此，可杜窺伺」〔註46〕，而且「橋孜圖地方，山環水複，中開平原，氣象宏敞，又當全臺適中之地」〔註47〕，「背山面海，平原交錯，南有湖日之饒，北有大甲之險，鑿山刊道，戍兵撫番，遠達臺東，如臂使指」〔註48〕。當時，劉銘傳還設想一旦貫通臺灣南北的鐵路建成，橋孜圖可以居中馭外，可以控制全臺，「臺灣既經分省，須由中路建設省城，方可控制南北。查彰化橋孜圖地方，曾經前撫臣岑毓英察看地形，議籌建省，臣上年秋，復親察勘，地勢寬平，氣局開展，襟山帶海，控制全臺，實堪建立省會。惟地近內山，不通水道，不獨建築衙署、廟宇，運料艱難，且恐建城之後，商賈寂寥，雖有省垣，民居稀落。若修車路，貨物立見殷繁，建造各工，更多節省」〔註49〕。但是，清代臺灣的鐵路僅修到新竹，各項衙署、廟宇等建設，亦因經費等問題沒有全部完成，商賈不多，民居稀落。劉銘傳的繼任巡撫邵友濂認爲，橋孜圖「本係一小村落，自設縣後，民居仍不見增；良由環境皆山，瘴癘甚重，仕官商賈託足維艱；氣象荒僻，概可想見。況由南、北兩郡前往該處，均非四、五日不可。其中溪水重疊，夏秋輒發；設舟造橋，頗窮於力；文報常阻，轉運尤艱。臺中海道淤淺，風汛靡常，難於駛進輪船。不獨南北有事，接濟遲滯；即平日一切造辦運料，亦增勞費。揆諸形勢，殊不相宜。且省會地方，神廟、衙署、局所在所必需；用款浩煩，無從籌措。是以分治多年，迄未移駐該處；自今以往，亦恐舉辦無期」〔註50〕。

相對於橋孜圖而言，臺北卻別有天時、地利、人和之優勢。臺灣北部儘管開發的時間比西南部沿海平原遲，但是嘉慶以後，北臺灣經濟發展較快。特別是開港後，隨著臺灣北部出口貿易的大量增加，大稻埕成爲了北部貿易

〔註46〕《劉銘傳撫臺前後檔案》，檔案二，《臺南府轉行巡撫邵友濂具奏〈臺灣省會要區地利不宜擬請移設以定規模〉摺稿》，臺灣文獻叢刊276種，臺灣銀行經濟研究室，第239頁。

〔註47〕《劉壯肅公奏議》，卷六，《建省略·臺灣郡縣添改撤裁摺》，臺灣文獻叢刊27種，臺灣銀行經濟研究室，第285頁。

〔註48〕連橫著：《臺灣通史》，卷五，《疆域志》，廣西人民出版社，2005年，第61頁。

〔註49〕《劉壯肅公奏議》，卷五，《設防略·擬修鐵路創辦商務摺》，臺灣文獻叢刊27種，臺灣銀行經濟研究室，第269頁。

〔註50〕《劉銘傳撫臺前後檔案》，檔案二，《臺南府轉行巡撫邵友濂具奏〈臺灣省會要區地利不宜擬請移設以定規模〉摺稿》，臺灣文獻叢刊276種，臺灣銀行經濟研究室，第239～240頁。

的中心。在 1875 年，沈葆楨上的《臺北擬建一府三縣摺》，在選擇府治之時就認爲「艋舺當雞籠、龜崙兩大山之間，沃壤平原，兩溪環抱，村落衢市，蔚成大觀。西至海口 30 里，直達八里坌、滬尾兩口；並有觀音山、大屯山以爲屏障，且與省城五虎門遙對，非特淡、蘭扼要之區，實全臺北門之管（鑰）」〔註51〕。當時對臺北的重視也可從當時臺北知府林達泉著的《全臺形勢論》一文中一窺。在該文中林達泉把臺南與臺北進行了對比，陳述了臺灣巡道移往臺北的六條理由：

「全臺形勢，翼蔽東南，幅員綿邈。以目前而論，臺灣爲府治所在，鎮道建節，實爲扼要之區。然統全局而籌之，臺灣地處下游，如人居於矮屋之中，不能昂頭四顧，是未若臺北之地據上游，控制全局，猗角福建，尤有振衣千仞濯足萬里之概也。夫省郡輻輳之區，必據山水交會之勝。臺灣逼近海濱，地勢卑薄，北有蔦松溪，南有二層行溪，源短流弱，驟盈驟涸。而臺北則平原沃壤，周回數百里，實爲天府之域。其山則有三貂嶺、大坪林，開列如障，逶邐而來；又有觀音、大屯二山，雄峙水口，以爲拱護。其水則有二甲九、三角湧、水返腳三溪，源遠流長，百有餘里，均彙於艋舺，乃由關渡出滬尾以入於海。全臺之水皆不彙，而三溪獨彙。全臺之溪皆不通舟楫，而三溪獨通。此山水之勝一也。……今臺灣府治地既斥鹵，泉尤不潔。而臺北則有三溪洪流，蕩滌污垢，且泉脈甘美，飲之舒泰。此水泉之勝二也。臺南所產，以糖爲巨；而臺北則菁華所萃，米、茶、油、煤、硫磺、樟腦、靛青、木料等產，每年二、三百萬金，故富庶甲於全臺。此物產之勝三也。全臺通商口岸，南有安平、旗後。而安平自夏徂秋，風起水湧，從前安瀾、大雅兩輪船，皆以是而擱淺毀壞；旗後則內港漸淤，近議用機開挖，聞亦未易疏通。是臺南兩口一險一淤，通商實無大益；若臺北則基隆潮漲潮退，均可碇泊；滬尾潮漲之時，巨舟可入。故全臺通商在臺北者恒十之七、八，而在臺南者祇二、三。此口岸之勝四也。且基隆、滬尾皆與福州對渡，水程不過六更，朝發夕至，又無橫洋之險。若福州至安平，必歷黑水溝，過澎湖。不唯遠倍臺北，險亦倍之。此又遠近安危之迥異，其勝五也。夫臺北與福州地勢既近，呼應極靈。督撫在省調度，左提右挈，萬一臺疆有事，內地師船可以徑渡。即內地有事，臺北亦可策應。此又兩地相爲表裏，其勝六也。」因此臺灣巡

〔註51〕《福建臺灣奏摺》，《臺北擬建一府三縣摺》，臺灣文獻叢刊 29 種，臺灣銀行經濟研究室，第 58 頁。

道當移駐臺北，「不唯風氣日闢，勢不能遏，抑亦形勢扼要，理有固然也。」
〔註 52〕

　　劉銘傳的繼任巡撫邵友濂也認爲，「臺北府爲全臺上游，巡撫、藩司久駐
於此，衙署、廟局次第粗成；舟車兩便，商民輻輳。且鐵路已修至新竹，俟
經費稍裕，即可分儲糧械，爲省城後路」，「請即以臺北府爲臺灣省會，將臺
北府爲省會首府」〔註 53〕。日本學者伊能嘉矩的《臺灣文化志》也分析了清
末臺灣中南部河流淤積現象，與此相反，當時的淡水河卻相對較能通航，就
連康熙雍正年間尚未是淡水河支流的大料崁溪，到乾隆中葉以後，因臺北盆
地地震而出現底層下陷，既成了淡水河支流，又能通航。因而，伊能嘉矩認
爲「爲使福建首府與臺灣之聯繫更加方便，將首府遷至臺北之要因，除基於
北部所開基隆港在人文上之自然發達外，及近代全臺港口淤淺，溪河悉有壅
塞變遷，反之，唯淡水河舟楫猶能維持其抵臺北之便，亦其一因」〔註 54〕。
經多次討論，臺北遂成爲清末臺灣政治經濟文化中心，奠定了現在臺北都市
發展的重要基礎。

　　光緒十三年（1887 年）臺灣全省劃分爲三府、一直隸州、十一縣、三
廳。新設三府爲臺南府、臺灣府、臺北府，其中臺南府由原臺灣府變更而來，
並在中部地區改設臺灣府，一直隸州爲臺東州。臺灣省文獻委員會編的《臺
灣史》記載各個行政中心及其變遷：臺灣府，轄四縣一廳：臺灣縣、彰化縣、
雲林縣、苗栗縣，埔里社廳。臺灣府府城位於橋孜圖（今臺中市內），臺灣
縣縣治在藍興堡東大墩橋孜圖，彰化縣縣治在彰化縣城，雲林縣縣治初在沙
連堡的林圯埔、光緒十九年（1893 年）移至斗六堡斗六街（今斗六市），苗
栗縣縣治在貓里街北的夢花莊（舊名芒花莊，俗名黃芒埔，今苗栗市），埔
里社廳廳治在大莆城（又作大埔城，今埔里鎮）。臺南府轄四縣一廳：安平
縣、鳳山縣、恒春縣、嘉義縣、澎湖廳。臺南府府治在東安坊（今臺南市），
安平縣舊爲臺灣縣，光緒十四年分省，改名安平縣，縣治在鎮北坊赤嵌樓右
（臺南府城內），鳳山縣縣治仍在大竹里埤頭街縣城內（今鳳山），恒春縣縣

〔註 52〕連橫著：《臺灣通史》，卷三十三，《列傳五·劉璈列傳》，廣西人民出版社，
　　　　 2005 年，第 486 頁。
〔註 53〕《劉銘傳撫臺前後檔案》，檔案二，《臺南府轉行巡撫邵友濂具奏〈臺灣省會
　　　　 要區地利不宜擬請移設以定規模〉摺稿》，臺灣文獻叢刊 276 種，臺灣銀行經
　　　　 濟研究室，第 239～240 頁。
〔註 54〕〔日〕伊能嘉矩著：《臺灣文化志》（中譯本），下卷，臺灣省文獻委員會，1991
　　　　 年，第 493～500 頁。

治仍設在宣化里恒春縣城內（舊名琅嶠社猴洞山，今恒春鎮），嘉義縣縣治在嘉義城東門（今嘉義市），澎湖廳廳治在大山嶼東西衛澳文澳社（舊名暗澳，在今馬公市）。臺北府下轄三縣一廳：淡水縣、新竹縣、宜蘭縣、基隆廳。臺北府府治在臺北府城內（今臺北市城中區），淡水縣縣治在臺北府城內，新竹縣縣治在新竹縣城（今新竹市），宜蘭縣縣治在本城堡宜蘭縣城內東門街（今宜蘭市）、基隆廳廳治在基隆街（今基隆市），一直隸州為臺東州，初設州治在水尾（今花蓮縣瑞穗），後移治到卑南（今臺東市內）。至此，臺灣在清代的行政區劃乃大致底定，光緒二十年（1894 年）又在臺北府下劃設南雅廳，廳治設在南仔（即大料崁，今大溪鎮），成為一省三府十一縣四廳的建制。

表 3.2-1：清代臺灣行政區域建置沿革

年　代	所屬省	府	治　　所	縣　廳	治　所	治所今地
一府三縣時期：康熙二十三年（1684）	福建省	臺灣府	東安坊（今臺南市）	諸羅縣	諸羅山	嘉義市
				臺灣縣	東安坊	臺南市
				鳳山縣	興隆莊	高雄市
一府四縣二廳時期：雍正元年（1723）	福建省	臺灣府	東安坊（今臺南市）	淡水廳	竹塹	新竹市
				彰化縣	半線	彰化市
				諸羅縣	諸羅山	嘉義市
				臺灣縣	鎮北坊	臺南市赤嵌樓
				鳳山縣	埤頭	高雄縣鳳山
				澎湖廳	大山嶼東西衛澳文澳社	馬公市
一府四縣三廳時期：嘉慶 17 年（1812）	福建省	臺灣府	東安坊（今臺南市）	噶瑪蘭廳	五圍	宜蘭市
				淡水廳	竹塹	新竹市
				彰化縣	半線	彰化市
				嘉義縣	嘉義城	嘉義市
				臺灣縣	鎮北坊	臺南市赤嵌樓
				鳳山縣	埤頭	高雄縣鳳山
				澎湖廳	大山嶼東西衛澳文澳社	馬公市

續上表 3.2-1：清代臺灣行政區域建置沿革

年　代	所屬省	府	治　所	縣　廳	治　所	治所今地
二府八縣四廳時期：光緒元年（1875）	福建省	臺北府	臺北（臺北市內）	淡水縣	臺北	臺北市城中區
				宜蘭縣	宜蘭城（舊名五圍）	宜蘭市
				新竹縣	新竹	新竹市
				基隆廳	基隆	基隆市
		臺灣府	東安坊（臺南市內）	臺灣縣	鎮北坊	臺南市赤嵌樓
				鳳山縣	埤頭	高雄縣鳳山
				恒春縣	宣化里	恒春
				嘉義縣	嘉義城	嘉義市
				彰化縣	彰化縣城	彰化市
				埔里廳社	大埔城	埔里
				卑南廳	卑南	臺東市
				澎湖廳	大山嶼東西衛澳文澳社	馬公市
三府一直隸州十一縣四廳：光緒 13 年（1887）	臺灣省	臺北府	臺北（今臺北城內）	淡水縣	臺北	臺北城內
				新竹縣	新竹縣城	新竹市
				宜蘭縣	宜蘭縣城	宜蘭市
				基隆廳	基隆街	基隆市
				南雅廳	大料崁	大溪鎮
		臺灣府	橋孜圖（今臺中市內）	臺灣縣	橋孜圖	臺中市內
				彰化縣	彰化縣城	彰化市
				雲林縣	斗六堡	斗六市
				苗栗縣	貓里街	苗栗市
				埔里社廳	大埔城	埔里鎮
		臺南府	東安坊（今臺南市）	安平縣	鎮北坊	臺南府城內
				鳳山縣	埤頭街	鳳山
				恒春縣	恒春縣城	恒春鎮
				嘉義縣	嘉義城	嘉義市
				澎湖廳	大山嶼東西衛澳文澳社	馬公市
		臺東直隸州			卑南	臺東市內

資料來源：《重修臺灣省通志》，《政治志・建制沿革篇》，臺灣省文獻委員會，1991年，第 21～154 頁，整理。

　　早期臺灣的縣、廳行政中心的市街不多，直到康熙末年鳳山縣城仍只有興隆莊街，康熙五十六年（1717 年）成書的《諸羅縣志》記載諸羅縣城也只有十字街、太平街、鎮安街三處街市〔註55〕。隨著臺灣的開發與行政區域規劃日益詳密，行政城鎮的功能日益強化複雜，文教、商業功能得到發展，市街等也發展很快。到了乾隆初，各縣城的發展已有一定的基礎。尹士俍纂修的《臺灣志略》記載「鳳山縣治，縣署、營署相連，居民環繞，水陸服食，無物不備。最盛為邑南之萬丹街及下埤頭街，利來利往，大半係漳、泉之人」，諸羅縣「邑內街市周密，生理豐裕，比戶多有眷屬」〔註56〕。彰化縣城，「城郭市廛，頗就條理，衙署營盤，漸成局面」，「而願耕於野，願藏於市者，四方紛至。故街衢港陌，漸有可觀，山珍海錯之物，亦無不集，但價直（值）稍昂」〔註57〕。乾隆中期以後，行政型城鎮得到進一步的發展。乾隆中期余文儀修編的《續修臺灣府志》記載，諸羅縣發展出中和街（縣署前）、十字街、布街、總爺街、內外城廂街、四城廂外街、新店街（西門外城廂橋頭）等 7 處市街，而彰化縣也有半線街和東、西、南、北四市〔註58〕。而臺灣縣則記載了 45 條市街，「十字街：在郡城四坊之中。花街、真武街廟（疑為「真武廟街」）、枋橋頭街、嶺後街、嶽帝廟街、山川臺街、經歷巷、大埔街、油行尾街：以上俱東安坊。帽仔街、大井頭街、南濠街、看西街、新街（即魚市）、暗街、下橫街、武鋪街、水仙宮後街、南勢街、打棕街、鎮渡頭街、北勢街、佛頭港街：以上俱在西定坊。打石街、柴市街、杜仔行街、安海街、糖仔街、道口街：以上俱寧南坊。竹仔街、禾僚港街、總爺街、竹仔行街、故衣街、針街、關廟口街、媽祖港街、關帝港街、王宮港街、新大道街、水仔尾街、草仔僚街、媽祖樓街、礱嘓石街：以上俱在鎮北坊」〔註59〕。

　　康熙收復臺灣之初，對臺灣深具戒心，臺灣並沒有建築城池。直至嘉慶

〔註55〕《諸羅縣志》，卷二，《規制擊·街市》，臺灣文獻叢刊 141 種，臺灣銀行經濟研究室，第 32 頁。

〔註56〕尹士俍纂修：《臺灣志略》，李祖籍點校，中卷，《民風土俗》，九州島出版社，2003 年，第 45 頁、第 46 頁。

〔註57〕尹士俍纂修：《臺灣志略》，李祖籍點校，上卷《全郡形勢》，九州島出版社，2003 年，第 5 頁；中卷，《民風土俗》，第 46 頁。

〔註58〕《續修臺灣府志》，卷二，《規制·街市》，臺灣文獻叢刊 121 種，臺灣銀行經濟研究室，第 86～89 頁。

〔註59〕《續修臺灣府志》，卷二，《規制·街市·臺灣縣》，臺灣文獻叢刊 121 種，臺灣銀行經濟研究室，第 84 頁。

年間的「蔡牽之亂」，打破了「臺灣變亂，率自內生」的觀念，於是准許彰化士紳呈請建築三合土城的要求。道光四年（1824 年）彰化縣城成為臺灣第一座磚石城池。歷經牡丹社事件和中法戰爭等外國勢力的挑戰之後，清政府對臺灣城池的態度轉為積極建設，在進行行政區域的調整之時，臺南府城、嘉義縣城、鳳山縣城、恒春縣城、臺灣府城、彰化縣城、雲林縣城、臺北府城、新竹縣城、宜蘭縣城、埔里社廳城、澎湖廳城陸續修建了城池，安全穩定的環境進一步促進了行政型城鎮社會經濟的快速發展。道光年間，臺灣各縣縣城的規模得以擴充，市街更加繁盛。如彰化縣城已擁有東門街、南街、大西門街、小西門街、暗街仔（疑為「暗仔街」）、總爺街、打鐵街、新店街、北門街、北門口街、市仔尾街、南門口街等市街 12 處〔註60〕。淡水廳廳城也有東門街、暗街仔、武營頭（游擊衙署及各兵房在此）、井仔頭、西門街、義學口（明志書院在此）、後番車路、南門街（文興街）、巡司衙口、北門街、太爺街等 11 處市街〔註61〕。

臺灣開港後，一些城鎮還出現了新式學校，開始新式教育。如光緒二年（1876 年）基督教長老教會在臺南創辦神學院（現在的臺南神學院）。光緒八年（1882 年）傳教士馬偕在淡水設立理學院大學堂（即今眞理大學），這些都是以培養傳教人才為主。光緒十年（1884 年），馬偕創淡水女學院（今淡水女中），招收 35 名女學生。次年長老教會在臺南開辦中學堂（今長榮中學）。後來又辦女子中學堂（今長榮女中）。這些都是海外教會所創辦的臺灣最早的正式的西式教育機構。儘管這些傳教士創辦學校有其自己的動機目的，但畢竟成為當時傳播西方科學文化和近代文明的載體。

劉銘傳主政臺灣後，在臺北建昌街創辦了一座電報學堂，招收有一定業務基礎的臺灣西學堂畢業生和福建船政局的電信生，為電報總局培養司報手和製器手等專門人才。還設立官醫局和官藥局，聘用外國技師，招聘西人為醫生，免費為百姓治病。在臺北設立一座西學堂，聘請西洋人為教習，學習英文、法文、測繪、數學、理化等，同時聘用中國教習 4 名，教授漢文和其它各課程，目的是培養翻譯人才，以應付通商、辦理對外交易等事宜，更能

〔註60〕《彰化縣志》，卷二，《規制志・街市》，臺灣文獻叢刊 156 種，臺灣銀行經濟研究室，第 39 頁。

〔註61〕《淡水廳志》，卷三，《建制志・街里》，臺灣文獻叢刊 172 種，臺灣銀行經濟研究室，第 57 頁。

研究機器、礦務、鐵路等現代科技。新式學堂的興辦，傳播了西方科技知識，也培養了一批通曉中西文化的新型知識分子，「成效大著，臺灣教育爲之一新」，「人才之盛，勃勃蓬蓬」〔註62〕。這爲臺灣近代化提供人才保障，進一步推動了臺灣近代產業的發展。

到清末，臺灣島內的行政型城鎮共15座，即臺北、臺南、宜蘭、新竹、貓里、彰化、斗六堡、恒春、嘉義、埤頭、基隆、大埔城、卑南、馬公、大料崁。這些城鎮，一般位於府、縣、廳的人文和社會發展的中心位置，除初定爲省城的橋孜圖除外，大都是各自行政區域內較繁華的市街，而且腹地廣闊，人員聚居，經濟較爲繁榮，有的還增加了新式教育職能，這些行政中心城鎮成爲日後主要都市的雛型。

二、港口城鎮

就自然環境特性而言，臺灣四面環海，交通位置優越，在鐵路、航空時代來臨前，海島與外界聯繫主要依靠舟楫，而舟楫的基地是港口。在臺灣島開發經營的過程中，航海運輸一直擁有舉足輕重的地位。也正是伴隨著航運業的興盛，臺灣的港口城鎮迭次興起。

早在荷西、明鄭時期，臺南的鹿耳門即爲東亞重要航運貿易港。清朝臺灣港口依然繁忙，「臺灣海外天險……其地高山百重，平原萬頃，舟楫往來，四通八達。外則日本、琉球、呂宋、噶囉吧、暹羅、安南、西洋、荷蘭諸番，一葦可杭；內則福建、廣東、浙江、江南、山東、遼陽，不啻同室而居，比鄰而處，門戶相通，曾無藩籬之限，非若尋常島嶼郡邑介在可有可無間」〔註63〕。清初，閩粵移民紛紛渡海來臺，移民自沿海港澳登陸，到各地拓墾開發，首先建立的根據地就是能停泊船隻的海港或河港。在西部眾多的港口中，泊船條件良好的港口往往成爲移民到臺灣拓墾的主要門戶，如屏東平原的東港，彰化平原的鹿港，臺北盆地的淡水，桃園、新竹、苗栗爲臺地和丘陵，移民則由許厝港、竹塹港、後壟、中港、通宵等港登陸〔註64〕。

〔註62〕 連橫著：《臺灣通史》卷十一，《教育志》，廣西人民出版社，2005年，第146頁。

〔註63〕 《東征集》，卷三，《覆制軍臺疆經理書》，臺灣文獻叢刊12種，臺灣銀行經濟研究室，第32～33頁。

〔註64〕 戴寶村：《近代臺灣港口市鎮之發展——清末至日據時期》，臺灣師範大學歷史研究所博士論文，1988年，第18頁。

當時臺灣島上陸路交通不便，貨運多靠牛車或肩挑背負，加上島上河流阻隔，南北陸路交通困難，臺灣島內往來更多依靠小船和竹筏。因而，臺灣的土產與農產品多經水陸運至各港口，再運到大陸各港，有的則轉運至世界其它地區，而臺灣民生必需品也要首先運至河、海港，再轉運島內各地。港口作爲舟筏的停靠點，就成爲島內人員進出和貨物集散的據點。

因而，隨著土地的漸次開墾，一些區位條件較優越的港口對外可以與大陸互通有無，對內則進行沿岸貿易或成爲其它港口的集散地，其港口的功能和規模逐漸擴大而成爲大、中型港口。清政府「亦俱就當時港門之大者，定爲正口」〔註65〕。港口貿易的日漸興隆、交通往來的日趨頻繁，「若不善加管理，則弊端叢生，成犯罪之藪，影響東南沿岸」〔註66〕。康熙二十四年（1685年）遂在臺灣府的內港（今安平）設海防同知，准許臺灣安平鎮鹿耳門與廈門之間的單口對渡貿易，並嚴禁安平以外之出入，又進一步促進了該港口的發展成長。

來臺移民生活上的必需品多仰求大陸，因而移民的增加導致其需求亦不斷增多，而大陸亦需求臺灣的米、糖等物資，由此廈門、鹿耳門航線的運輸逐漸難以滿足需求，偷渡營私不斷，「每遇青黃不接、內地米價高昂時，營哨船隻竟以米穀公然夾帶，不聽查□，揚帆出港；又有商艘通同奸徒，每於暮夜之間，私用小船偷運大船接濟。兼有內地各營員給發牌照，來臺以運載莊粟食米爲名，公然販運。種種透越，弊竇多端」〔註67〕。走私貿易的港口遍及臺灣西部海岸，「郡境通海之處，各有港澳。定例只許廈門、鹿耳門商船往來。此外臺灣縣有大港，鳳山縣有茄藤港、打鼓港、東港，諸羅縣有鼊港、笨港、猴樹港，彰化縣有海豐港、三林港、鹿子港、水裏港，淡水廳有蓬山港、中港、後壠港、竹塹港、南崁港、八里坌港，凡十有七港，均爲郡境小船出入販運其中……笨港列肆頗盛，土人有南港北港之稱，大船間有至者。鹿子港則煙火數千家，帆檣麇集，牙儈居奇，竟成通津矣。中港而上，皆可泊巨舟，八里坌港尤夥。大率笨港、海豐、三林三港爲油糖所出。鹿仔港以

〔註65〕《臺案彙錄丙集》，卷七，《戶部爲內閣抄出閩浙總督孫爾准奏移會》，臺灣文獻叢刊176種，臺灣銀行經濟研究室，第284頁。

〔註66〕《臺灣省通志》卷四，《經濟志·商業篇》，臺灣省文獻委員會，1970年，第139頁。

〔註67〕《重修臺灣府志》，卷十，《藝文志·公移·申請嚴禁偷販米穀詳稿》，臺灣文獻叢刊66種，臺灣銀行經濟研究室，第324頁。

北，則販米粟者私越其間」〔註68〕。「在康熙年間，五條港、鹿仔港以及淡水港，中北部之各港口，早已與大陸內地私自通商貿易矣」〔註69〕。

乾隆四十九年（1784 年）增加臺灣彰化鹿仔港與泉州蚶江口爲對渡口岸。鹿仔港爲臺灣中部港口，「與泉州之蚶江相對，海程之近，無逾此者」〔註70〕。臺灣彰化鹿港與泉州蚶江的通商貿易，基本解決了臺灣中部地區的對外交通問題。不過，隨著臺灣北部的拓展，人員貨物往來增多，原有的雙口對渡依然無法滿足兩岸交往之需。乾隆五十七年（1792 年）清政府再次開放淡水廳的八里坌，准許其與福州的五虎門以及蚶江往來貿易。嘉慶、道光年間，臺灣西岸南、中、北三大區域已分別形成了各自中心性的港埠聚落，因鹿耳門港、安平港而發展的臺灣府城，因鹿港而發展的鹿港市街，因淡水河航運而發展的艋舺市街日益繁華，這也就是當時人們所俗稱的「一府、二鹿、三艋舺」的出現。

至第三次開放對渡口岸後，臺灣與大陸的正口（官方）貿易港有鹿耳門、鹿港、八里坌三處。此外當時並非官設而與大陸貿易交通之港口，還有基隆港、竹塹港、笨港、東港等多處。道光年間，姚瑩在《東溟文集》中曾提到：

> 臺之門戶，南路爲鹿耳門，北路爲鹿港、爲八里坌，此官所設者。非官設者，鳳山有東港、打鼓港，嘉義有笨港，彰化有五條港，淡水有大甲、中港、椿梢、後壠、竹塹、大岸，噶瑪蘭有烏石港，皆商艘絡繹。至於沿海僻靜，港汊紛岐，多可徑渡；不獨商賈負販之徒來往不時、居處靡定，其內地遊手無賴及重罪逋逃者，溷迹雜沓並至。有業者十無二、三，地力人工不足以養，群相聚而爲盜賊、爲奸惡，則所以稽察而緝捕之者難在周密。〔註71〕

康熙二十三年（1684 年），清朝取消通海禁令，允許人民出海貿易、捕魚。但是又頒佈「對臺渡航禁制令」，對大陸與臺灣之間人民的往來嚴格管制。當時規定流寓臺灣之無妻室產業者：逐回過水，交原籍管束；有妻室產業者：

〔註68〕《海東札記》，卷一，《記岩壑》，臺灣文獻叢刊 19 種，臺灣銀行經濟研究室，第 8 頁。

〔註69〕《臺灣省通志》卷四，《經濟志·商業篇》，臺灣省文獻委員會，1970 年，第 140 頁。

〔註70〕連橫著：《臺灣通史》，卷五，《疆域志》，廣西人民出版社，2005 年，第 62 頁。

〔註71〕《中復堂選集》，卷四，《答李信齋論臺灣治事書》，臺灣文獻叢刊 83 種，臺灣銀行經濟研究室，第 2 頁。

移知原籍申報臺灣道稽查。不許招致家眷；犯罪時，罪在杖笞以下者：照常發落，免其驅逐。該徒罪以上者：押回原籍治罪；大陸人民渡臺，須領照單，經分巡臺廈兵備道稽查，再得臺灣海防同知驗可，始許放行。不許攜帶家眷。嚴禁粵地人民渡臺〔註 72〕。禁令曾引起嚴重的社會問題，乾隆末年解除攜眷入臺之令。光緒元年（1875 年），廢除了「對臺渡航禁制令」，兩地的貿易更爲便捷，港口城鎮日趨繁盛。

實際上，清代臺灣諸多港口市街的發展均先於內陸市街的發展，而且其經濟實力和功能也優於內陸市街。康熙年間編纂的《諸羅縣志》記載的港口主要有：

> 猴樹港（商船輳集，載五穀貨物）、笨港（商船輳集，載五穀貨物）、海豐港（商船到此，載脂麻、粟、豆）、三林港（商船到此，載脂麻、粟、豆）、鹿仔港（商船到此，載脂麻、粟、豆）、水裏港（商船到此，載脂麻、粟、豆）、崩山港（商船到此載脂麻）、鹹水港（商船輳集，載五穀貨物）、鐵線橋港（商船到此載五穀、糖、菁貨物）、茅尾港（商船到此載五穀、糖、菁貨物）、麻豆港（商船到此載糖、菁貨物）、新港（小杉板頭船到此載五穀、糖、菁貨物）、灣港（小杉板頭船到此載五穀、糖、菁貨物）、竿僚港（小杉板頭船到此渡客，並載五穀、糖、菁貨物）、西港仔港（小杉板頭船到此渡客，並載五穀、糖、菁貨物）、含西港（小杉板頭船到此載五穀、糖菁、貨物）、卓加港（小杉板頭船到此載茅草）等〔註 73〕。

據學者林玉茹統計，清代臺灣曾經先後出現的港口有 198 個〔註 74〕，當然受自然或人文因素的影響，這些港口的出現先後不一，發展興衰不同。但是大多因人員和商貿聚集而形成市街，有的港口則因其優越的區位條件而迅速發展成長。如鐵線橋港、麻豆港、新港街、笨港、猴樹港、井水港、鹽水港均已成街。其中，笨港因腹地廣闊，到乾隆年間「港分南北，中隔一溪，曰南街，曰北街，舟車輻輳，百貨駢闐，俗稱小臺灣」〔註 75〕。鹽水港則

〔註 72〕《臺灣省通志》，卷二，《人民志·人口篇》，臺灣省文獻委員會，1972 年，第99 頁。

〔註 73〕《諸羅縣志》，卷一，《封域志·山川》，臺灣文獻叢刊 141 種，臺灣銀行經濟研究室，第 12～16 頁。

〔註 74〕林玉茹著：《清代臺灣港口的空間網絡結構》，知書房出版社，1996 年，第 27 頁。

〔註 75〕《續修臺灣府志》，卷二，《規制·街市》，臺灣文獻叢刊 121 種，臺灣銀行經

因處於郡治通往笨港的大路上，也非常繁華。「茅港尾街，在橋南。邑治至府一路市鎮，此為最大……笨港街，商賈輻集，由茅港尾至笨港市鎮，此為最大」〔註76〕。「鹽水港地方，居臺郡中樞，為南北之要衝，乃山海之咽喉，人煙稠密，舟車輻輳，四處村民交易其間，久稱富庶之鄉也」〔註77〕。

特別是大陸與臺灣溝通交流的官方指定口岸，直接與大陸開展對渡貿易，成為兩岸直接貿易和物貨轉運的出入口，其腹地寬廣，發展條件優於其它市鎮，因而成長更為快速，也相對地佔據著較為中心的地位。如清初鹿港還處於發展初期，市街初步形成，規模極小，商品交易和流通的種類和數量均很少。此時的鹿港只是不時有小商船來此載脂麻、粟、豆等物品〔註78〕。但是鹿港作為中路交通的要道，港口區位優越，在增闢為兩岸貿易正口後，吸引了眾多商船前來，「鹿仔港，路近水平，商民稱便。一經設口往來，則向有廈門、鹿耳門出入者，無不貪圖便利，爭赴如鶩」〔註79〕。周璽形容鹿港「煙火萬家，舟車輻輳，為北路一大市鎮。西望重洋，風帆爭飛，萬幅在目，波瀾壯闊，接天無際，真巨觀也」〔註80〕，「一、二千石大舟均可直抵港岸」，呈現「商艘雲集，盛於鹿耳」〔註81〕的景況。

港口市街的繁榮，吸引了眾多行郊等商業組織在此設立。《彰化縣志》載：「鹿港大街，街衢縱橫皆有，大街長三里許，泉、廈郊商店多，舟車輻輳，百貨充盈，臺自郡城而外，各處貨市，當以鹿港為最，港中街名甚多，總以鹿港街概之。」〔註82〕從乾隆五十年到道光末年是鹿港的全盛時期，與臺南、艋舺並譽為臺灣三大門戶。與蚶江對渡的艋舺，當時是臺北地區重要

濟研究室，第87頁。

〔註76〕 《諸羅縣志》，卷二，《規制志·街市》，臺灣文獻叢刊141種，臺灣銀行經濟研究室，第32頁。

〔註77〕 《臺灣南部碑文集成》，乙《示諭·奉憲嚴禁告示碑》，臺灣文獻叢刊218種，臺灣銀行經濟研究室，第482頁。

〔註78〕 《諸羅縣志》，卷一《封域志·山川》，臺灣文獻叢刊141種，臺灣銀行經濟研究室，第13頁。

〔註79〕 《臺案彙錄丙集》，卷七，《閩浙總督富勒渾奏摺》，臺灣文獻叢刊176種，臺灣銀行經濟研究室，第245頁。

〔註80〕 《彰化縣志》，卷一，《封域志·形勝》，臺灣文獻叢刊156種，臺灣銀行經濟研究室，第21頁。

〔註81〕 《東瀛識略》，卷五，《海防》，臺灣文獻叢刊2種，臺灣銀行經濟研究室，第52頁。

〔註82〕 《彰化縣志》，卷二，《規制志·街市》，臺灣文獻叢刊156種，臺灣銀行經濟研究室，第40頁。

的貨物集散中心以及郊商的聚集之地,「乾隆五十七年,奏開八里坌港,泉、廈之船來此貿易,溯河而上,多至此處,艋舺商務遂冠北臺」〔註83〕。道光元年姚瑩《臺北道里記》對當時的情形略加描述:「艋舺民居鋪戶約四五千家,外即八里坌口,商船聚集,闤闠最盛,淡水倉在焉,同知歲中半居此,蓋民富而事繁也。」〔註84〕丁紹儀稱:「八里坌距艋舺止三十里。商賈之輻輳,昔推八里坌、今推艋舺云。」〔註85〕道光年間,艋舺已發展成為臺灣北部的較大市鎮。

臺灣開港前主要是以米、糖為主的經濟結構,產品絕大部分運銷大陸,大陸的一些土布、手工業品等則銷往臺灣。所有對大陸貿易,全為外郊所掌握〔註86〕。臺灣的郊,原為貿易地或貿易品相同的商人團體。雍正前後,大陸人民來臺灣者日益增多,這些人除農民外還有一些商人。這些商人以臺灣為根據地,營業範圍北達山東,南到閩粵,主要從臺灣輸出糖、油、米,從大陸輸入綢緞、羅布、紙料、杉木、煙葉及棉花等。在臺灣的進出口商人成立有一種公會性質的組織,叫做外郊;島內的商人,則成立了內郊,目的在於團結互助,謀取利益,並致力發展一些公益事業。例如米郊、布郊、綢緞郊、絲線郊、紙郊、藥材郊、杉郊、苧仔郊、油釘鐵郊、磁仔郊、茶郊等。「這以雍正三年(1725年)臺灣府的『三郊』為嚆矢」〔註87〕。

臺灣開港前,「掌握臺灣內外貿易實權,支配著市場及農村經濟社會的,是所謂的郊……以前非先經由對岸的商行或商船不得與臺灣通商」,開港後主要是由於外國資本進入,「外人可不理會商業公會而自由通商了」〔註88〕。開港後,臺灣被納入國際貿易體系,打狗、安平、淡水、基隆四大港口成為國際貿易商港,國際貿易在臺灣經濟總量中比重日益增大。外商紛紛在臺設立洋行、派領事、設商肆、建倉庫,外國商船出入增多,國際貿易日趨興隆。

〔註83〕連橫著:《雅堂文集》,卷三,《筆記・臺灣史蹟志》,臺灣文獻叢刊 208 種,臺灣銀行經濟研究室,第 231 頁。

〔註84〕《淡水廳志》,卷十五上,《附錄一・文徵上》,臺灣文獻叢刊 172 種,臺灣銀行經濟研究室,第 396 頁。

〔註85〕《東瀛識略》,卷一,《建置 疆域》,臺灣文獻叢刊 2 種,臺灣銀行經濟研究室,第 6 頁。

〔註86〕周憲文編著:《臺灣經濟史》,臺灣開明書店,1970 年,第 326 頁。

〔註87〕周憲文編著:《臺灣經濟史》,臺灣開明書店,1970 年,第 323 頁。

〔註88〕東嘉生:《清代臺灣之貿易與外國商業資本》,《臺灣經濟史初集》,臺灣銀行經濟研究室編,第 110 頁。

外商憑藉其雄厚的資本、先進的運輸工具，特別是不平等條約賦予的特權，很快壟斷了臺灣進出口貿易，受其影響原有的行郊組織則逐漸解體。

開港後，臺灣的對外貿易主要在通商口岸。隨著國際市場對茶、糖、樟腦和煤等產品的大量需求，商品貨物的內外貿易逐漸向開放的四港口集中，逐漸形成以打狗（包括安平）和淡水（包括基隆）為中心的南北兩大貨物集散地，「一府、二鹿、三艋舺」的時代逐漸結束。

清代臺灣南北產業分工有所不同。臺灣南部盛產稻米、甘蔗等，「蔗之耕作，在生長期中必須有一較旱時期，臺灣東北部缺乏此一條件，不宜植蔗，故本島所有蔗田，幾全部集中於西南部之平原地帶」〔註89〕。康熙年間臺灣、鳳山、諸羅三縣已成蔗糖生產中心，「夫臺灣產糖，三縣為多，彰化尚少。及至乾嘉之際，貿易絕盛，北至京津，東販日本，幾為獨攬」〔註90〕。「三縣每歲所出蔗糖約六十萬簍……全臺仰望資生，四方奔趨圖息，莫此為甚」〔註91〕。而北部地區，丘陵多，平原少，多栽培茶葉等。《臺灣通史》載：「臺北產茶近百年……概以臺北之地形多雨，一年可收四季，春夏為盛。茶之佳者，為淡水之石碇、文山二堡，次為八里坌堡，而至新竹者，曰埔茶，色味較遜，價亦下。」〔註92〕《淡水廳志》亦稱，「茶產大坪山、大屯山、南港仔及深坑仔內山最盛」〔註93〕。開港後，「淡水、基隆及打狗、臺南等南北口岸的腹地，以鹿港、彰化為界，1860至1895年間，茶和樟腦的分佈主要在鹿港、彰化以北，糖的分佈又在鹿港、彰化以南，故糖多由打狗、安平出口，茶、樟腦雖有淡水、基隆兩港可以出口，但因茶的再製地點大稻埕在淡水河口，與基隆之間隔有山丘，故以淡水為主要出口港。至於分佈在鹿港、彰化內山（集集一帶）的樟腦，則視季風決定運往淡水或安平。一般而言，冬季東北季風期間，係由安平出口；西南季風期間，則由淡水出口」〔註94〕。

〔註89〕 《臺灣省通志》，卷四，《經濟志·農業篇》，臺灣省文獻委員會，1972年，第1頁。

〔註90〕 連橫著：《臺灣通史》，卷二十七，《農業志》，廣西人民出版社，2005年，第349頁。

〔註91〕 《臺海使槎錄》，卷一，《赤崁筆談·賦餉》，臺灣文獻叢刊4種，臺灣銀行經濟研究室，第21頁。

〔註92〕 連橫著：《臺灣通史》，卷二十七，《農業志》，廣西人民出版社，2005年，第349頁。

〔註93〕 《淡水廳志》，卷十二，《物產考》，臺灣文獻叢刊172種，第336頁。

〔註94〕 林滿紅著：《茶、糖、樟腦業與臺灣之社會經濟變遷（1860～1895）》，聯經出版事業公司，1997年，第135～136頁。

　　隨著人員、船隻、貨物的出入主要集中於南北兩大口岸,「漸漸地出現了以打狗(包括安平鎮)和淡水(包括基隆)為中心的南北兩個大市場體系:彰化以南的原來各個市場體系轉為隸屬於打狗——安平市場體系,彰化以北的原來各市場體系轉為隸屬於淡水——基隆市場體系」〔註95〕,並各自以通商口岸為主要通道對外開展經貿活動,島內南、北兩大市場體系之間的物質交換相對不多,並進而形成南北兩大經濟中心。

　　與南、北兩大經濟中心的發展相適應,臺南和臺北分別成為臺灣南北的核心城市。較高級別的行政中心與貿易功能最強的港口密切結合,促進了臺南和臺北城市的快速發展,形成了臺灣規模最大、等級最高的兩大城市。臺南長期作為臺灣的經濟、政治和文化中心,曾遙遙領先於其它城鎮的發展。開港前,臺南府城與港口鹿耳門結合,發展臺灣與大陸間特別是閩臺間貿易,商務日益繁榮,促使城內從事貿易相關行業的人口日益增加,出現了專業化的商鋪和市街,臺南城已經出現了城市功能區的雛型。當時的臺灣遵循古代以當地大部分商鋪所從事的行業來給市街命名的典型案例,在《臺灣府志》中出現了「油行街,在東安坊。街俱研油,故名」〔註96〕的記載。乾隆中期,臺南專業性的市街和市場有明顯的發展,新增帽仔街、花街、油行尾街、武鋪街、打棕街、打石街、茮市街、柱仔行街、糖仔街、竹仔街、竹仔行街、故衣街、針街、磟嘓石街等專業化的專門市場和市街〔註97〕。道光以後又新增加打鐵街、做針街、打石街、打棕街、做篾街、鞋街、代書館街、抽籤巷、做米街、糖仔街、杉行街、福壽街等專業街道〔註98〕,而且其手工業技藝已相當精湛。如清代臺灣市鎮中的木工雕刻以「臺南為上,而葫蘆墩次之。嘗以徑尺堅木,雕刻山水樓臺花卉人物,內外玲瓏,栩栩欲活,崇祠巨廟,以為美觀。故如屏風床榻几案之屬,每有一事,輒值百數十金」〔註99〕。清代臺灣的皮箱,因純用牛皮為原材料,質量牢固,遠近聞名。「臺南郡治之皮箱,制之極牢,鬃漆亦固,積水不濡。次為鹿港。售之外省,稱曰臺箱」

〔註95〕李祖基著:《近代臺灣地方對外貿易》,江西人民出版社,1986年,第108頁。
〔註96〕《臺灣府志》,卷二,《規制志‧市鎮》,臺灣文獻叢刊65種,臺灣銀行經濟研究室,第46頁。
〔註97〕《續修臺灣府志》,臺灣文獻叢刊121種,臺灣銀行經濟研究室,第84頁。
〔註98〕《臺灣采訪冊》,臺灣文獻叢刊55種,臺灣銀行經濟研究室,第16~17頁。
〔註99〕連橫著:《臺灣通史》,卷二十六,《工藝志》,廣西人民出版社,2005年,第342頁。

〔註 100〕。開港後，臺南又與通商口岸安平結合，進一步鞏固了南部中心城市的地位。據 1891～1894 年間的記載，「臺南城大數倍臺北，其街市之繁華、民居之稠密、百物之便宜亦數倍之」，在 1890 年左右「臺南城的人口可能是 50000～60000 人」〔註 101〕。

隨著臺灣北部茶業的興起、煤礦的開發以及樟腦業的發展，北部地區的土地和資源得到了前所未有的開發和利用，臺灣北部的經濟日益繁榮和富庶。蔣師轍描寫臺北茶業盛況時稱：「今臺北近山種蒔幾滿，其最佳者名烏龍茶，泰西人酷嗜之，自四月至八月，輪船日至，疊筐累簍，販載而去，利與糖埒。」〔註 102〕在歷史學家連橫著《臺灣通史》中，記載「臺南所產，以糖為巨，臺北則菁華所萃，米、茶、油、煤、硫磺、樟腦、靛青、木材等，每年二三百萬金，故富庶甲於全臺」〔註 103〕。

北部因茶、糖、樟腦業而發展成長起一些城鎮，如開港前淡水港只是淡水河口的一個小市街，1829 年淡水街人口約有 1200 人，而艋舺則已是 2 萬人口的大市鎮〔註 104〕。隨著樟腦和茶業迅速發展，出口增加，作為茶和樟腦主要集中加工、貿易出口之地的淡水，商務蒸蒸日上，「舟楫尤多，年來夾板帆檣林立，洋樓客棧，闤闠喧囂」〔註 105〕，進而發展成為「一個繁華的城市」，街內「行鋪眾多，與艋郊聲氣相應」〔註 106〕；1872 年，該地有居民 1013 戶，共 6148 人。「淡水鎮很熱鬧，和其它城市一樣，其市場中麇集著漁夫、農夫、園丁、小販，在討價還價；有米店、鴉片館、廟宇、藥鋪互爭顧客；也有木匠、鐵工、理髮師、轎夫等在營業。可是總括地說，淡水……其所以受人重視，只不過由於航運商業的興盛及為外國人可置產業的商

〔註100〕連橫著：《臺灣通史》，卷二十六，《工藝志》，廣西人民出版社，2005 年，第 344 頁。

〔註101〕《1882～1891 年臺灣臺南海關報告書》，《臺灣經濟史六集》，臺灣銀行經濟研究室，1979 年，第 124 頁。

〔註102〕《臺游日記》，卷二，臺灣文獻叢刊 6 種，臺灣銀行經濟研究室，第 64 頁。

〔註103〕連橫著：《臺灣通史》，卷三十三，《劉璈列傳》，廣西人民出版社，2005 年，第 486 頁。

〔註104〕姜道章：《臺灣淡水之歷史與貿易》，《臺灣經濟史十集》，臺灣銀行經濟研究室，1979 年，第 163 頁。

〔註105〕連橫著：《臺灣通史》，卷三十三，《沈葆楨列傳》，廣西人民出版社，2005 年，第 478 頁。

〔註106〕《淡水廳志》，卷七，《武備志》，臺灣文獻叢刊 172 種，臺灣銀行經濟研究室，第 156 頁。

港這兩點而已」〔註107〕。歷史學家連橫為此感歎，「夫淡水之番地……鄭氏之時，以流罪人，康雍之際，尚苦瘴癘。至於今繁華靡麗，冠於全臺，此則人治之效也」〔註108〕。

在這些北部城鎮之中以大稻埕最為著名，「茶賈皆集大稻埕。每至夏月，開場列肆，柬別精惡，受傭婦女，千百成群，俗幾與上海類」〔註109〕。大稻埕成為繼艋舺之後北臺灣最大的商業集散中心，集中了大量的華人資本和洋人資本，茶行多達150多家，「大稻埕在府城北門外，亦淡水大市鎮……兩街數百家皆茶莊」〔註110〕，成一大茶市。茶季時需要從大陸引進茶工，「臺北稻江一市經營，以茶為大宗，每到春季茶芽齒發之時，對岸廈門、福州製茶職工渡臺，其數不下五六千人，至冬季陸續歸去」〔註111〕。日本人佐倉孫三《選茶婦》記載：「臺北大稻埕茶房櫛比，富豪相峙。茶時，傭夥多婦女精選之。婦女不獨臺人，遠來於漳、泉諸州……多則五、六十人，少則二、三十人。有少艾、有老婦，均皆花裝柳態，紅綠相半，實為奇觀。」〔註112〕

大稻埕成為因茶、糖、樟腦業而繁興的典型城鎮，並逐漸凌駕於艋舺之上。連橫稱：「自建省以後，商務漸移稻江，而艋舺遂日替矣。」〔註113〕因為茶葉的集散與加工，大稻埕崛起為全臺第二大城市。施景琛在《鯤瀛日記》中稱，臺灣「市街之壯麗，以臺北大稻埕為最；房屋之前面，一律建築雙層紅磚洋樓，其內或平房，或樓房，均聽其便也」〔註114〕。大稻埕、艋舺與臺北城內的不斷整合，使其綜合實力大增，在日據前後其整體地位或已超過臺南。《1882～1891年臺南海關報告書》中甚至說「臺北的開創、大稻埕的迅速

〔註107〕馬偕著：《臺灣六記》，臺灣研究叢刊 69 種，臺灣銀行經濟研究室，第 119 頁。

〔註108〕連橫著：《臺灣通史》卷五，《淡水縣志》，廣西人民出版社，2005 年，第 59 頁。

〔註109〕《臺游日記》，卷二，《光緒十八年六月》，臺灣文獻叢刊 6 種，臺灣銀行經濟研究室，第 64 頁。

〔註110〕《全臺遊記》，臺灣文獻叢刊 89 種，臺灣銀行經濟研究室，第 5 頁。

〔註111〕松浦章著：《清代臺灣海運發展史》，卞鳳奎譯，博揚文化公司，2002 年，第 44 頁。

〔註112〕《臺風雜記》，《選茶婦》，臺灣文獻叢刊 107 種，臺灣銀行經濟研究室，第 19 頁。

〔註113〕連橫著：《雅堂文集》，卷三，《筆記》，臺灣文獻叢刊 208 種，臺灣銀行經濟研究室，第 231 頁。

〔註114〕《臺灣遊記》，《鯤瀛日記》，臺灣文獻叢刊 89 種，臺灣銀行經濟研究室，第 59 頁。

成長，以及艋舺之維持其原有人口，產生一個實際處於同一疆界內的至少擁有 100000 人口的商業中心地」〔註115〕，「全臺通商在臺北者恒十之七、八，而在臺南者只二、三」〔註116〕。也許臺南海關報告書中，對臺北的人口數量估計稍多，但是臺灣北部地區無疑開始取代南部成為臺灣島上的經貿重心。

在通商口岸快速發展之時，臺灣傳統通商口岸的發展也並未停滯，「每年仍有 2800 艘左右的中國式帆船進出臺灣與大陸之間」〔註117〕。清末來臺的法國人 Huart C. Imbault 也曾這樣描述島內的貿易：「十至二十五噸的船舶，做著臺灣沿岸的地方貿易。在冬季的那些月份，他們絕不航行，可是在一年裏面的最大部分，它們從沿海不同地點裝載米、樟腦、糖及其它土產至開放給外國的港口。」〔註118〕東港是南部最主要的帆船交易中心，因「鳳山沿海諸港，半多壅塞，惟東港水深二丈，商船便於出入，故繁盛焉」〔註119〕。商人在此處進口一些陶器和家庭必需品，有時可以交換米、糖、菠蘿等特產。1882 年至 1891 年間，「每年約有 250 條船至打狗以南 15 哩之東港，自該地有大量的稻米出口」〔註120〕。清末的東港擁有「居民數千」〔註121〕。開港後一段時間，鹿港還曾是臺灣相當繁榮的地方，鹿港街面「樓閣萬家，街衢對峙，有亭翼然，互二三里，直如弦、平如砥，暑行不汗身、雨行不濡履。一水通津，出海之涘，估帆葉葉，潮汐下上，去來如龍，貨舶相望；店前可以驅車、店後可以繫榜」〔註122〕的繁忙景況。不過，後來因港口淤塞，大船已不能入港，貨物由小舟竹筏裝卸，原來的「鹿港飛帆」難以再現。笨港（北港）

〔註115〕《1882～1891 年臺南海關報告書》，《臺灣經濟史六集》，臺灣銀行經濟研究室，1979 年，第 98 頁。

〔註116〕李祖基著：《近代臺灣地方對外貿易》，江西人民出版社，1986 年，第 101～104 頁。

〔註117〕林滿紅著：《四百年來的兩岸分合》，自立晚報社文化出版部，1994 年，第 26 頁。

〔註118〕Huart C. Imbault 著：黎烈文譯《臺灣島之歷史與地志》，臺灣研究叢刊 56 種，臺灣銀行經濟研究室，第 104 頁。

〔註119〕《臺灣遊記》，《全臺遊記》，臺灣文獻叢刊 89 種，臺灣銀行經濟研究室，第 12 頁。

〔註120〕P.H.S Montgomery，《（1882～1891 年臺南海關報告書》，《臺灣經濟史六集》，臺灣銀行經濟研究室，1979 年，第 126 頁。

〔註121〕《臺灣遊記》，《全臺遊記》，臺灣文獻叢刊 89 種，臺灣銀行經濟研究室，第 12 頁。

〔註122〕洪棄生，《寄鶴齋選集》，《文選・古文・鹿港乘桴記》，臺灣文獻叢刊 304 種，臺灣銀行經濟研究室，第 84～85 頁。

到清末依然市街「帆檣林立，商賈輻輳」〔註123〕，「東、西、南、北共分八街，煙戶七千餘家。郊行林立，廛市毘連。金、廈、南澳、安邊、澎湖商船常由內地載運布疋、洋油、雜貨、花金等項來港銷售，轉販米石、芝□、青糖、白豆出口；又有竹筏為洋商載運樟腦前赴安平轉載輪船運往香港等處。百物駢集，六時成市，貿易之盛，為云邑冠，俗人呼為小臺灣焉」〔註124〕。清代後期的新南港街因「地當衝要」而繁榮，其市內「人煙輻輳，百貨充集」，「街分六條，近附鄉村，賣買皆會於是，雖不可比濱海之都會，亦嘉屬之一市鎮也」〔註125〕。商賈「採貨販賣四方，來同新南港街通商，東至嘉義城，西至北港，南至朴仔腳，北至大莆林等處。每日萬商雲集，貨物交通，以有易無，以多助少。惟糠米麻豆最盛。其餘雜貨，各隨地土生產豐歉。彼此互兌，或以貨換貨，或賣錢賣銀，滿街揚聲震地，花語喧天，街市昌隆，貨財殖焉」〔註126〕。此外，如花蓮港、香山港、吞霄港、下湖口、布袋港、東石港、朴子腳、番仔挖等一些港口，在開港後也有緩慢的成長。當然，有部分傳統的港口因淤淺致使其商務轉移而漸趨衰微，如北部的八里坌、中部的海豐港、二林港、三林港、四草湖等。

　　港口城鎮在清代臺灣城鎮發展體系佔有極重要地位。當時民間所謂的「一府、二鹿、三艋舺、四寶斗」，指的是主要港口城鎮臺南、鹿港、臺北的艋舺、大稻埕及彰化北斗鎮。除臺南府外，其餘均為港口城鎮。1899年臺灣 5000 人口以上的城鎮有大稻埕、艋舺、臺南市街、鹿港街、嘉義市街、新竹街、宜蘭城內、彰化街、朴子腳街、基隆市、東港街、北港街、鹽水港街、鳳山城內、滬尾街、臺北城內、北斗街、新莊街18個〔註127〕，其中港口市街 11 個。由此可看出在臺灣特殊的歷史背景與地理空間因素中，港口城鎮發展的地位與特色。但是，到清末臺灣港口城鎮的優勢地位已經漸漸消

〔註123〕《雲林縣采訪冊》，《大康榔東堡・港》，臺灣文獻叢刊37種，臺灣銀行經濟研究室，第46頁。

〔註124〕《雲林縣采訪冊》，《大康榔東堡・街市》，臺灣文獻叢刊37種，臺灣銀行經濟研究室，第47頁。

〔註125〕《嘉義管內采訪冊》，《打貓西堡・街市》，臺灣文獻叢刊58種，臺灣銀行經濟研究室，第5頁。

〔註126〕《嘉義管內采訪冊》，《打貓西堡・商賈》，臺灣文獻叢刊58種，臺灣銀行經濟研究室，第12頁。

〔註127〕《臺灣省通志》，卷二，《人民志・人口篇》，臺灣省文獻委員會，1972年，第145頁。

弱，各級政治經濟中心城鎮的發展態勢漸趨增強，並有超越港口城鎮發展之迹象，不過直至日本殖民者佔據臺灣後這種迹象才眞正確立。

三、山地貿易城鎮

清代臺灣山地貿易城鎮大都位於陸路交通便利之處，亦或是平原與山地交界之處，也就是史籍所稱「入山總路」、「扼要之地」。臺灣西部平原之東，阿里山脈之兩麓，是清代「隘山線」所在。所謂「隘山線」即當時的漢人防番界線。「隘山線」一般位於山地與平原的接觸地帶，是漢人和原住民間的貨物交易場所，在此地往往形成沿山麓帶之山麓城鎮。這種城鎮的形成主要是當地農業和農村集市長期發展的結果。

康雍年間臺灣開發主要在沿海地帶，內陸只有少量市街，且規模較小。隨著開發逐漸向內山推進，在重要山地的出入口處形成許多聚落。這些聚落集散和供應周圍居民物產、生活用品等，一些山產貨物也在此交易。隨著交易的日益頻繁，漸漸出現一些店鋪，進而逐漸形成市集或市街。如羅東、汐止、松山、士林、板橋、桃園、中壢、新埔、大甲、清水、豐原、大里、北屯、西屯、員林、北斗、南投、斗南、西螺、民雄、新化、善化、佳里、水上、楠梓、岡山、裏港、屏東、潮洲等〔註 128〕。

因人口、生產能力和購買能力等條件的制約，山地市街開市的時間間隔各有不同，有的市場進行定期交易，有的則在一天內的某個時間交易。如離安平 20 餘里的大武壠集市，「馬牛四來，百貨交集，歡呼喧雜，道路為塞……蓋村民無巨市貿易，往往十里、二十里有地定期設市，而遠近售商者率以期畢集，昔人名曰市集」〔註 129〕。鳳山縣所屬的外北門街、和安街、頂橫街、縣口街、登瀛街等「逐日為市」；而仁武莊市、角宿市、援剿中市、半路竹市則是「逢節為市」；大林蒲市「五日一市」；三奶壇市則是「下午為市」〔註 130〕。梅仔坑街區位優越，是控扼內山和平原地帶商旅往來和貨物交易的中心，附近村莊民眾把農產品等運至此地交易，「昔時僅有數間茅屋，

〔註128〕戴寶村，《近代臺灣港口市鎮之發展——清末至日據時期》，臺灣師範大學歷史研究所博士論文，1988 年，第 13 頁。

〔註129〕《臺灣遊記》，《全臺遊記》，臺灣文獻叢刊第 89 種，臺灣銀行經濟研究室，第 11 頁。

〔註130〕《鳳山縣采訪冊》，丁部，《規制‧街市》，臺灣文獻叢刊 73 種，臺灣銀行經濟研究室，第 136～138 頁。

為買賣所，後生理日隆，建為街市……米豆從牛龜溪、內林四處輸入；糖從油車店仔、中洲仔處輸入；花金、煙、鹽、磁器、鐵器、火油、番油以及什物等件，從北港、朴仔腳、麥僚等處輸入；俱到梅仔坑街市場發售。沿山人民，運出粗紙、竹筍、李、桃、藤、筍乾、茶心、火炭、茶油、苧仔，從堡內各莊山內輸入，俱到梅仔坑街市場發售」〔註131〕。

　　開港後，國際市場的需求，刺激了茶、糖、樟腦等經濟作物的種植與開發。「在出口貿易的刺激下，臺灣原來的農業生產結構發生了變化，那些專供出口的經濟作物的生產高度發展，原來用於種植糧食作物的土地被大面積佔用」〔註132〕，生產的商品化程度顯著提高，甚至有「臺人皆食地瓜、大米之產全為販運，以資財用」〔註133〕之說。同時，清政府也日益意識到臺灣海防的重要，實施「開山撫番」、修築道路、疏濬港口等建設措施。儘管這些措施不甚完備，畢竟增強了島內各地的交通聯繫，促進了物資流通，在交通便利、地理位置優越的地方，形成了越來越多的市街。光緒五年（1879年）成書的《臺灣輿圖》之中，就有彰化縣城到埔里社廳城（大埔城）的官路，經過南投街和集集街，再到大埔城〔註134〕的記載。桃園臺地的桃仔園街，形成於清中期，到清末時已發展出好幾條商業街，如公館頭街、中南街和長美街，居民七、八百戶，人口超過三千，「居民多從事商業，店鋪櫛比」，「百貨輻輳」，附近各莊人民「日夕群集」，是桃澗堡內的一大市場〔註135〕。新竹地區的新埔街，位置「並倚三屏之下」，「市廛環列，商賈雲集，民居二百餘戶」〔註136〕。日本殖民者佔據臺灣前後成書的《新竹縣制度考》記載，從新竹縣城到彰化縣城，縣內由山中官路經過的內陸市街有新埔街、九芎林、樹杞林、北埔街、中興莊街、月眉街、三灣街、大坪林莊、隘寮下街〔註137〕。

〔註131〕《嘉義管內采訪冊》，《打貓東頂堡・街市》，臺灣文獻叢刊58種，臺灣銀行經濟研究室，第62～63頁。
〔註132〕李祖基著：《近代臺灣地方對外貿易》，江西人民出版社，1986年，第91頁。
〔註133〕《中復堂選集》，《東溟文後集），卷六，《與毛生甫書》，臺灣文獻叢刊83種，臺灣銀行經濟研究室，第114頁。
〔註134〕《臺灣輿圖》，《埔里社圖》，臺灣文獻叢刊45種，臺灣銀行經濟研究室，第66頁。
〔註135〕《桃園廳志》，中國方志叢書235種，臺灣銀行經濟研究室，第60～61頁。
〔註136〕《新竹縣采訪冊》，卷一，《山川・竹北堡山》，臺灣文獻叢刊145種，臺灣銀行經濟研究室，第36頁。
〔註137〕《新竹縣制度考》，《新竹縣治下街莊路站・由山中官路》，臺灣文獻叢刊101種，臺灣銀行經濟研究室，第11～12頁。

　　隨著茶和樟腦業的發展，臺灣商品市場進一步向山區擴展。臺灣山區擁有如木材、樟腦、礦產等某一資源優勢之處，因開採和加工這些資源往往吸引大量人口聚集於此，這些地方漸漸形成人口密集的聚落，有的形成市鎮。較典型有大嵙崁（今桃園縣大溪）、鹹菜硼（今新竹縣關西）、樹杞林（今新竹縣竹東）、八份（今苗栗縣大湖）、三義河（今苗栗縣三義）、東勢角（今臺中縣東勢）、集集（在今南投縣）。盛產木材的東勢角，當時曾是臺灣重要的木林加工和集散地，聚集了大量加工木材的工匠，被稱為「匠僚」。大科崁附近山區是茶和樟腦的產地，此地曾設腦務稽查總局，也因茶和樟腦的生產和運輸而發展起來。開港後，大嵙崁成為臺灣主要的樟腦生產集散中心。1871年《淡水廳志》所列舉城外（淡水廳包括大甲以北地區）之街，仍無大嵙崁之名〔註138〕。1887 年劉銘傳在此地設復墾局之後，「民番交錯，久成市鎮。近年茶葉、樟腦萃集於此，商賈輻輳，生業日繁」〔註139〕。池志徵在清光緒十八、十九年（1892、1893 年）間所作《全臺遊記》中稱大嵙崁地方，「本野番出沒之區，闊約三百里。此地開闢，可墾良田數十萬畝，足置一縣治，直通後山。漫山遍野皆樟，大者合抱，氣甚芬烈，熬其質可為腦，有腦僚、腦局在，歲出腦數百萬，近設腦務總局辦理之」〔註140〕。咸豐年間，樹杞林因上公館、員崠仔盛產樟腦而成為樟腦熬製和包裝、轉運中心。開港後，該地成為重要的樟腦集散地〔註141〕。光緒二十四年（1898 年）成稿的《樹杞林志》記載樹杞林街，「為新竹轄地⋯⋯該地所出之栳、茶、米、糖、豆、苧、菁等項，⋯⋯惟樟腦、茄藤、薯榔、通草、藤、苧等件，樹杞林堡離山未遠⋯⋯各商販若遇價昂，爭相貿易」〔註142〕。另外，樹杞林還產茶葉，「惟大山背一帶山埔所種之茶，較之全臺為最上品焉⋯⋯惟此土最宜茶故也。茶亦猶是茶也，但經泡水，將茶粕握成團，擲在壁上，團黏不墜；他處茶不能如是。⋯⋯

〔註138〕《淡水廳志》，卷三，《建制志·街里》，臺灣文獻叢刊 172 種，臺灣銀行經濟研究室，第 57～64 頁。

〔註139〕《光緒朝東華續錄選輯)》（下），《光緒二十年》，臺灣文獻叢刊 277 種，臺灣銀行經濟研究室，第 183 頁。

〔註140〕《臺灣遊記》，《全臺遊記》，臺灣文獻叢刊 89 種，臺灣銀行經濟研究室，第 8 頁。

〔註141〕林滿紅著：《茶、糖、樟腦業與臺灣之社會經濟變遷（1860～1895）》，聯經出版事業公司，1997 年，第 172 頁。

〔註142〕《樹杞林志》，《風俗考·商賈》，臺灣文獻叢刊 63 種，臺灣銀行經濟研究室，第 98～99 頁。

其茶較他處之茶價高十圓，遠近馳名，故相傳爲『山背名茶』云」〔註143〕。
樹杞林所產樟腦、茶等商品，吸引各地商人前來交易，「商人擇地所宜，雇工
裝販，由新竹配船運大陸者甚夥，運諸各國者亦復不少」〔註144〕。樹杞林街
「市日盛、店日多，至今則駸駸乎一大都市焉。車擊轂、人摩肩，鎮日喧嘩
之聲，令人聞之有喜色而相告曰：『一年成都、三年成邑，其庶幾乎』」〔註145〕，
街市極其繁榮。再有雲林縣的林圯埔，亦因樟腦而興，「查臺灣雲林一縣，
向在林圯埔建治……林圯埔雖非居中扼要之區，第地近內山……且近來該處
腦務日盛，各腦丁等五方雜處」〔註146〕。由於樟腦業的興起，吸引了眾多
中外商人來此經營，直到 1896 年還有五家洋行在此經營樟腦業〔註147〕。集
集街位於今南投集集大山內，其興起也是源於樟腦業的發展，「集集爲彰西
內山，自匪亂後，腦業久廢。（黃南球）先生知其可爲，入山相度，建僚募
工，教以熬腦。既成，配歐洲，歲出數萬擔，大啓其利。至者愈多，而集集
遂成市鎮」〔註148〕。

　　有的山區城鎮亦純粹因茶業發展而更繁榮。如深坑、石碇就是其典型。
《淡水廳志》記載石碇，「淡北石碇、拳山二堡，居民以植茶爲業。道光年
間，各商運茶，往福州售賣。每茶一擔，收入口稅銀二圓，方准投行售賣」
〔註149〕。根據臨時臺灣舊慣調查會的調查，1900 年時臺灣的茶製造戶數，
以深坑、石碇爲最多。在臺灣共 20129 戶當中，深坑有 3176 戶，石碇有 2608
戶，占全臺四分之一強〔註150〕。

〔註143〕《樹杞林志》，《物產考》，臺灣文獻叢刊 63 種，臺灣銀行經濟研究室，第 109
　　　　～110 頁。
〔註144〕《樹杞林志》，《風俗考・商賈》，臺灣文獻叢刊 63 種，臺灣銀行經濟研究室，
　　　　第 99 頁。
〔註145〕《樹杞林志》，《志餘・紀地》，臺灣文獻叢刊 63 種，臺灣銀行經濟研究室，
　　　　第 126～127 頁。
〔註146〕《光緒朝東華續錄選輯》（下），臺灣文獻叢刊 277 種，臺灣銀行經濟研究室，
　　　　第 182 頁。
〔註147〕林滿紅著：《茶、糖、樟腦業與臺灣之社會經濟變遷（1860～1895）》，聯經出
　　　　版事業公司，1997 年，第 173 頁。
〔註148〕連橫著：《臺灣通史》，卷三十五，《列傳七・貨殖列傳・黃南球》，廣西人民
　　　　出版社，2005 年，第 532 頁。
〔註149〕陳培桂：《淡水廳志》，卷四，《賦役志・關權・茶釐》，臺灣文獻叢刊 172 種，
　　　　臺灣銀行經濟研究室，第 114 頁。
〔註150〕林滿紅著：《茶、糖、樟腦業與臺灣之社會經濟變遷（1860～1895）》，聯經出
　　　　版事業公司，1997 年，第 173 頁。

另外，開港後，隨著外國資本的進入，洋務派新政的實施，臺灣出現了一批近代的工礦企業，其中最著者為近代採礦業。臺灣盛產煤，尤其以基隆最盛。光緒二年（1876 年）在基隆東鄰八斗開設煤廠，由美國人聘請工程師 3 人，裝置新式機器，購買洋製鑿山鋼鑽，「至此乃開始使用機器採掘煤炭，產量激增。光緒二年中每日出煤三、四十噸，翌年，月產可達二百噸」〔註 151〕。光緒七年（1881 年），曾使用礦工千人，開鑿了 460 尺深的隧道，是年從基隆出口煤炭 46000 噸之多〔註 152〕。光緒十三年（1887 年），臺灣巡撫劉銘傳籌劃由官商各集資六萬兩銀合辦採煤，購買新式機器，雇用洋工，日產煤可達百噸。為降低運輸成本，修築了由八斗煤坑通到基隆碼頭的鐵路，第二年還在八斗設立了煤務局。儘管當時煤礦開採磨難重重，但是基隆煤礦畢竟成為中國第一座投入生產的近代煤礦，臺灣採煤開始進入近代化時期，這也反映了當時城鎮功能的新趨向。

清代臺灣城鎮由於其產生的主導因素不同，城鎮的職能組合結構已經趨向多樣化，當時的一些城鎮不僅是行政、商貿、交通中心，還出現了因茶業、腦業、林業、礦業等而興起的專業城鎮。

第三節　清代臺灣城鎮體系的等級規模結構

清末臺灣城鎮已經形成了相對健全的城鎮網絡，形成自上而下的行政等級系列，這一時期臺灣城鎮等級規模關係如下：

一、臺灣城鎮體系的等級規模關係

清末，臺灣已經形成省——府——縣（廳）三級城市等級系列。省會位於臺北，是臺灣全省的控制中心；府城是各自區域的政治經濟中心，清末有臺南府（東安坊，今臺南市）、臺灣府（橋孜圖，今臺中市）與臺北府（臺北，今臺北城內）三府；縣城是地方的行政中心，又多為農特產的集散地與市集。

〔註 151〕《臺灣省通志》，卷四，《經濟志·綜說篇》，臺灣省文獻委員會，1971 年，第 51 頁。

〔註 152〕《臺灣省通志》，卷四，《經濟志·綜說篇》，臺灣省文獻委員會，1971 年，第 52 頁。

表 3.3-1：清末臺灣城鎮行政等級結構

等級	行 政 區	城　　鎮　　名
1	省治	臺北
2	府治	臺南、橋孜圖（臺中）
3	縣（廳）治	新竹、宜蘭、基隆、大嵙崁、彰化、斗六堡、貓里街、大埔城、埤頭街、恒春、嘉義、大山嶼東西衛澳文澳社（馬公）、卑南

說明：

1. 以光緒十三年（1887 年），臺灣省三府一直隸州十一縣四廳爲準。
2. 不包括附郭縣。省、府、縣治所共處一城的僅列一個。
3. 資料來源：《重修臺灣省通志》，《政治志·建制沿革篇》，臺灣省文獻委員會，1991 年，第 108～154 頁。

因爲清代臺灣有確切時間的市街人口數據太少，權且根據臺灣省文獻委員會編《臺灣省通志》卷二《人民志·人口篇》列舉的 1899 年臺灣主要市街人口數據，來分析清末臺灣城鎮行政層次系統與等級規模的關係。1899 年臺灣有 54 個市街，其中 5000 人以下的 35 個，5000 人以上的市街有 18 個。在 5000 人以上的市街之中，0.5 萬～1 萬人口的市街有朴子、基隆、東港、北港、鹽水港、鳳山、滬尾、北斗、新莊、安平、臺中 11 個，1 萬～2.5 萬人口的市街有鹿港、嘉義、新竹、彰化、宜蘭 5 個，2.5 萬～5 萬人口的市街有臺南 1 個，5 萬～10 萬人口的市街有臺北（包括臺北城內、大稻埕、艋舺）1 個。

表 3.3-2：清末臺灣城鎮行政層次系統與等級規模系列對照表

城 鎮 層 次 系 統		5 萬～10 萬	2.5 萬～5 萬	1 萬～2.5 萬	0.5 萬～1 萬	0.5 萬以下
省會	城鎮數	1	－	－	－	－
府治所	城鎮數	－	1	－	－	－
縣（廳）治所	城鎮數	－	－	4	2	8

資料來源：

1. 《重修臺灣省通志》，《政治志·建制沿革篇》，臺灣省文獻委員會，1991 年，第 108～154 頁。
2. 《臺灣省通志》，卷二，《人民志·人口篇》，臺灣省文獻委員會，1972 年，第 145～146 頁。

由表 3.3-2 可見，臺灣城鎮行政級別與城鎮的等級規模基本上呈正相關

關係。第一，清末臺灣省省會、臺北府府治、淡水縣縣治所在地臺北，既是臺灣當時行政城鎮體系的首位城市，也是當時城市人口規模的一級城市；第二，二級城市臺南是府治所在地，開發比較早；第三，新竹、宜蘭、嘉義、彰化是當時縣治所在地，也是人口規模 1 萬～2.5 萬的三級城鎮，因其位置優越，市街稍大。第四，基隆是當時重要港口，人口規模將近 1 萬，臺中人口 5000 多人，儘管橋孜圖（臺中市）是府治所在地但其人口規模不大，僅屬於人口規模 0.5 萬～1 萬的四級城鎮；第五、大料崁、斗六堡、貓里街、大埔城、埤頭街、恒春、大山嶼東西衛澳文澳社（馬公）、卑南也是縣治所在地，但是其發展稍緩，人口規模相對少。這也可以看出儘管 1899 年臺灣有 54 個市街，港口市街還是佔了較大部分，這是清代臺灣城鎮體系的特色之一。

二、臺灣城鎮等級規模分佈特徵

　　根據中心地理論，如果把一個國家或區域內中的眾多大小不等的城鎮，按其規模的大小分成幾個等級，可以看出一種普遍存在的規律性現象，即城市規模越大的等級，城市的數量越少，反之，城市數量越多。把這種關係用圖表示出來，就形成城市等級規模金字塔。當然，城市等級規模金字塔只是一種分析城市規模分佈的簡便方法，但是通過把不同時間段的城市規模等級體系進行對比分析，則可以發現在某一區域內的變化趨勢。

　　在日本殖民者佔據臺灣之前，臺灣地區的城鎮體系基本形成。但是當時各城鎮人口數量，目前尚未發現確切具體統計資料，僅能根據日本人統計資料，以明大概。根據清代臺灣城鎮發展及城鎮人口情況，將臺灣 5000 人口以上城鎮分為 5 萬～10 萬人、2.5 萬～5 萬人、1～2.5 萬人、5 千～1 萬人四個等級，分析臺灣城鎮規模分佈等級層次。

表 3.3-3：清代臺灣 5000 人口以上城鎮

等級規模	1875 年			1899 年		
	城 鎮 名 稱	城鎮數量	城鎮數量所佔比例	城 鎮 名 稱	城鎮數量	城鎮數量所佔比例
5 萬～10 萬	—	—	—	臺北（大稻埕、艋舺）	1	5.56
2.5 萬～5 萬	臺南	1	6.67	臺南	1	5.56

規模級	1875			1899		
1萬~2.5萬	大稻埕、艋舺、鹿港、嘉義、新竹、彰化、宜蘭	7	46.67	新竹、嘉義、鹿港、宜蘭、彰化、	5	27.78
5千~1萬	鳳山、樸子、北港、鹽水、東港、基隆、安平	7	46.67	基隆、淡水、三峽、北港、朴子、鹽水、安平、鳳山、東港、北斗、臺中	11	61.11
總計	15	15	100.00	18	18	100.00

資料來源：

1. 1875 年數據來自李瑞麟：《臺灣都市之形成與發展》，《臺灣銀行季刊》，二十四卷 3 期，第 7 頁。
2. 1899 年數據來自《臺灣省通志》，卷二，《人民志・人口篇》，臺灣省文獻委員會，1972 年，第 145~146 頁。

　　1875 年臺灣尚未出現 5 萬人口以上的城市。2.5~5 萬人口的城市 1 個，占 5000 人以上城鎮總數的 6.67%；1~2.5 萬人口的城市 7 個，占 5000 人以上城鎮總數的 46.67%；0.5~1 萬人口的城鎮 7 個，占 5000 人以上城鎮總數的 46.67%。到 1899 年臺灣 5~10 萬人口的城市 1 個，占 5000 人以上城鎮總數的 5.56%；2.5~5 萬人口的城市 1 個，占 5000 人以上城鎮總數的 5.56%；1~2.5 萬人口的城市 5 個，占 5000 人以上城鎮總數的 27.78%；0.5~1 萬人口的城鎮 11 個，占 5000 人以上城鎮總數的 61.11%。

圖 3.3-1：清代臺灣 5000 人口以上城鎮數量等級規模分佈（1875 年、1900 年）

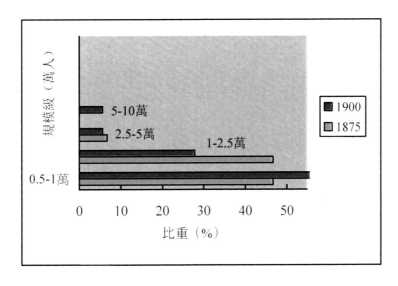

在圖形形狀上，將 1875、1899 年臺灣 5000 人口城市數量比重的柱狀體做居中對稱處理，可以看出臺灣的城市數量規模分佈變化。儘管這兩個時間段的城鎮等級規模分佈都呈金字塔狀分佈，但是 1875 年的金字塔底座稍小，規模分佈圖層級缺少 5 萬人口以上的城市，且城市的數量少，層級較少；到 1899 年，城鎮規模分佈的金字塔圖形底座變大，層級增多，且城鎮的數量增多，特別是 5000 人口以上的城鎮數量增加較快，而且出現了 5～10 萬人口的城鎮。

三、臺灣城鎮首位度分析

　　許多研究表明，一個國家或區域的城鎮規模分佈明顯地分為兩種類型，一為首位分佈（Primary），一為序列大小分佈（Rank-size rule）。首位度大的城市規模分佈，稱為首位分佈〔註 153〕。首位分佈反映了城市體系中人口在最大城市的集中程度，是認識城市體系的等級規模結構特徵的重要視角。

　　清代臺灣的城鎮尚未出現一個首位度極高的大城市。從城市的分佈看，各地區之間並未顯示規模上的明顯差距。

〔註 153〕馬克・傑斐遜（M.Jefferson）通過觀察和分析 50 多個國家的數據，在 20 世紀 30 年代末得出一個關於國家城市規模分佈的普遍規律，即一個國家的第一大城市總要比這個國家的第二位城市（更不用說其它城市）大得異乎尋常，並在這個國家中發揮著異常突出的影響和作用，這就是城市首位率。他把這種在規模上遠遠大於第二位城市，在國家政治、經濟、社會和文化生活中佔據明顯優勢的領導城市稱為首位城市。首位城市的人口規模與處於第二位城市的人口規模的比值被稱作首位度。首位度一定程度上反映了城市體系中的城市人口在最大城市的集中程度，但不免以偏概全。為了改進首位度兩城市指數的簡單化，又有人提出了四城市指數和十一城市指數。四城市指數 $S=P1/（P2+P3+P4）$，十一城市指數 $S=2P1/（P2+P3+...+P11）$，其中 P1，P2，...P11 為城市體系中按人口規模從大到小排序後，某位次城市的人口規模。在城市人口分佈比較理想的狀況下，首位度的數值為 2，四城市指數、十一城市指數的數值為 1。首位度越是大於 2，四城市指數、十一城市指數越大於 1，則城市規模分佈越是屬於首位分佈；首位度小於 2，四城市指數、十一城市指數小於 1，則城市規模分佈屬於序列大小分佈。

表 3.3-4：光緒二十五年（1899 年）臺灣 5000 人以上的市街及本省人口

類　別	等　級	市 街 名 稱	本 省 人 口
本省籍人口 1 萬以上者 8 處	1	臺南市街	42455
	2	大稻埕	31715
	3	艋舺	20315
	4	鹿港街	18215
	5	嘉義市街	17135
	6	新竹街	16174
	7	彰化街	12962
	8	宜蘭城內	12223
本省籍人口 5 千到 1 萬 9 處	9	朴子腳街	7887
	10	基隆市	7026
	11	東港街	6995
	12	北港街	6911
	13	鹽水港街	6487
	14	鳳山城內	6311
	15	北斗街	5566
	16	滬尾街	5504
	17	新莊街	5415
城市首位度：1.27			
四城市指數：0.60			
十一城市指數：0.56			

資料來源：《臺灣省通志》，卷二，《人民志‧人口篇》，臺灣省文獻委員會，1972 年，第 145 頁。

　　因為清代缺乏具體詳盡的數據，權且把 1899 年的數據作為分析清代臺灣城鎮的數據，來分析清代臺灣城鎮的首位度。通過計算 1899 年臺灣城市首位度、四城市指數、十一城市指數，可以看出，1899 年臺灣城市首位度為 1.27，四城市指數為 0.60，十一城市指數為 0.56，首位度小於 2，四城市指數和十一城市指數小於 1，城市規模分佈屬於序列大小分佈，表明當時臺灣的城市規模分佈體系中，大中小城市均有，城市數目隨城市規模的減少，而有規律地增加。

　　臺灣當時城市的規模分佈無首位分佈，除人口因素外應與當時臺灣與大陸的區域分工、政治體制以及交通等因素相關。臺灣與大陸間高度的區域分工，極大地影響了臺灣城鎮的區域分佈和空間格局。因爲當時臺灣與大陸間的貿易並未在特定的單一港口進行，與區域貿易相關的港口逐漸興起發展，塑造了臺灣一批河港、海港城鎮的崛起。加上臺灣建省之前隸屬福建管轄，臺灣本島的最高行政層級僅是府城，其政治、經濟、文化活動多以福建省會爲依歸，且當時又缺乏南北貫通的交通道路，因而清代臺灣沒有出現一個輻射全島的中心城市，幾個區域性城市大致上均衡地分佈在臺灣西部。

　　但是，自臺北府城興建，劉銘傳在臺北府城內整建街道、建石坊、裝電燈、修馬路，聘請日本人在北門街、西門街、石坊街等處開鑿水井，在淡水河上修建一座「上利行人，下通船舶，設機爲紐，啓閉自如」的大稻埕鐵橋等，臺北成爲「冠蓋雲集」之都，「江浙閩粵之人，多來貿易」〔註154〕。臺北府城有直達大道和人力車、馬車，與大稻埕和艋舺連爲一體，艋舺、大稻埕、臺北城城內這三個市街成爲空間上獨立，但活動及經濟上相關聯的聚落群，即「臺北三市街」。當時雖然在人口與都市規模上，臺灣南部的優勢仍在，可是北部在人口、經濟上的快速成長，越來越顯示出臺北是當時全島最具活力的地區。而後來省會的確立更把政治與經濟彙集成強勢的成長動力，臺北的發展亦逐漸領先於其它城市，逐漸具備了全臺灣政治與經濟中心的雛形。

第四節　清代臺灣城鎮體系的地域空間分佈

　　清代臺灣城鎮的地域分佈受到地形條件、資源、交通、人口、經濟發展水平等複雜因素的影響，但總體而言臺灣城鎮的發展與土地開發進程具有密切聯繫，其空間格局亦隨著臺灣的開發進展而變遷，在開發過程中某些聚落因爲區位條件優越，最先形成市街。最初，清代臺灣的市街主要分佈於西南部沿海平原地帶，並呈現出自南向北、從西而東、由海岸線向內陸丘陵山地逐漸推進的總體格局。

一、臺灣行政中心城鎮空間分佈變遷

　　清代城鎮數量不多，其空間佈局的變遷與人口分佈的變化有密切的聯

〔註154〕連橫著：《臺灣通史》，卷二十五，《商務志》，廣西人民出版社，2005年，第334頁。

繫。臺灣有詳細的人口統計年份不多，更缺乏當時的市街人口數據，嚴格而言，無法進行精確的城市分佈變遷的統計分析。爲了大致研究其演變情況，只能通過目前所查到的人口分佈的資料進行比較研究，進而大致掌握其城鎮分佈的變遷過程。

表 3.4-1：嘉慶十六年、光緒十九年臺灣省人口分佈及行政中心城鎮
　　　　　空間變化

嘉慶十六年（1811）			光緒十九年（1893）		
行 政 區 域	人 口	各縣廳人口分佈（％）	行 政 區 域	人 口	各縣廳人口分佈（％）
全島（行政型城鎮7個）	1945000	100.00	全省（行政型城鎮16）	2545731	100.00
北部（行政型城鎮2個，占28.57%）	北部 258000	13.3	北部（行政型城鎮4個，占25%）	臺北府 767031	25.82
	淡水廳 215000	11.1		淡水縣 407754	12.49
				新竹縣 156953	6.08
	噶瑪蘭廳 43000	2.2		宜蘭縣 114095	4.23
				基隆廳 88229	3.02
中部（行政型城鎮1個，占14.29%）	中部 342000	17.6	中部（行政型城鎮5個，占31.25%）	臺灣府 622242	29.53
				臺灣縣 213405	8.22
	彰化縣 342000	17.6		彰化縣 261482	11.46
				雲林縣 110649	5.83
				苗栗縣 71092	3.31
				埔里廳 15614	0.71
南部（行政型城鎮4個，占57.14%）	南部 1305000	67.1	南部（行政型城鎮5個，占31.25%）	臺南府 1100543	44.45
	嘉義縣 819000	42.1		安平縣 196153	9.48
	臺灣縣 301000	15.5		嘉義縣 423615	17.97
	鳳山縣 185000	9.5		鳳山縣 393456	14.53
				恒春縣 19779	0.71
	澎湖廳 41000	2.1		澎湖廳 67540	1.76
東部	東部 —	—	東部（行政型城鎮1個，占6.25%）	臺東州 5915	0.20

注：1. 城鎮數量不包括附郭縣。
　　2. 澎湖在行政區域上，嘉慶十六年屬於臺灣縣，光緒十九年屬於臺南府。
　　3. 資料來源：《臺灣省通志》，卷二，《人民志·人口篇》，臺灣省文獻委員會，1972年，第59頁。

　　清初臺灣的人口基本上都在南部，當時設置的臺灣、鳳山、諸羅三縣均位於臺灣南部，這與當時臺灣經濟重心在南部密切相關。「北部地形多山，因其少有市場所需的資源，多未開發。同時開港以前，較為市場所需的米、糖，除了臺北至新竹間狹長的海岸平原及臺北盆地、宜蘭平原出產外，主要仍以平原較多的中南部為生產的重心。這也是開港以前，臺灣經濟重心在南部的重要理由」﹝註155﹞。到了嘉慶十六年（1811年）之後，臺灣人口分佈變遷就有了較大的變化。

　　由表 3.4-1 可以看出，嘉慶十六年臺灣人口 2/3 以上在南部，但人口重心已經北移至嘉義縣，其人口占全島總人口的 42.1%，嘉義縣南的臺灣縣占15.5%，嘉義縣北的彰化縣占 17.6%，三縣合計占全島總人口 75.2%。到光緒十九年（1893 年），臺灣人口分佈發生了較大變化。儘管南部仍占 44.45%，但已不足全島總人口之半；北部人口則顯著增加，占到總人口的 25.82%；中部人口也大幅度增加，占到總人口的 29.53%，將近 1/3；而澎湖的人口相對於其它地區則有所減少。東部人口，由於環境、位置等原因，清初期遷入該地的人口極少，目前尚未發現精確的統計數字；到了光緒十九年時將近 6000人，其所佔比例仍微乎其微。由此可見，臺灣各地區的人口，相差極為懸殊。

　　清代臺灣人口分佈的空間變遷，恰恰反映了臺灣拓墾的過程，城鎮空間的變遷則與人口分佈的變遷、土地墾殖的過程基本一致。從行政型城鎮空間變化看，嘉慶十六年（1811 年）臺灣行政型城鎮 7 個，南部 4 個，占行政型城鎮總數的 57.14%；北部 2 個，占行政型城鎮總數的 28.57%。到光緒十九年臺灣行政型城鎮總數增為 16 個，南部 5 個，僅增加了一個恒春縣城，占行政型城鎮總數的比例則下降為 31.25%；中部行政型城鎮增為 5 個，占行政型城鎮總數的比例提高到 31.25%；北部行政型城鎮增為 4 個，占行政型城鎮總數的比例下降為 25%；東部新出現了一個行政型城鎮即臺東。可見，到光緒以後，臺灣的行政型城鎮的分佈已經由南部向中部、北部擴展，在東部也開始出現城鎮。

二、臺灣城鎮在西部沿海集中分佈

　　清代臺灣城鎮的分佈特點是集中分佈，特別是在臺灣島西部沿海平原、

﹝註155﹞林滿紅著：《茶、糖、樟腦業與臺灣之社會經濟變遷（1860～1895）》，聯經出版事業公司，1997 年，第 183 頁。

臺北盆地和桃竹苗的丘陵地帶，城鎮呈密集分佈的狀態。內山地區只在位置衝要之地或資源豐富之處形成城鎮，因此，內山地區城鎮數量較少，分佈稀疏。臺灣城鎮分佈這種空間上的特點，其原因除了地形條件的限制外，更重要的還是受資源和經濟發展水平的決定。臺灣西部沿海平原地帶可耕地資源豐富，各種水利資源遠比丘陵和山區多，生產也較爲發達，人口密集，經濟富裕，腹地廣大，商業貿易發達，比較容易形成較大的城鎮。

　　臺灣西部海岸平直，天然大型港灣不多，但是各種港澳鱗次櫛比。有些河流的河口地帶就成爲早期移民墾殖的立腳點。如淡水河、高屏溪等可以局部通航，其沿岸也興起一些河港聚落。另一方面，西部沿岸的許多小海港也成爲移民向內陸推進移墾的根據地。而東海岸因斷層岩岸平直，缺少天然海港和廣大的腹地，與臺灣西部之間因中央山脈阻隔，聯繫不便，是「山無途徑，海乏港汊，而外山隔絕不通，華人足迹所不到」〔註156〕之地。明清時期，臺灣從南至北山麓以西的地區，稱爲前山，東部山麓至沿海地區，稱爲後山，當然這並沒有明確的分界線。後山地區，在清代往往被視爲生番禁域，未能積極墾闢，直至沈葆楨奏開山撫番、增置郡縣。光緒元年（1875年）將「臺灣向設南北兩路理番同知：南路駐紮府城、北路駐紮鹿港。今內山開闢日廣，番民交涉事件日多，舊治殊苦鞭長莫及。如將南路同知移紮卑南，北路同知改爲中路移紮水沙連，各加『撫民』字樣」〔註157〕。至此出現了臺灣南路撫民理番同知、臺灣中路撫民理番同知，並增設卑南廳。儘管後山地區的解禁與積極拓墾促使該地新興數個港口，但發展相對緩慢，港口成長亦有限。

　　臺灣四面環海，本島內部陸路交通不便，貨物的集散、貿易的發展多依賴港口，港口是大陸移民交通和貿易往來的要地。清中期以後大量移民來臺墾殖，臺灣土地面積增加，而且通過興建水利設施、改進農業生產技術等，農業產量進一步提高。「據估計，明鄭時代，本省大約二十萬到三十五萬的人口，耕地面積大約是一萬七千八百九十八甲。光緒十三年（1887），本省的人口，大約增加到三百二十萬人，耕地面積三十五萬零五百七十五甲」〔註158〕。

〔註156〕《清季申報臺灣紀事輯錄》，輯錄四，《光緒元年九月十五日‧臺灣開山情形》，臺灣文獻叢刊247種，臺灣銀行經濟研究室，第551頁。

〔註157〕《福建臺灣奏摺》，《請改駐南北路同知片》，臺灣文獻叢刊29種，臺灣銀行經濟研究室，第60頁。

〔註158〕《重修臺灣省通志》卷四，《經濟志‧經濟成長篇》，臺灣省文獻委員會，1993年，第18頁。

農產品和經濟作物生產的豐富，移民的增多及其日用品的需求量大增，兩岸間的貿易交易量與日劇增，促成了蓬勃的河、海港的發展，並且帶動臺灣行政型、山區貿易型城鎮的形成和發展。

　　儘管清政府對渡海來臺者嚴格限制，但是為了生存和發展，潛渡來臺者仍是前後相踵，大量的西部沿海港口就成為其登陸臺灣的立足地。正如臺灣學者戴寶村先生所言，臺灣與大陸直接通航貿易根據潮流、風候、航線距離、移民出入地區等因素有固定的對航港口，主要有：烏石港、基隆、淡水、舊港、許厝港、南崁港、香山港、中港、後壠、大安港、塗葛堀（梧棲）、鹿港、北港、東石港、安平、打狗、東港、媽宮。

表 3.4-2：臺灣與大陸對航的主要港口

臺 灣 港 口	大 陸 港 口（所 屬 府 縣）
烏石港	獺窟（泉州惠安），祥芝、永寧、深滬（泉州晉江）
基隆	寧波、溫州、福州、泉州、漳州、鎮海（漳州海澄）、海山、銅山（漳州漳浦）
淡水	溫州、五虎門（福州）、蚶江（泉州晉江）、台州、石塘、沙埕、烽火門（福寧福鼎）、坎門（泉州莆田）、寧波、鎮海、瑞安、海山、沙堤（泉州晉江）、北茭（連江）
舊港	福州、獺窟、蓮河（泉州南安）、廈門、鎮海
許厝港	廈門、福州
南崁港	閩安（福州府）
香山港	福州、泉州、頭北（泉州惠安）、上海、寧波、鎮海、獺窟、香港
中港	蚶江、獺窟、崇武（泉州惠安）、安海（泉州晉江）
後壠	獺窟、福州、蓮河、海山、南日（興化）
大安港	獺窟、蚶江、石尋（泉州同安）、金門、深滬
塗葛堀（梧棲）	獺窟、祥芝、蓮河、福州
鹿港	蚶江、深滬、默林、獺窟、安海（泉州晉江）、崇武、祥芝、廈門、福州
北港	寧波、泉州、廈門、興化
東石港	獺窟、蚶江、祥芝、永寧、崇武、深滬
安平	廈門、汕頭、泉州、拓林（漳州漳浦）、蚶江、獺窟、永寧、石尋、安海

打狗	拓林、金門、南澳（漳州詔安）、汕頭、石井（泉州同安）、福州、廈門、泉州、寧波
東港	汕頭、拓林、安海、下寮（漳州海澄）、石尋、石井、東石（泉州晉江）、古螺（漳州漳浦）、銅山
媽宮	汕頭、香港、拓林、獺窟、晉江、蚶江、金門、深滬、崇武

資料來源：戴寶村，《近代臺灣港口市鎮之發展——清末至日據時期》，臺灣師範大學歷史研究所博士論文，1988 年，第 35～37 頁。

　　分佈在南、中、北三地的安平、鹿港、艋舺三個港口，則隨著經濟的發展，分別形成三個商業中心，即所謂「一府、二鹿、三艋舺」，正是早期港口城鎮高度興盛的寫照，「這三個城市都是海港，分在北中南三個地區，奠定了臺灣社會地域的均衡發展的基礎」〔註159〕。因爲清代缺乏具體的統計數據，根據《臺灣省通志》卷二《人民志・人口篇》第 145 頁記載的 1899 年臺灣主要市街人口數量，爲了便於比較，權且把 1899 年的數據作爲 1900 年的數據，並與 1875 年的城鎮分佈稍作對比。

　　下圖 3.4-1，可以看出 1875 年臺灣 5000 人以上的城鎮主要有臺南、大稻埕、艋舺、鹿港、嘉義、新竹、彰化、宜蘭、鳳山、朴子、北港、鹽水、東港、基隆、安平 15 個，這些城鎮全部分佈於西部沿海，其中港口 9 個。到 1900 年時臺灣 2500 人以上的城鎮有 33 個，本省人口 5000 人以上的主要市街有 18 個：臺南、臺北（包括大稻埕、艋舺）、鹿港、嘉義、新竹、彰化、宜蘭、朴子、基隆、東港、北港、鹽水、鳳山、北斗、滬尾、新莊、安平、臺中，其中港口 11 個，在空間上基本都密集分佈在臺灣西部平原盆地。「若以五千以上人口的都市來觀察各地區的都市發展的話，臺北盆地支持了七萬的都市人口，臺南支持五萬都市人口，臺中與雲嘉地區各支持了三萬左右人口，新竹、宜蘭和高屏地區各支持了一萬左右的都市人口」〔註160〕，當時臺灣城鎮基本上是均勻地分佈在臺灣西部地帶。

〔註159〕李文朗著：《臺灣人口與社會發展》，東大圖書股份有限公司出版，1992 年，第 30 頁。
〔註160〕蔡勇美、章英華主編：《臺灣的都市社會》，巨流圖書公司，1997 年，第 39 頁。

圖 3.4-1：臺灣主要城鎮空間分佈（1875 年～1900 年）

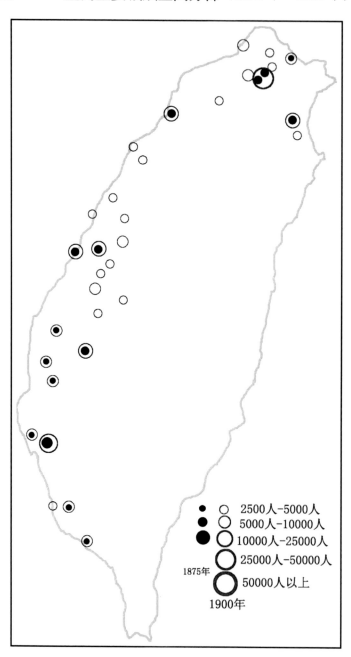

注：1875 年城鎮根據李瑞麟，《臺灣都市之形成與發展》，《臺灣銀行季刊》，
　　第 24 卷第 3 期，第 7 頁數據繪製；1900 年城鎮根據《臺灣省通志》，
　　卷二，《人民志·人口篇》，第 145 頁數據繪製。

第五節　清代城鎮間的聯繫與城鎮網絡

　　任何一個市鎮都不可能孤立存在。爲了保障生產、生活的正常運行，市鎮間、市鎮與區域間總是不斷進行著物質、能量、人員和信息的交換，這就是空間相互作用。正是這種相互作用，才把空間上彼此分離的市鎮結合爲具有一定結構和功能的有機整體〔註161〕。清代臺灣城鎮間的聯繫除了行政上的垂直管理外，主要表現爲通過各種交通運輸設施所實現的貨物、人口流動，以及由此而形成的市場網絡。

一、臺灣島內交通網絡的拓展

　　臺灣交通的發展，是中華民族在臺灣開拓經營發展的重要一環。「臺灣，海國也，四面皆水，荒古以來，久不與世接矣。……延平相宅，萬眾偕來，閩、粵之人扶攜而至，閩居近海，粵處山陬，守望相助，出入相友，而交通關矣。歸清以後，拓地日廣，南船北馬，昔昔往來，而陸輪海運仍從舊轍，尚未足以促群治之進也。及劉銘傳任巡撫，乃立富強之策，購輪船，築鐵路，設郵遞，通電線，經營布置，面目一新」〔註162〕，從中大致可見臺灣交通變遷的艱辛歷程。

1・航運發展

　　開港前臺灣的貨物運輸多爲舟筏、帆船、牛車、肩挑等傳統方式。開港後，逐漸出現了輪船、鐵路等近代交通工具。

　　通商以後，外商紛沓而至。1871 年，英商開闢臺灣定期航線，獲利豐厚，「以往來安平、淡水、廈門、汕頭、香港，每兩星期一回。其船尙小，載重僅 277 噸，而貨客繁夥，獲利厚。乃設得忌利士公司……臺灣航運業遂爲所攬矣」〔註163〕。光緒七年（1881 年），巡撫岑毓英以臺灣孤懸海外，沒有船無法航行，奏請由船政大臣派琛航、永保兩艘汽船，一艘往返於基隆、淡水和福州間，一艘則往返於安平和廈門間，「以速文報，並准商人配貨，是爲官辦之船……一時頗殺外船之利」〔註164〕。至此，「本省對外交通已用

〔註161〕許學強、周一星、寧越敏編著：《城市地理學》，高等教育出版社，1997 年，第 148 頁。
〔註162〕連橫著：《臺灣通史》，卷十九，《郵傳志》，廣西人民出版社，2005 年，第 268 頁。
〔註163〕連橫著：《臺灣通史》，廣西人民出版社，2005 年，第 276 頁。
〔註164〕連橫著：《臺灣通史》，廣西人民出版社，2005 年，第 276 頁。

汽船，航運乃有一大革新之發展」〔註165〕。光緒十二年（1886年）巡撫劉銘傳大力振興殖產，爲了發展內外交通，派張鴻祿、李彤恩到南洋考察商務，從新加坡購買駕時、斯美兩船，以臺灣爲起點，經由廈門、福建或上海、香港等地，航行於南洋新加坡、柴棍、呂宋等地。同時另以官船威利、威定、萬年青、伏波、海鏡、飛捷等六艘航行於臺灣各港之間，臺灣近代航運日漸興盛。

2‧公路建設

「臺灣之道路，多由墾拓而形成，某一村莊至另一村莊行人小徑，隨墾殖面積擴大而增加，以街爲中心之道路，其商業均限於狹小地區，故每條道路初期里程都很短，鄉間道路比田間畦畔稍大而已，迨政治安定，農商業發展，路線乃逐漸連接延長加寬。道路之開闢，拓寬，修護，設置橋梁，船渡，多由墾戶，地方士紳，集資獻工辦理」〔註166〕。

《臺灣省通志》載：臺灣島內中央山脈綿亙南北，全地區山多平地少，海拔五百公尺以上的山地丘陵，約占總面積 45%，海拔一百公尺以上的土地則占三分之二強。一百公尺以下者僅占三分之一弱。全臺灣地區主要河流有19 條，次要河流 32 條，普通細支流 101 條〔註167〕。河流受地勢影響，河床斜度高，流程短，水流湍急，對舟楫航運極爲不利。因此，陸路交通嚴重制約臺灣的發展。近代臺灣大規模建設公路的起點，始於清同治年間閩浙總督沈葆禎從治亂和戰備角度考慮，開山撫番時開闢的北路、中路和南路等三大幹線。北路，由宜蘭蘇澳至臺東的奇萊，全長 200 華里；中路，由雲林的林杞埔至臺東的璞石閣，全長 265 華里；南路，分二線，一是由鳳山經赤山莊，至臺東卑南，全長 241 華里，一由鳳射僚至卑南止，全長 214 華里。此線更於光緒元年（1875 年）延長開闢臺東的縱貫道路，以卑南爲起點，向南行回至恒春，向北直通奇萊〔註168〕。光緒十三年（1887年）巡道陳鳴志、鎮海後營副將張兆連合請巡撫劉銘傳，別闢後山的道路，自彰化的集集到臺東的水尾，剋期進工，東西並舉。「自正月以至三月，大功告成，而前後山之連絡較

〔註165〕《臺灣省通志》，卷四，《經濟志‧綜說篇》，臺灣省文獻委員會，第56頁。
〔註166〕陳俊編著：《臺灣道路發展史》，交通部運輸研究所，1987年，第77頁。
〔註167〕《重修臺灣省通志》，卷四，《經濟志‧交通篇》，臺灣省文獻委員會，1993年，第5頁。
〔註168〕《重修臺灣省通志》，卷四，《經濟志‧交通篇》，臺灣省文獻委員會，1993年，第29頁。

縮矣」〔註169〕。

　　清代所築道路施工簡單，特別是橋梁十分簡陋，除臺北及臺南附近等幹線道路以外，多數路面不寬，且常因山泥的傾泄而阻塞，「距離現代化甚遠，但不失爲臺灣道路開闢之嚆矢」〔註170〕。這些公路對臺灣的開發、貨物的交易，臺灣東西間的聯絡起了重要作用。

3．鐵路興建

　　清代臺灣內地交通極其不便，山地貨物難以運抵港口。劉銘傳計劃修築縱貫鐵路，把臺南與基隆、臺北通連起來，並把基隆港建設發展成爲全臺灣的商埠。

　　臺灣建省後，首任巡撫劉銘傳爲配合國防，開發臺灣資源，振興殖產，招徠工商，曾致力於實施發展計劃。這些計劃除購買輪船，發展對外航運等外，還包括基隆商埠的開闢，「最初是北部的商埠，最終則使之成爲全臺灣的商埠」〔註171〕。基隆是一個能避風的較大海港，當時甚至最大的船隻也可駛進，而淡水、安平、打狗等港的入口有砂洲阻礙，只有吃水淺的船隻才能通過。爲使基隆成爲全臺灣的航運港，1887年開築一條從臺北通到基隆的鐵路，並開始將這條鐵路向南延伸，使作爲南部貿易市場的臺南同臺北通連起來，進而同基隆港通連起來。爲此，劉銘傳上書陳修建鐵路之利：

> 考鐵路之利，便於驛遞墾商不計外，目前大利有三……臺灣四
> 面皆海，除後山無須辦防外，其餘防不勝防。基、滬、安、旗四口，
> 現已購砲築臺，可資守禦，其餘新竹、彰化一帶，海口分歧，萬難
> 遍佈軍隊，概行設守……如遇海疆有事，敵船以旱隊猝登，隔絕南
> 北聲氣，內外夾擊，危迫將不忍言。若修鐵路既成，調兵極便，何
> 處有警，瞬息長驅，不慮敵兵斷我中路。此有裨於海防者一，……
> 臺北至臺南六百里，中隔大溪三道，春夏之交，山水漲漫，行人斷
> 絕，無能往來。大甲、房裏兩溪，歲必淹斃數十人，急須造橋，以
> 便行旅。查大甲、房裏、曾文三溪，大者寬至十里，其次小溪二十

〔註169〕連橫著：《臺灣通史》，卷十九，《郵傳志》，廣西人民出版社，2005年，第271頁。

〔註170〕《臺灣之交通》，臺灣研究叢刊第63種，臺灣銀行經濟研究室，1958年，第99頁。

〔註171〕H.B.Morse：《1882～1891年臺灣淡水海關報告書》，《臺灣經濟史六集》，臺灣銀行經濟研究室，1979年，第98頁。

餘道，或寬百餘丈。大甲溪經前任撫臣岑毓英督修石壩，以阻漫流，並未修橋，已費洋元三十餘萬，數月溪流沖刷，今已無存。臣現由上游窄處議修，統計大小溪橋工必需銀三十餘萬兩。今該商等承辦車路，此項橋工二十餘處，一律興修。火車巨利，暫不必言，公家先省橋工銀數十萬兩。此有裨於臺灣工程者三。伏念鐵路爲國家血脈，富強至計，捨此莫由〔註172〕。

由此，劉銘傳明確提出臺灣修築鐵路關係國家血脈，實爲富強的至計，其大利有三：一、調撥軍隊、朝發夕至、增強海防之便；二、便利民生、行旅，可促進驛運、開墾、商務發展；三、商業的繁盛；四、全程大小各溪橋梁二十餘座，由商人資本同時興工修築，可節省朝廷鉅款。

光緒十三年（1887 年），臺灣鐵路首先在臺北大稻埕開工，漸次往南北伸展，光緒十九年（1893 年）完成臺北至新竹路段。沿線火車站設於基隆、八堵、水返腳（汐止）、南港、錫口、臺北、大橋頭、海山口、打類坑、龜崙嶺、桃仔園、中壢、頭重溪、太湖口、鳳山崎及新竹等 16 處，主要是作爲開發基隆煤礦與其它地方物產的運輸以及移民之用。後因經費等問題，向南延伸工程終止。雖然南北貫通工程未能完成，但臺灣北部已有鐵路開通，搭載客貨，對交通運輸的便利，物產之開發，商業貿易之振興，實有莫大貢獻，被認爲實爲我國近代建設史上燦爛之一頁〔註173〕，而且直接促進了交通節點城鎮的發展。如楊梅、湖口等原本是規模不大的小聚落，因地處臺北府與新竹城之間的交通節點而成長爲小型城鎮。

二、臺灣市場網絡的形成

城鎮是人類各種社會活動的集中場所，通過各種運輸網絡，使物資、人口、信息等不斷從各地向城鎮流動。臺灣「是一個開發較晚的地區，這就給它帶來一個特點：沒有形成大陸那樣自給自足的自然經濟體系，即使是農業生產，也具有商品經濟的性質」〔註174〕。開港前臺灣與大陸之間有著緊密勞動分工，進行著頻繁的商貿活動，因而一些承擔商品運輸和交易功能的港口

〔註172〕《劉壯肅公奏議》，卷五，《設防略‧擬修鐵路創辦商務摺》，臺灣文獻叢刊 27 種，臺灣銀行經濟研究室，第 269～270 頁。

〔註173〕《重修臺灣省通志》，卷四，《經濟志‧交通篇》，臺灣省文獻委員會，1969 年，第 283 頁。

〔註174〕陳孔立著：《清代臺灣移民社會研究》，廈門大學出版社，1990 年，第 10 頁。

城鎮優先發展壯大。這些城鎮通過水上舟楫或陸上牛車、肩挑商販等交通方式與作為農產品交易和集散的其它市場相聯繫。隨著商品貨物日漸豐富，市場亦逐漸擴大，進而形成遍及臺灣全島的商品集散網絡。

當時臺灣的市場按其交易的場所和經營形式分為大批發行、中小批發站、文市、販仔。清代臺灣在主要河海港都設有行郊，它們一般是經營進出島貿易的大批發商，「海豐港，在麥僚街西北，由陸路至街十一里。港口水深丈餘，商船每於（此）避風寄椗，然南北皆有沙線，不能容大船，惟載千餘石者可入港。交易則赴北港，以麥僚無大郊行故也」〔註175〕。從中也可以看出當時行郊的重要作用。作為商人間的同業團體，每個行郊一般由數十個甚至上百個商號組成。當時臺灣的行郊大致可以分成三類：一類根據貿易方向、區域劃分。《淡水廳志》載：「赴福州江浙者曰『北郊』；赴泉州者曰『泉郊』，亦稱『頂郊』；赴廈門者『廈郊』，統稱為『三郊』。共設爐主，有總有分，按年輪流以辦郊事。」〔註176〕第二類按貿易的主要商品劃分，即由同行業商人組成的郊，其名稱一般以該郊售販貨物命名，如油郊、布郊、米郊、糖郊等。第三類泛稱某一籍貫的商人，如上海郊（泛稱上海籍商人）、廣郊（廣東籍商人）、建郊（閩籍商人）、寧郊（寧波籍商人）等。

郊行一方面從大陸各港埠輸入貨物，躉售給「割店」（俗稱「武市」），再由割店批售給「文市」或「販仔」（小賣店），然後零售給一般消費者；另一方面郊行也收購本地產品，再轉售於對岸的各口岸市場。文市一般是在街巷或市場中開設店鋪，將商品出售給顧客，販仔則是一肩挑行商，他們把從上一級市場上買來的貨物，或通過肩挑、車運轉給小街巷或鄉村的小文市，或直接在城鎮和鄉村走賣。這些層次不同的大小市場互相聯結，各自發揮自己的功能和作用，構成網狀的市場系統。這個商品流通網既將臺灣島內外的各種商品在全島各地銷售，又把臺灣的山貨土產彙集轉運至大陸、南洋等地。

表 3.5-1：清代臺灣各港口比較著名的行郊

港　口	行　郊　名　稱
宜蘭	米郊

〔註175〕《雲林縣采訪冊》，《海豐堡‧港》，臺灣文獻叢刊37種，臺灣銀行經濟研究室，第82頁。

〔註176〕《淡水廳志》，卷十一，《考一‧風俗考‧風俗》，臺灣文獻叢刊第172種，臺灣銀行經濟研究室，第299頁。

基隆	船郊（新義興）
新莊	泉郊（金進順）
艋舺	北郊（金萬利）、泉郊（頂郊、金晉順）、廈郊、港郊（香港）、鹿郊
大稻埕	廈郊（金同順）、茶郊（永和興）
新竹（舊港）	塹郊（金長和）
後壠	金致和
通宵	金和安
大安	金萬和
梧棲	泉郊（金萬順）
塗葛堀	金協順
鹿港	泉郊（金長順）、廈郊（金振順）、布郊（金振萬）、糖郊（金永興）、□郊（金長興）、油郊（金洪福）、染郊（金合順）、南郊（金振益）
笨港	布郊、□郊、杉郊、貨郊、泉郊（金和順）、廈郊（金正順）、龍江郊（金晉順）、糖郊（金興順）
鹽水	糖郊（李勝興）、水郊（金寶順）、油郊（金和順）、□郊（金順利）、布郊
臺南	北郊（蘇萬利）、南郊（金永順）、糖郊（李勝興）、生藥郊、煙□郊（金合順）、藥材郊、絲線郊、茶郊、草花郊、杉郊、布郊（瑞興）、綢緞郊（金義成）、金鼎郊、紙郊（鍾金玉）、□郊（金義利）、布郊（金錦發）、北郊、布郊（金慶順）、□郊、芙蓉郊（金慶星）、綢布郊（金義興）、香鋪郊（芳義和）、魚郊、六條街公所、泉廈郊（船戶）

資料來源：戴寶村，《近代臺灣港口市鎮之發展——清末至日據時期》，臺灣師範大學歷史研究所博士論文，1988 年，第 40〜42 頁。

　　當時臺灣的普通市場多在區位條件優越的交通要道或寺廟附近的空地上。當時除了市鎮上固定的市場外，還有在農村交通要道、較大鄉村和中小型鎮上開設的市集，這種市集多是根據當地農民生產能力和購買力靈活設置。有「逢節為市」、「五日一市」，也有僅「下午為市」，更多的則是「逐日為市」。一些偏僻地區的高山族同胞往往刳獨木為小船（即蟒甲），他們「夏秋劃蟒甲（獨木舟名），載鹿脯、通草、水藤諸物，順流出近社，與漢人互市。漢人亦用蟒甲載貨以入」〔註177〕。這些獨木舟成為疏通高山族地區與平原間商品流通的工具。

〔註177〕《臺海使槎錄》，卷六，《番俗六考·北路諸羅番七》，臺灣文獻叢刊 4 種，臺灣銀行經濟研究室，第 121 頁。

　　開港前，臺灣與大陸的交易主要是以幾個港口爲呑吐門戶，這些港口與其周圍的腹地，形成一個區域市場圈。正如李祖基教授指出，「近代以前臺灣的市鎮結構主要是以那些同大陸有貿易關係的港口城鎮爲中心，結合其周圍的腹地，形成一系列大大小小的市場體系」〔註178〕。如以淡水港加上淡水河流域的腹地，形成了一個市場圈；鹿港加上彰化、臺中平原，形成一個市場圈；安平與其周圍的府城一帶，也是一個市場圈。當時的臺灣陸路交通不便，再加上東西向河流的阻隔，南北市場圈間的聯繫不便，各市場圈之間更多地顯示出某種區域性，有各自封閉的現象。因爲這種各自獨立市場圈的存在，彼此沒有太多交易的機會，所以各市場圈的流通媒介沒有統一的迫切性，臺北的一斤與臺南的一斤可以不必相同。清代臺灣各種交易媒介、貨幣，甚至度量衡之未統一，與臺灣未形成一個市場圈有關〔註179〕。這些港口直接與大陸進行貿易，並因此成爲各自市場體系中的核心城鎮，呈點狀分佈在臺灣西部海岸。

　　開港後，臺灣商品的進出主要通過正式開放的四個口岸進行，臺灣南北兩端逐漸形成了以淡水、基隆與打狗、安平爲中心的北、南兩個貨物集散地。臺灣島內外的貨物主要通過這四個中心市場流向島內外的市場，或輸向廈門中心市場再銷往其他國家。

　　值得注意的是，儘管清末臺灣島內已經建設了公路和鐵路，但是陸路交通仍然不甚便捷，「所關道規格，平地寬一丈，山蹊路寬六尺之原則，除小部分山坡地區外，其寬度當符合前述規定，平原地區道路當可通行牛車」〔註180〕。張漢裕在《日據時代臺灣經濟的演變》一書中指出：

　　　　日人佔領當初，臺灣交通情形很壞，除清朝劉銘傳巡撫等所建樹的基隆、新竹間的鐵路和南部若干製糖者私設之牛車路而外，幾乎沒有足道的交通存在。城鎮與其附近數十個村莊以及這些村莊彼此之間，是有田呱一般的小徑，也許可以叫做里道；然城鎮之間卻看不到縣道或國道。當然也沒有車輛交通，旅客不是徒步便是要坐轎，貨物則肩挑背負，而難以運至遠方；結果南北四百多公里，東西最廣一百二十多公里的小島，形成地方分割的

〔註178〕唐次妹著：《清代臺灣的城鎮研究》，九州出版社，2008年，第3頁。
〔註179〕邱文彥主編，《海洋文化與歷史》，胡氏圖書出版社，2003年，第7頁。
〔註180〕陳俊編著：《臺灣道路發展史》，交通部運輸研究所，1987年，第86頁。

情形：即只有以小城鎮為中心的村落社會，政治和商業關係幾以
這些狹隘的範圍為限，較遠的地方如南部和北部直接的交通，不
如經由廈門、福州等海路聯絡方便……此外，臺灣奔湍激流甚多
而沒有橋梁，故一遇雨季，各地即限於孤立，這宛然是歐洲中古
時期的情形，各地物資很難有無互通，物價各地相差甚大，從而
產業不振，經濟不發達。〔註181〕

可見，到清末整個臺灣島內仍未形成一個內部互通的市場整體，交通的
阻隔使消費市場分隔成一個個獨立的小區域。不論從移民還是貿易上看，臺
灣的城鎮發展都顯示出一定的區域性，「移民進入臺灣都有區域性，除了臺
灣東部的開發，是在清後期由西部人士遷徙的結果，而整個西部的開發雖有
先後之分，各地大部分的移民並非從臺南地區向外再度遷移的。臺灣的一些
重要家族霧峰林家、龍井林家、新竹鄭家、北埔姜家、板橋林家等都是從臺
灣中部或北部進入其拓墾地的」〔註182〕。這種區域性使得每個區域內的城
鎮往往與自己的腹地構成互動關係，而且其與對岸港口的聯繫甚至要比島內
其他地區的聯繫還多。當然，這也可以看出臺灣與大陸聯繫之緊密。

第六節　清代臺灣城鎮的特徵

清代臺灣的主要經濟活動以農業生產為主。到清朝末期，「臺灣這一封
建的基地，亦漸動搖，致資本主義的萌芽」，臺灣學者周憲文稱清代臺灣的
經濟為「近世封建經濟。」〔註183〕清代臺灣城鎮區域間的聯繫多受限於地
理特性，陸路交通不便捷，島內的城鎮大多腹地不廣、規模不大，既具備一
般封建時代城鎮的特性，也擁有自身城鎮發展的個性。

一、行政中心城鎮建設相對薄弱、滯後

臺灣城鎮等級體系直到清末才具備了省——府——縣三級行政等級體
系，到1824年才出現第一座磚石城。相對於大陸而言，臺灣的行政中心城市

〔註181〕張漢裕：《日據時代臺灣經濟的演變》，《臺灣經濟史二集》，臺灣銀行經濟研
　　　　究室，1955年，第77頁。
〔註182〕蔡勇美、章英華主編：《臺灣的都市社會》，巨流圖書，1997年，第40～41
　　　　頁。
〔註183〕周憲文編著：《臺灣經濟史》，臺灣開明書店，1970年，第193頁。

建設比較薄弱、滯後。

「城」是一種國家行政與權力的象徵，朝廷基於統治上的需要，一般選擇有利於統治和防禦的地方興建城池，根據清代《大清會典》記載：歷朝經制，凡立郡縣，必建城池，以為治所。清代的地方行政制度分為省、府、廳、州、縣等級，《大清會典》規定：凡建置，曰省，布政使治所，為省城。曰府，除省城知府外，其餘知府所治，為府城。曰廳，直隸同知及府屬分管地方之同知、通判所治皆為廳城。曰州，直隸州知及知州所治，皆為州城。曰縣，除省城、府城知縣外，其餘知縣所治為縣城，皆衛以城。而清末臺灣官設城池，包括了省城、府城、縣城和廳城。

清代臺灣作為中國的邊疆地區，在行政建制上長時間隸屬於福建省，行政等級體系僅限於府、縣兩級。鴉片戰爭後，因外國勢力對臺灣的覬覦和侵略，清政府對臺灣的海防和地位日益重視，臺灣始設行省，健全了省——府——縣三級行政等級體系。

清初臺灣設府、縣之始，採取了「不築城」的政策。因而，「郡治各邑，悉無城郭」〔註184〕。1721年朱一貴事件後，康熙聖諭：「臺灣斷不可建城。去年朱一貴無險可憑，故大兵入鹿耳門，登岸奮擊，彼即竄逃；設嬰城自固，豈能剋期奏捷。」〔註185〕雍正十一年（1733年），仍有「城垣之設，所以防外患；如必當建城，雖重費何惜？而臺灣變亂，率皆自內生，非禦外寇比；不但城可以不建，且建城實有所不可也」〔註186〕之議。但是，為了加強地方防禦能力，自康熙四十三年（1704年）到雍正二年（1724年），許多在臺官員在不違背「不築城」政策的前提下，改用木柵、刺竹或是堆土圍城，而不是採用明清時期普遍的磚石築城。康熙五十六年（1717年）周鍾瑄任諸羅知縣，因諸羅縣城的木柵城年久傾壞，便植刺竹為城，出現臺灣第一座正式以刺竹為城牆的城〔註187〕。「林爽文事件」後，乾隆皇帝曾考慮將臺灣府、鳳山、諸羅、彰化和淡水廳五處城池全部改建為磚石城。但是戰事結束後，乾隆皇帝仍認為臺灣孤懸海外控制不易，在軍事和經濟雙重考慮下，乾隆時

〔註184〕《裨海紀遊》，卷下，臺灣文獻叢刊44種，臺灣銀行經濟研究室，第30頁。

〔註185〕《臺海使槎錄》，卷一，《赤嵌筆談‧城堡》，臺灣文獻叢刊4種，臺灣銀行經濟研究室，第18頁。

〔註186〕《重修臺灣府志》，卷二，《規制‧城池‧附考》，臺灣文獻叢刊105種，臺灣銀行經濟研究室，第59頁。

〔註187〕張志遠著：《臺灣的古城》，三聯書店，2009年，第12～13頁。

代仍然沒有出現磚石城。嘉慶九年（1804 年）至十四年的「蔡牽之亂」，讓
清政府意識到臺灣的富足已經漸漸吸引了海上盜匪的覬覦，「臺灣變亂，率
自內生」的觀念被打破。閩浙總督方維甸上嘉慶皇帝的奏摺內容亦表示：「蔡
牽滋擾時，府城、嘉義，均無重兵，賴有土城，始能固守；其鳳山、彰化、
淡水等處，因無城垣，屢次失事。是土城之足資捍禦，勝於莿竹，已可概見。」
〔註 188〕朝廷從「蔡牽之亂」認識到城池對地方治安的重要性，道光四年（1824
年）彰化縣城成為臺灣第一座磚石城。此後，鳳山、淡水和嘉義等處城牆，
也陸續在道光年間改為磚石城牆。

光緒年間，臺灣歷經牡丹社事件和中法戰爭等外國勢力的挑戰，清廷進
一步認識到臺灣地位的重要性，此後對臺灣的治理和建設由消極轉為積極。
清廷在臺灣陸續興建了臺南府城、嘉義縣城、鳳山縣城、恒春縣城、臺灣府
城、彰化縣城、雲林縣城、臺北府城、新竹縣城、宜蘭縣城、埔里社廳城、
澎湖廳城 12 座，而苗栗縣城、臺東直隸州、基隆廳城、南雅廳城未建〔註 189〕。
城垣的功能一方面是防止外部敵人的入侵，另一方面也是為了防範內部反抗
勢力，加強對社會的控制，城牆成為封建統治和城市的重要標誌之一。清代
臺灣盜賊、械鬥以及「番害」等各種「民變」事件不斷，治安不靖，城垣對
一個城市的發展起著拱衛的作用。同時，城垣也劃定了初期的城鎮範圍，成
為城區與周邊鄉村地區的界限。

古代中國的行政中心城市作為各級官員駐地，多建有衙署、文武廟以及
考棚等，有部隊駐防，是各個區域的政治、軍事和文化中心。清統一臺灣後，
臺灣置一府，設府治於臺南，同時臺廈道也駐府城，兼理提督學政、按察使
司事務。同時還設有海防總捕同知、經歷司經歷、臺灣府儒學教授等。康熙
三十三年（1694 年）高拱乾纂修的《臺灣府志》記載有當時的官制：

分巡臺廈道一員；臺灣府知府一員；海防總捕同知一員；經歷司經歷一
員；臺灣府儒學教授一員（額定取進文、武生各二十名）。

臺灣縣知縣一員；臺灣縣縣丞一員；臺灣縣典史一員；新港巡檢司巡檢
一員；澎湖巡檢司巡檢一員；臺灣縣儒學教諭一員（額定取進文、武生各十
二名）；鳳山縣知縣一員；鳳山縣典史一員；下淡水巡檢司巡檢一員；鳳山縣

〔註 188〕《彰化縣志》，卷十二，《藝文志》，臺灣文獻叢刊 156 種，臺灣銀行經濟研究
室，第 397 頁。

〔註 189〕連橫著：《臺灣通史》，卷十六，《城池志》，廣西人民出版社，2005 年，第 239
～244 頁。

儒學教諭一員（額定取進文、武生各十二名）；諸羅縣知縣一員；諸羅縣典史一員；佳里興巡檢司巡檢一員；諸羅縣儒學教諭一員（額定取進文、武生各十二名）〔註190〕。

後又添（改）設臺灣監察御史、分巡臺灣道等官職，對臺灣的各級行政管理日益健全。乾隆二十五年（1760 年）余文儀的《續修臺灣府志》記載當時的職官設置：

> 巡視臺灣監察御史滿、漢各一員，康熙六十年設。乾隆十七年定例，自後三年巡視一次，不必留駐。提督學政，舊係臺灣道兼攝。雍正五年，改歸漢御史兼理。乾隆十七年仍歸臺灣道兼攝。
>
> 分巡臺灣道一員，兼督船政。舊為臺廈兵備，雍正六年改。
>
> 知府一員，總匯四縣刑名、錢穀，兼支放兵餉、經理鹺政。
>
> 臺防同知一員，專司稽查鹿耳門海口，兼督臺、鳳、諸三縣捕務。淡水同知一員，雍正元年添設；稽查北路，兼督彰化捕務。雍正九年，割大甲溪以北刑名、錢穀悉歸管理。
>
> 澎湖通判一員，稽查船隻，管理錢穀。遇刑名事件，仍歸臺府審結。舊係巡檢所轄，雍正五年改設。
>
> 臺灣知縣一員，鳳山知縣一員，諸羅知縣一員；彰化知縣一員，雍正元年新設首領官吏一員，兼司獄務。
>
> 臺灣縣縣丞一員，雍正九年分駐羅漢內門，稽查地方。鳳山縣縣丞一員，雍正九年新設；分駐萬丹，稽查地方。諸羅縣縣丞一員，雍正九年新設；分駐笨港，稽查地方，兼查船隻。彰化縣縣丞一員，乾隆二十四年新設；分駐南投，稽查地方，兼查海豐、三林船隻。
>
> 鳳山縣淡水巡檢一員，稽查地方，兼查東港船隻。諸羅縣佳里興巡檢一員，分駐鹽水港，稽查地方，兼查船隻。諸羅縣斗六門巡檢一員，舊係臺灣新港巡檢，乾隆二十六年移駐。彰化縣鹿仔港巡檢一員，雍正九年新設；稽查地方，兼司獄務。淡水八里坌巡檢一員，雍正九年新設；稽查地方，兼查船隻。彰化縣貓霧巡檢一員，雍正九年新設；稽查地方。淡水竹塹巡檢一員，雍正九年新設。

〔註190〕《臺灣府志》，卷三，《秩官志‧官制》，臺灣文獻叢刊 65 種，臺灣銀行經濟研究室，第 53～54 頁。

臺灣縣典史一員，鳳山縣典史一員，諸羅縣典史一員；彰化縣典史一員，雍正九年新設。以上四員，俱隨堂司捕獄事務。

臺灣府學教授一員，訓導一員（雍正十一年添設）。臺灣縣學教諭一員，訓導一員（雍正十一年添設）。鳳山縣學教諭一員，訓導一員（雍正十一年添設）。諸羅縣學教諭一員，訓導一員（雍正十一年添設）。彰化縣學教諭一員，訓導一員（雍正十一年添設）〔註 191〕。

行政中心城市多位於區域的中心位置，資源較爲豐富，有著良好的區位優勢。隨著官僚行政機構和軍事力量和設施的增添，其安全保障、生活娛樂、教育等設施都超過周邊鄉村地區，吸引周邊人員、貨物往來交易，人口的聚集又反過來增加當地的消費和市場需求，刺激該地人口和經濟的增長，推動城鎮的成長和規模的擴大。如鳳山縣城因爲林爽文事件，由興隆莊移至下陂頭街，促進下陂頭街的繁華。到清朝末年，下陂頭街已發展出 15 處繁華的市街，其中仁壽街最爲繁華，「五方輻集，地極喧嘩，逐日爲市」。而鳳山縣舊縣城興隆莊卻只剩大道公街（即舊縣前街），「逐日爲市」〔註 192〕。廈門和鹿耳門的對渡貿易開放後，因鹿耳門是府城的出入港，兩岸人員、貨物和貿易往來多經此地，腹地更加廣闊，逐漸成爲臺灣的政治、軍事、文教以及經濟中心。清初時，府城已經出現了魚市、菜市和柴市等專門市場，出現 11 條市街〔註 193〕。乾隆六年（1741 年），府城又新增了 8 處市街，共有市街 19 處。乾隆二十七年（1762 年），府城臺南四坊的市街已發展到 45 處。道光年間，臺南城的市街超過了 80 處〔註 194〕。清代臺灣的行政中心城市，往往發展成爲臺灣各地的政治、軍事、經濟、教育與文化的中心，成爲臺灣近代城市的雛形。

二、城鎮規模不大但城鎮化程度相對較高

一般而言，在農業占主導地位的社會裏，受人口、資源、生產力和經濟

〔註 191〕《續修臺灣府志》，卷三，《職官·官制》，臺灣文獻叢刊 121 種，臺灣銀行經濟研究室，第 119～121 頁。

〔註 192〕《鳳山縣采訪冊》，《丁部·規制·街市》，臺灣文獻叢刊 73 種，臺灣銀行經濟研究室，第 136～137 頁。

〔註 193〕《臺灣府志》，卷二，《規制志·市鎮·臺灣縣》，臺灣文獻叢刊 65 種，臺灣銀行經濟研究室，第 47 頁。

〔註 194〕《臺灣采訪冊》，《臺邑街市》，臺灣文獻叢刊 55 種，臺灣銀行經濟研究室，第 16～17 頁。

發展等多種因素的影響，大多數城市腹地不廣闊，規模較小，無法同工業時代的城市數量和規模相提並論，清代臺灣的城鎮亦是如此。

清代臺灣因爲陸路交通的不便和河流的阻隔，使得每一個爲河流所分之地域，農產品的向外輸出，往往以人力肩挑或牛車裝載，或由沿岸小河港沿溪而下，向海岸的大港集中，再對岸貿易；反之，大陸物資的對內運輸、銷售，亦復如此〔註195〕。因而，各個地域往往以本地核心港口爲據點，聯結本地域內的中、小型港口及各自腹地，組成自己的腹地，與島內其它區域往來不多。

而清代兩岸間的定點對渡政策，無疑強化了市場區域分隔的趨勢。雍正九年（1731 年）開放鹿仔港、海豐港、三林港、勞施港、蓬山港、後龍港、中港、竹塹港及南崁港等作爲島內沿岸貿易點。但是，對於臺灣港口與大陸地區，或是與日本、南洋地區的貿易往來，則繼承明代「貢舶貿易」中對渡口岸的傳統，以特定口岸爲登陸地點，而採取限制政策〔註196〕。乾隆五十五年（1790 年），軍機大臣等議覆，閩浙總督覺羅伍拉納奏稱：

> 臺灣於鹿仔港設口、泉州於蚶江設口。其廈門向有白底□船，赴鹿仔港販運米石者亦必由蚶江掛驗，始准出口。海道既紆，風信尤須守候；是以躲船漸次歇業，漳、泉一帶遂至糧少價昂。請嗣後蚶江船仍由蚶江口掛驗外，至廈門躲船即准由廈門同知掛驗、經赴鹿仔港，並令興泉永道於牌照內加用關防驗放，毋庸遠赴蚶江：則商船既難偷渡，亦得便捷遄行。再，躲船比蚶江之單桅、雙桅船較大，配運官米亦得多載；請定每船載米六十石，穀倍之。如遭風失水，照例令原保行戶賠補。其餘廈門一切橫洋等船，仍止准對渡鹿耳門，毋許偷越鹿仔港。則海禁嚴密，而於民食、兵糈兩有裨益。從之。〔註197〕

市場區域分割、市街腹地狹小，無疑成爲港口市街發展的一大障礙。如位於臺灣東北一角的蘇澳港，「澳口即深水外洋。該澳內寬外窄，中有石礁鎖束，左爲北風澳，右爲南風澳，皆可避風湧（湧因風而起，其浪如山，舟多溺覆）。

〔註195〕陳正祥著：《臺灣地志》（上），敷明產業地理研究所，1960 年，第 60 頁。

〔註196〕林玉茹著：《清代臺灣港口的空間結構》，臺北知書房出版社，1996 年，第 71 頁。

〔註197〕《清高宗實錄選輯》，《選輯四》，《乾隆五十五年》，臺灣文獻叢刊 186 種，臺灣銀行經濟研究室，第 676 頁。

當春夏間，內地漁舟、小商艇亦有收泊於此者。相其口道，似較便於烏石港，然人煙未能稠密，諸船亦不甚往來也」〔註198〕。雞籠港是臺灣島上的優良海港。在康熙末年以前漢人聚居不多，道光年間雞籠已發展成為淡水廳的大港，然「惟三面叢山峻嶺，土產無出，故無大行商，不能設口」〔註199〕，而且「周圍不過三十里，終年風雨，瘴毒橫生」〔註200〕，以致該港發展受限。相反腹地稍廣、交通條件便利的城鎮，則發展較快。如臺灣府城與鹿耳門結合，腹地相對廣闊，不但大陸和本島商人往來其間開展貿易，鄰近地區往來城內交易的居民也絡繹不絕，「春夏之交，商人、舟子，漁戶、農民，赴城市購物者，日且千數百人」〔註201〕，臺南始終是清代繁華的中心城鎮。

臺南歷史上開發較早，物產豐富，居民富裕，「臺郡獨似富庶，市中百物價倍，購者無吝色，貿易之肆，期約不愆；傭人計日百錢，趨不應召；屠兒牧豎，腰纏常數十金，每遇撙蒱，浪棄一擲間，意不甚惜」〔註202〕。清初設府治於臺南，諸羅縣、鳳山縣衙署均寄寓府城，「至若諸羅、鳳山二邑，各有疆域，捨己邑不居，而寄居郡治臺邑之地，若僑寓然」〔註203〕，臺南城內行政機構、行政人員集聚。而且清初僅開放鹿耳門一口對渡廈門，兩岸往來必須經過廈門和鹿耳門口，所有進出口貨物的交易與集散基本上也是在府城進行，「鹿耳門港，自廈至臺大商船及臺屬小商船，往諸、彰、淡水貿易，俱由此出入」〔註204〕，故有「鹿耳門係全臺出入咽喉重地」〔註205〕之稱。據1715年訪問過臺灣的外國人所記，「被稱為臺灣府的首府，以人口稠密、道路優美與貿易發達見稱，……凡是人們所歡喜的任何東西都可以在那

〔註198〕《噶瑪蘭志略》，卷四，《海防志·澳》，臺灣文獻叢刊92種，臺灣銀行經濟研究室，第33頁。

〔註199〕《中復堂選集》，《東溟文後集卷四·臺灣十七口設防圖說狀》，臺灣文獻叢刊83種，第83頁。

〔註200〕《劉壯肅公奏議》，卷九，《賢略》，臺灣文獻叢刊27種，臺灣銀行經濟研究室，第375頁。

〔註201〕《臺灣南部碑文集成》，《甲、記（下）·安平第一橋碑記》，臺灣文獻叢刊218種，臺灣銀行經濟研究室，第350頁。

〔註202〕《裨海紀遊》，卷下，臺灣文獻叢刊44種，臺灣銀行經濟研究室，第30頁。

〔註203〕《裨海紀遊》，卷下，臺灣文獻叢刊44種，臺灣銀行經濟研究室，第30頁。

〔註204〕《重修臺灣府志》卷二，《規制·海防》，臺灣文獻叢刊105種，臺灣銀行經濟研究室，第89頁。

〔註205〕《臺案彙錄丙集》，卷七，《七七·閩浙總督郝玉麒揭帖》，臺灣文獻叢刊176種，臺灣銀行經濟研究室，第231頁。

裏買到」，並說「各街兩旁幾乎全是商店，很像樣地羅列著絲織品、陶磁器、漆器及其它商品，中國人長於此道」〔註206〕。到乾隆初年，府城更加繁華，「附郭內外，多煙寺花潭，商賈交易，成燈街夜市。民物豐盈，光景富麗，他邑鮮有及者」〔註207〕。城內「市井繁盛，百貨雲集。行鋪俱掛燈爲額，大書字號於上，黃昏燃燭，光同白晝。市中交易，皆用番銀，係紅毛、呂宋各處所鑄銀餅」〔註208〕。當時的臺南府城成爲全島的商務中心，各種貨物的集散地，是臺灣最爲富庶的城鎮。

到光緒二十五年（1899 年）臺灣主要市街 54 個，尚無十萬人口以上的都市，臺南府城總人口不足 5 萬，而北部的艋舺和大稻埕，也只是 6 萬而已。其中總人口 1 萬人口以上的市街 8 處，占市街總數的 14.8%；總人口 5 千到 1 萬的市街 11 處，占總數的 20.4%；總人口 3 千至 4 千者 9 處，占市街總數的 16.7%；總人口 2 千者 11 處，占市街總數的 20.4%；總人口 1 千者 8 處，占市街總數的 14.8%；總人口 1 千以下者 7 處，占市街總數的 13.0%。總人口 4 千以下的市街有 35 處，占市街總數的 64.8%，將近 2/3。可見，城鎮規模總體上較小。不過當時臺灣的人口總量還不到三百萬，也應是其城鎮規模不大的重要原因之一。

根據下表 3.6-1 計算，1899 年臺灣 2000 人以上的市街人口爲 318944 人，占全部總人口 2825000 人的 11.29%〔註209〕。1893 年中國大陸人口爲 2000 人以上中心地的城市化比率均值爲 6.0%，其中長江下游爲 10.6%、嶺南 8.7%、東南沿海 6.4%、西北 5.4%、長江中游 5.2%、華北 4.8%、長江上游 4.7%、雲貴 4.5%〔註210〕。可見，清末臺灣的城市化率實際上明顯高於同期大陸的水平。這應該與臺灣擁有較多的小城鎮及其經濟結構的商品經濟特性密切相關。

〔註206〕Mailla：《臺灣訪問記》，載《臺灣經濟史五集》，臺灣銀行經濟研究室，第 125～126 頁。

〔註207〕尹士俍纂修：《臺灣志略》，李祖基點校，上卷，《全郡形勢》，九州出版社，2003 年版，第 4 頁。

〔註208〕尹士俍纂修：《臺灣志略》，李祖基點校，中卷，《民風土俗》，九州出版社，2003 年版，第 43～44 頁。

〔註209〕李瑞麟：《臺灣都市之形成與發展》，《臺灣銀行季刊》，第二十四卷第三期，1973 年，第 8 頁。

〔註210〕施堅雅主編，《中華帝國晚期的城市》，葉光庭等譯，中華書局，2000 年，第 260 頁。

表 3.6-1：光緒二十五年（1899 年）臺灣主要市街人口

類　　別	市街名稱	本省人	日本人	總人口數
1 萬以上者 8 處	大稻埕	31715	1555	33270
	艋舺	20315	3239	23554
	臺南市街	42455	3031	45486
	鹿港街	18215	116	18331
	嘉義市街	17135	711	17846
	新竹街	16174	1005	17179
	宜蘭城內	12223	535	12758
	彰化街	12962	448	13410
占市街總數%		14.8		
5 千到 1 萬 12 處	朴子腳街	7887	58	7945
	基隆市	7026	2342	9368
	東港街	6995	77	7072
	北港街	6911	69	6980
	鹽水港街	6487	77	6564
	鳳山城內	6311	335	6646
	滬尾街	5504	646	6150
	臺北城內	795	6772	7567
	北斗街	5566	226	5792
	新莊街	5415	55	5470
	安平街	4988	193	5181
	臺中城內	3112	1908	5020
占市街總數%		20.4		
3 千至 4 千者，8 處	葫蘆墩街	4655	76	4731
	大料崁街	3592	652	4244
	梧棲街	3460	12	3472
	林杞埔街	3325	47	3372
	後壟街	3134	10	3144
	羅東街	3086	86	3172
	打狗街	3069	407	3476
	大甲街	3027	29	3056
占市街總數%		16.7		

	錫口街	2913	29	2942
	士林街	2888	24	2912
	馬公城內	2725	555	3280
	番挖街	2670	10	2680
	苗栗街	2634	296	2930
人口 2 千者，11 處	員林街	2426	21	2447
	斗六街	2346	433	2779
	牛馬頭街	2216	25	2241
	東勢角街	2180	25	2205
	大龍洞街	2122	13	2135
	頭圍街	2053	84	2137
占市街總數%	20.4			
	北埔街	1402	18	1420
	埔里社街	1374	134	1508
	新港街	1254	15	1269
	樹杞林街	1252	57	1309
人口 1 千者，8 處	新店街	1105	26	1131
	景尾街	951	59	1010
	恒春街	888	183	1071
	卑南	847	394	1241
占市街總數%	14.8			
	深坑街	772	21	793
	大安街	623	7	630
	九芎林街	609	5	614
人口 1 千以下者，7 處	舊街（竹北）	559	13	572
	塗葛堀街	554	59	613
	花蓮港街	475	30	505
	蘇澳港	423	47	470
占市街總數%	13.0			

資料來源：《臺灣省通志》，卷二，《人民志・人口篇》，臺灣省文獻委員會，1972 年，
　　　　第 145～146 頁，整理。

三、港口城鎮與行政中心城鎮鼎立

清代臺灣是一個移民開發爲主的社會，當時陸路交通不便，水運比陸運優越。移民渡臺、臺灣土特產品的輸出、日用必需品的輸入均依賴港口，因而臺灣當時眾多的港口是當時其城鎮體系一個重要組成部分，富田芳郎更認爲港口市鎮是臺灣城鎮的起源〔註211〕。清代臺灣陸路交通不便，其人員、貨物的往來多從其要抵達的鄰近港口出入，因而逐漸形成其行政型城鎮與港口城鎮互相對應的特色。如高雄——鳳山、安平——臺南、東石——嘉義、鹿港——彰化、舊港——新竹、基隆（淡水）——臺北等，正因爲臺灣南部的行政型城市臺南與安平互爲表裏、合而爲一，臺南發展得十分繁華，且城市規模較大〔註212〕。開港通商和大稻埕的興起推動了臺北的發展，光緒元年（1875年）設臺北府治於臺北，建省後臺灣巡撫衙門亦設於臺北，而且巡撫劉銘傳在臺北實施了一系列近代化建設，臺北遂取代臺南成爲首要行政都市。

從表3.6-1可以看出，當時港口城鎮的地位舉足輕重，甚至可以與行政中心型城鎮相抗衡。從當時的市街人口看，彰化縣的鹿港多於縣治所在地彰化城；鳳山縣的東港多於縣治所在地鳳山；雲林縣的北港多於縣治所在地斗六；苗栗縣的後壟多於縣治所在地苗栗。人口1萬以上的臺北、臺南、鹿港、嘉義、新竹、彰化、宜蘭7個城市，僅鹿港爲港口城市，其它6個皆爲行政中心城市。而人口在5千至1萬的城市，朴子、基隆、東港、北港、鹽水、鳳山、北斗、滬尾、新莊9個，僅基隆、鳳山、北斗3個爲行政城市，其餘6個則爲河港或海港。

臺灣河流大多河身短、坡度大、枯水期水量小，不適於航行。而暴雨或颱風時往往流速迅急，常成水患。另一方面，移民入臺灣，一般先開闢肥沃平原，一旦平原開盡，遂轉向丘陵地帶，其後又漸及山麓地帶。由於開墾山麓及山地，原有森林多被砍伐〔註213〕，植被遭到破壞，更易引起河流泛濫，造成河流含沙量高，砂石在出海處堆積，或由沿岸流帶至附近海岸，導致西

〔註211〕富田芳郎：《臺灣鄉鎮之研究》，《臺灣銀行季刊》，1955年，七卷三期，第102頁。

〔註212〕戴寶村：《近代臺灣港口市鎮之發展——清末至日據時期》，臺灣師範大學歷史研究所博士論文，1988年，第48頁。

〔註213〕《臺灣省通志》，卷二，《人民志・人口篇》，臺灣省文獻委員會，1972年，第125～126頁。

海岸許多海港淤塞，逐漸喪失其港口功能。如鹿港是中部最著名的老港口，早期鹿港港灣深闊，與大陸泉州地區對渡直航，因位於臺灣中部，廣大的彰化平原為其市場腹地，曾是交通、貿易的中樞。然而，因後來河口、海岸地理變遷劇烈，鹿港一再更換港口。臺灣中部的濁水溪有三支分流：即虎尾溪、西螺溪、東螺溪。周鍾瑄的《諸羅縣志》之外紀記載，「東螺溪分自虎尾牛相觸，與虎尾、西螺迭為消長，……大抵沙土遷決無常，故此盈彼涸，俱不可定。線頭昔為大澳，舟出外洋，於此候風；鹿仔港、臺仔挖，舊可泊巨艦，今俱沙壅……滄海桑田，理或然也」〔註214〕。因溪流泥沙的衝擊，至咸豐年間另設新港，即現在的鹿港。臺灣北部淡水河上游的大溪，乾隆時期尚可以乘河舟順流而下，經過下游的三峽、板橋、新莊、艋舺、大稻埕，至達河口的淡水港，再與大陸東南沿海各港口貿易。然而其後大型船隻的通航線路越來越短：

> 航海之大型戎克船，以新莊為終點，在此轉可載重二千斤之河舟，溯航大溪。大溪在同治、光緒年間最為繁榮，每日有兩三百河舟往來。乾隆年間，戎克船尚可溯航到新莊；後因河川逐漸淤淺，至嘉慶末年時，僅能到達新莊下游之艋舺；降至同治末年，則只能到更下游之大稻埕矣〔註215〕。

清末人口1萬以上的7個城市，僅鹿港為港口城市，其它6個皆為行政中心城市，這在某種程度上也反映出行政型城市功能的增強，「河海港在初期的優勢地位有逐漸被地方政經中心取代的迹象，是整個清朝都市體系變遷的特色之一，但要等到日治時期才完全確立」〔註216〕。

〔註214〕《諸羅縣志》，卷十二，《雜記志·外紀》，臺灣文獻叢刊141種，臺灣銀行經濟研究室，第286～287頁。
〔註215〕《臺灣省通志》，卷二，《人民志·人口篇》，臺灣省文獻委員會，1972年，第126頁。
〔註216〕蔡勇美、章英華主編：《臺灣的都市社會》，巨流圖書公司，1997年，第43頁。

第四章　日據時期臺灣城鎮體系的發展

　　日本是一個島嶼國家，平原面積狹小，耕地有限，資源不多，國內市場狹小，工業原料缺乏。但是，經過明治維新之後，日本「脫亞入歐」，邁入近代化國家之列，成為東亞最富強的國家，向外擴張的意圖愈加強烈，臺灣成為其「南進」的首要目標。甲午戰爭後簽訂的《馬關條約》，中國被迫將臺灣、澎湖割讓給日本。此後至臺灣光復長達半個世紀的時間，臺灣一直在日本帝國主義的統治下，臺灣城鎮的職能、空間佈局、等級體系等發生了一些變化，而且這些城鎮處處體現著濃厚的殖民意識和色彩。

第一節　日據時期臺灣城鎮體系的職能組合結構

　　日本佔據臺灣後，「殖民權力要求這個國家變得可以翻閱，就像本書一樣」〔註1〕。為了能夠更快速、更有效地掌握殖民地的一切信息，構建對臺灣的一個清晰、準確、有條理的知識體系而便於殖民者隨意翻閱，日本在臺灣實施了「基礎工程」建設，完成對人口、土地、山林的調查，修建鐵路、公路，驅逐英美等國資本，建立對應於日本的貨幣、金融及度量衡制度，實施都市計劃等。這一系列建設項目的實施，對城鎮的發展產生重大影響。

一、行政中心城鎮

　　日本割占臺灣後，全臺抗日義軍蜂擁而起，日本接管艱難，其地方行政

〔註1〕轉引自陳其澎：《「框架」臺灣：日治時期殖民現代性的研究》，文化研究學會2003年年會論文，第3頁。

區的劃分，也變動不定、混亂分歧。從《重修臺灣省通志》卷七中可以大致看出其行政建置的沿革以及其行政城鎮的變遷。

　　日本殖民者佔據臺灣後的很長一段時間，臺灣的行政區劃一直是變動頻繁，歷經三縣一廳、一縣二民政支部一廳、三縣一廳、六縣一廳、三縣四廳、二十廳、十二廳，直至 1920 年改革地方行政官制後，其行政區劃才基本穩定下來。鑒於此，本書把 1920 年前的行政區劃變遷僅作簡略介紹。

　　光緒二十一年（1895 年）參酌清代之制，設三縣一廳，臺北府改爲臺北縣，臺灣府改爲臺灣縣，臺南府及臺東直隸廳合併改爲臺南縣。另設澎湖島廳，縣下設支廳。但是此「地方官制」，當時除臺北縣之外，中南東部及澎湖等地區均未能付諸實施。

　　光緒二十一年（1895 年）全臺又改設爲一縣、二民政支部、一廳，縣下仍置支廳，民政支部下設「出張所」。即臺北縣，縣下設基隆、宜蘭、新竹、淡水支廳；臺灣民政支部，支部下初設嘉義、彰化、雲林、苗栗、埔里社出張所；臺南民政支部，支部下初設安平、鳳山、恒春、臺東出張所。

　　光緒二十二年（1896 年），恢復三縣一廳，縣下仍設支廳。即臺北縣，縣下設淡水、基隆、宜蘭、新竹支廳；臺中縣，縣下設苗栗、鹿港、雲林、埔里社支廳；臺南縣，縣下設嘉義、鳳山、恒春、臺東支廳；澎湖島廳。原來的臺灣縣改爲臺中縣，臺灣正式產生了「臺中」地名。

　　光緒二十三年（1897 年）將原有三縣一廳改爲六縣三廳。即臺北、新竹、臺中、嘉義、臺南、鳳山六縣及宜蘭、臺東、澎湖等三廳。廢原有支廳，在縣、廳之下設辨務署（注「辦」字日人做「辨」字）〔註2〕。

　　光緒二十四年（1898 年），原有六縣三廳縮並爲三縣三廳，即臺北、臺中、臺南三縣及宜蘭、臺東、澎湖三廳，並在臺北、臺中、臺南三縣及宜蘭廳下設置辨務署，臺東、澎湖二廳則改設「出張所」（即辦事處），辨務署之下設辨務支廳。光緒二十七年（1901 年）裁撤臺南縣下的恒春辨務署，增設恒春廳，形成日據時期「三縣四廳」的行政空間格局。

　　光緒二十七年（1901 年）後，又廢縣及辨務署，設廳，廳下設支廳，改爲廳、支廳二級制度，形成總督府極端集權制度。全島設二十廳，即臺北廳、基隆廳、深坑廳、宜蘭廳、桃仔園廳、新竹廳、苗栗廳、臺中廳、彰化廳、

〔註2〕《重修臺灣省通志》，卷七，《政治志・建置・沿革篇》，臺灣省文獻委員會，1991 年，第 167 頁。

南投廳、斗六廳、嘉義廳、鹽水港廳、臺南廳、蕃薯寮廳、鳳山廳、阿猴廳、恒春廳、臺東廳、澎湖廳。

　　光緒三十二年（1906 年）日陸軍大將佐久間佐馬太繼任第五任總督後，將原有二十廳合為十二廳，仍在廳下設支廳，即臺北廳、宜蘭廳、桃園廳、新竹廳、臺中廳、南投廳、嘉義廳、臺南廳、阿猴廳、臺東廳、花蓮港廳、澎湖廳。

　　1919 年，臺灣首任文官總督田健次郎上任。田健次郎採用同化政策，把文武各官分立，普通行政與警察分開，致力地方自治，更改地方行政制度，此目的「企圖適合其統治方針之推行與重要政務之實施；而此外尚有目的，乃以更遠大之理想，確定關於國家組織之永久基礎。蓋國家之組織，由於下級公共團體即市街莊及上級公共團體即州之健全發達，是為自治制之真正意義。故此次制定之州制、市制、街莊制，先對地方公共團體附與自營公共事業之權能，使人民漸為涵養其對公共事業之公義的責任觀念，以確定到達地方自治真境之基礎」〔註3〕。1920 年，制定公佈《臺灣總督府地方官官制》，改革地方行政制度，提高地方官的權限。廢廳設州，廢支廳改置郡市，廢區、堡、里、澳、鄉改設街、莊。州下設郡、市；廳下設支廳；郡下設街、莊；支廳下設區，此外不設街、莊、區的地區則置社，屬郡或支廳管轄。全臺灣分五州（臺北、新竹、臺中、臺南、高雄）二廳（臺東廳、花蓮港廳）、四十七郡、三市、五支廳，二百六十三街、莊，十八區。這次地方行政制度的改革提高了地方官的地位，擴大了其權限；廢支廳而設郡市，置郡守、市尹。此次地方行政體制改革是臺灣在行政區劃之中實行「市」這一行政建制的開始，從此臺灣有了市的建制。此次行政體制改革在臺灣行政區劃變遷史上較為重要，故詳述如下：

臺北州：下轄臺北市與七星、淡水、基隆、宜蘭、羅東、蘇澳、文山、海山、新莊等九個郡，1924 年基隆街升格為基隆市。1940 年宜蘭街升格為宜蘭市。

新竹州：下轄新竹、中壢、桃園、大溪、竹東、竹南、苗栗、大湖等八個郡。1930 年新竹街升格為新竹市。

臺中州：下轄臺中市與大屯、豐原、東勢、大甲、彰化、員林、北斗、

〔註3〕《重修臺灣省通志》，卷七，《政治志・建置・沿革篇》，臺灣省文獻委員會，1991 年，第 285 頁。

南投、新高、能高、竹山等十一個郡。1933 年彰化街升格為彰
化市。

臺南州：下轄臺南市與新豐、新化、曾文、北門、新營、嘉義、斗六、
虎尾、北港、東石等十個郡。1930 年嘉義街升格為嘉義市。

高雄州：下轄高雄、岡山、鳳山、旗山、屏東、潮州、東港、恒春、澎
湖等九個郡。1924 年高雄街升格為高雄市，1933 年屏東街升格
為屏東市。

臺東廳：下轄臺東、新港、大武等三個支廳。1923 年再增設里壠支廳。
1937 年廢止支廳制，改轄臺東、關山、新港等三郡。

花蓮港廳：下轄花蓮、玉里、研海等三個支廳。1928 年增設鳳林支廳。
1937 年廢止支廳制，改轄花蓮、鳳林、玉里等三郡。1940 年
花蓮港街升格為花蓮港市。

1945 年日本戰敗投降時，臺灣行政區域共有 5 州、3 廳、11 州轄市、51
郡、2 支廳、67 街、197 莊，其間「近二十年的州——郡——街莊三級制是
臺灣史上最複雜的一次地方行政劃分。往後的國民政府雖然有計劃重新調
整，但是事後仍維持原狀。因此這個時期的『街莊』空間範圍大致等同於國
民政府時期的『鄉鎮』，除了幾個重要的都市有向外擴張的迹象，國民政府
時期的『縣』大致介於日本時期的『州』與『郡』之間，這是兩個不同時期
的地方行政空間差異」〔註4〕。

臺灣 1920 年的行政體制改革，還涉及到臺灣地名的變化，如「臺北市的
錫口改為松山，臺北縣枋橋改為板橋，嘉義縣的朴仔腳改為朴子，臺南縣店
仔口改為白河，高雄市的打狗改為高雄、彌濃改為美濃，位於澎湖縣的媽宮
改為馬公等等」〔註5〕。這些變更的地名在光復後仍然沿用。

表 4.1-1：日據時期臺灣行政區域建置沿革

時 間		區 域 建 置
軍政時期	1895.6 三縣一廳	臺北縣、臺灣縣、臺南縣、澎湖島廳
	1895.8 一縣二民政支部一廳	臺北縣、臺灣民政支部、臺南民政支部、澎湖島廳

〔註 4〕施雅軒著：《臺灣的行政區變遷》，遠足文化，2003 年，第 121 頁。
〔註 5〕施雅軒著：《臺灣的行政區變遷》，遠足文化，2003 年，第 121 頁。

	1896	三縣一廳	臺北縣、臺中縣、臺南縣、澎湖島廳
	1897	六縣三廳	臺北縣、宜蘭廳、新竹縣、臺中縣、嘉義縣、臺南縣、鳳山縣、臺東廳、澎湖廳
	1898	三縣四廳	臺北縣、宜蘭廳、臺中縣、臺南縣、恒春廳（1901.5 增設）、臺東廳、澎湖廳
民政時期	1901	二十廳	臺北廳、基隆廳、深坑廳、宜蘭廳、桃仔園廳、新竹廳、苗栗廳、臺中廳、彰化廳、南投廳、斗六廳、嘉義廳、鹽水港廳、臺南廳、蕃薯藔廳、鳳山廳、阿猴廳、恒春廳、臺東廳、澎湖廳
	1909	十二廳	臺北廳、宜蘭廳、桃園廳、新竹廳、臺中廳、南投廳、嘉義廳、臺南廳、阿猴廳、臺東廳、花蓮港廳、澎湖廳
	1920	五州二廳	臺北州、新竹州、臺中州、臺南州、高雄州、臺東廳、花蓮港廳
	1926	五州三廳	臺北州、新竹州、臺中州、臺南州、高雄州、臺東廳、花蓮港廳、澎湖廳

資料來源：《重修臺灣省通志》，卷七，《政治志・建置・沿革篇》，臺灣省文獻委員會，1991 年，第 535 頁。

由此可見，日據時期臺灣行政區劃在前半期基本上是變動不定，直到1920 年實施 5 州 2 廳以後，行政區劃才比較穩定。到 1945 年，臺灣的行政中心城鎮有臺北、基隆、宜蘭、新竹、臺中、彰化、臺南、嘉義、高雄、屏東、花蓮港 11 個州轄市，汐止、士林、北投、淡水、瑞芳、羅東、蘇澳、新店、板橋、樹林、公館後、新莊等 67 個街。在這些行政中心城鎮中，有的發展十分迅速，如臺北作爲殖民地的首府所在地，到 1944 年已經發展爲人口高達 401497 人的大都市〔註6〕。

二、交通城鎮

鑒於清代臺灣陸路交通的不便，日本殖民者佔據臺灣後，爲了強化治安、開發臺灣經濟、掠奪資源，獨佔殖民地市場，特別強調把鐵路建設、道路開鑿作爲經營臺灣島的一大要素：

　　臺灣島之經營上，應行新設者固有多端，但軍事上目前最急要設施者，爲鐵路及道路之築設。本島道路之不良實甚，連絡首要之

〔註6〕《臺北市志》，卷四，《社會志・人口篇》，臺北市文獻委員會，1988 年，第17 頁。

市府間，道路亦爲狹窄且屬破損，河川亦無橋梁者爲多，其它之小路則爲獸徑樵路而已，至若行軍及兵站之業則殊爲困難，港灣亦乏良好者，加上一年之中大半爲恒信風所激蕩之處，不能認爲交通有何便利，又土民就未脫離蠻風，且稱爲客家人者剽悍酷薄，動輒結黨企亂，此輩縱令一旦平定，需要若干年間部署眾多之軍隊，於全島監視之下，使其無非分願望爲緊要。然因交通不便之故，彼此支持不便，有失機之憂。何況屯兵之要領對外敵之防備，完全要交通方便兵運敏捷，故對於內外之防衛上，鐵路、道路之開設，一日不可猶豫，因此，自基隆經臺北、臺中、臺南至打狗約二百哩之鐵路鋪設，及五條之道路開發，於全島略告鎮壓成功時即請著手開辦。〔註7〕

此後，殖民者開始在臺灣進行道路建設、港口修築，以實現其「百年大計之事」〔註8〕。

（一）道路建設

1．鐵　路

殖民者認爲交通建設是殖民地經營的根本條件。交通的便捷，有助於維護社會秩序，以及產業經濟的開發與溝通。在臺灣道路網尚未建立以前，鐵道修築便成爲交通建設的重點之一。

一般而言，日據時期臺灣鐵路分爲國有鐵路與私設鐵路，其中私設鐵路是一些株式會社開闢的糖業、鹽業或林業等產業鐵路，是爲便於搬運甘蔗等貨物所鋪設的專用線，日俄戰爭後臺灣私有鐵道累年增加。周憲文在《臺灣經濟史》中把日據時代臺灣的鐵路分爲四類：公營鐵路，是臺灣總督府經營的鐵路，這是最主要的；私營鐵路，是各事業會社所經營的鐵路，這種鐵路除供會社本身的使用以外，也兼營貨運輸；林業專用鐵路，仍與上述私營鐵路一樣，兼營客貨運輸，只因當年的林業鐵路，亦屬公營性質，故自成一類；私設軌道，通稱輕便鐵路〔註9〕。不過總體而言，在客貨運輸方面，私設鐵路遠不及國有鐵路，因此日據時期臺灣陸上交通運輸仍以國有鐵路爲主，臺灣的鐵路就是以官營鐵路爲主幹，再加上私設鐵路，構成了綿密的鐵路網絡。本書鐵路運輸的探討主要以國有鐵路爲主。

〔註7〕 江慶林譯：《臺灣鐵路史》（上卷），臺灣省文獻委員會，1990年，第79頁。
〔註8〕 江慶林譯：《臺灣鐵路史》（上卷），臺灣省文獻委員會，1990年，第79頁。
〔註9〕 周憲文著：《臺灣經濟史》，臺灣開明書店，1980年，第828頁。

　　日本殖民者首先修復了已經中斷多日基隆到臺北的鐵路，並籌劃實施臺灣全島大鐵路的建設。到 1908 年，臺灣南北縱貫鐵路開通，臺灣經濟自此不再完全依賴水路運輸，「縱貫鐵道係臺灣最重要最基本之大幹線，蓋以後各鐵道均爲此線之延長」〔註 10〕。繼縱貫鐵路後，又完成的主要鐵道有潮州線、臺東線、宜蘭線、臺中線、集集線、羅東線等。日俄戰爭後，臺灣私有鐵路的建設也有所增加。

　　至 1942 年臺灣計有公有鐵道 1795 公里，私有鐵道 816 公里及臺車軌道 962 公里，合計爲 3613 公里。如以鐵道長度對面積之比例而言，則臺灣每百方公里有鐵道 10 公里，較美國、蘇聯、日本等國之密度猶大，僅次於比、德、英、法諸邦。如對人口比例而言，則臺灣每萬人可得鐵道 5.5 公里，較中國內地（0.4）及日本（3.2）均高〔註 11〕，鐵路成爲南北向交通的主動脈，極大地影響了全臺貿易網絡與主要城鎮的發展成長。

表 4.1-2：日據時期臺灣的主要公有鐵路

路　　線	區　　間		里程（公里）
	起　　點	迄　　點	
縱貫線	基隆	高雄	408.5
宜蘭線	基隆	蘇澳	98.7
平溪線	三貂嶺	菁銅坑	12.9
淡水線	臺北	淡水	21.2
臺中線	竹南	追分	91.4
臺東線	花蓮港	臺東	175.9
集集線	二水	外車埕	29.7
屏東線	高雄港	臺東	62.9
縱貫線複線	基隆	竹南	125.7
	基隆	八堵	3.8
	臺南	高雄	46.5
阿里山線	嘉義阿里山間	－	71.9
阿里山支線	阿里山新高口間	－	10.7

〔註 10〕 宋家泰編著：《臺灣地理》，正中書局，1946 年，第 91 頁。
〔註 11〕 宋家泰編著：《臺灣地理》，正中書局，1946 年，第 91～92 頁。

太平山線	羅東土場間	－	37.3
八仙山線	土牛佳保臺間	－	45.3

資料來源：《重修臺灣省通志》卷四，《經濟志・交通篇》，臺灣省文獻委員會，1993年，第 295～300 頁。

2・公　路

日人據臺後，爲掠奪資源，非常重視番地開發，正如當時民政局長水野遵所說：「若要在山地興起事業，首先要番民服從我政府……要使番民服從者，除用武力外，同時要施以撫育政策」，強調「樟腦之製造，山林之經營，林業之開闢，農產之增值，礦山之開發，內地人之移住，無不與番地有關」〔註 12〕。日本殖民者爲改善臺灣東西間的交通、番地的開發與溝通，積極開鑿和建設山地道路，修築了一批在臺灣公路建設史上較有名的山地公路。

光緒二十一年（1895 年）日本佔據臺灣後，爲強化其軍事控制和軍事交通的便捷，利用兵工趕築道路，其第一步修築南北縱貫道路。到光緒二十二年（1896）三月，開鑿完成了臺中——臺南、臺南——安平、臺南——旗山、鳳山——高雄、鳳山——東港、臺中——埔里等道路，長約 428 公里。光緒二十二、三年（1896、1897 年）間，完成基隆——蘇澳、基隆——臺北、臺北——新店、臺北——淡水、北投——溫泉場、新竹——臺中、東港——恒春、枋寮——臺東等道路，長約 920 公里。1900 年以後又改築及開鑿了其他道路 12000 公里。但是當時所築公路大部分較爲狹窄，坡度陡峻，橋梁簡易。「在光緒 31 年（1905 年）前之道路設施，係就軍事及政治著眼；迨後軍事及政治、經濟趨於穩定時，乃轉而趨向經濟搾取之途徑進行」〔註 13〕。1905年以後，殖民者開始制定道路、道路設備準則，並強制人民「獻工」、「獻地」及增課戶稅，作爲築路的財源。此後，臺灣各地道路規格日趨統一，建設速度亦逐步加快。日本殖民者佔據臺灣初期道路建設基本是以臺灣南部爲中心，再逐漸推廣至中部，而後至北部，與當時政治、經濟發展情況大致相符合。

〔註 12〕洪敏麟主編：《日治據臺初期主要檔案》，轉引吳坤季：《帝國符碼與殖民地策略——臺灣日日新報圖像內容分析》，臺北教育大學碩士論文，2010 年，第 67 頁。

〔註 13〕《重修臺灣省通志》，卷四，《經濟志・交通篇》，臺灣省文獻委員會，1993年，第 44 頁。

表 4.1-3：日據時期臺灣的主要公路

路　　線	區　　間		里程（公里）	附　　注
	起點	迄點		
縱貫公路	基隆	屏東	425	臺灣西部道路之主要幹線
蘇花公路	蘇澳	花蓮	119.9	臺灣西部與東部連絡之孔道
新店礁溪公路	新店	礁溪	63	環島公路重要之一環
南迴公路	高雄	臺東	－	本島南部連絡東西部之幹線
能高山道	埔里	初音	90.3	聯絡臺中及花蓮港間之最捷交通線
八通關山道	竹山莊	玉里	166	臺灣中部最重要之東西聯絡線
新高山道	阿里山	玉里	134	臺南州至臺灣東部之唯一橫斷線
浸水營山道	枋寮	大武	55.3	中央山脈最南端之橫斷道路，亦臺灣南端最短捷且最重要之山道
臺東屏東山道	大南	大僚	89	高雄州中部至臺東州中部橫斷中央山脈之山道
關山山道	新武呂	貝碧	44	高雄州北部至臺東州北部橫斷中央山脈之山道

注：1. 公路資料來源於《重修臺灣省通志》卷四，《經濟志・交通篇》，臺灣省文獻委員會，1993 年，第 45 頁。

　　2. 山道資料來源於宋家泰編著：《臺灣地理》，上海正中書局，1946 年版，第 101～104 頁。

　　臺灣公路的開闢，尤其是聯繫臺灣東部與西部道路的修通，縮短了東西部之間的聯繫，促進了東部地區的開發。如殖民政府在宜蘭興建羅東與蘇澳間的輕便鐵路，將蘇花徒步古道拓寬為公路，可暢行汽車等。至 1945 年日本投降時，全島已完成的公路幹線及支線連同鄉村道路，共計總里程達 17170.53 公里〔註 14〕。

3・道路建設對城鎮發展的影響

　　日據時期臺灣島內的交通以縱貫鐵路為基礎，聯結南北兩端港口，並以私設鐵道與輕便軌道深入臺灣西部平原與山區，再加上公路的開闢修築，基本上形成了緊密的陸路交通網絡。陸路交通的網絡化，極大地改變了臺灣城鎮的區域佈局形式。

〔註14〕《重修臺灣省通志》，卷四，《經濟志・交通篇》，臺灣省文獻委員會，1993 年，第 46 頁。

其一，改變了臺灣原有港口城鎮的區域貿易形態。清代臺灣各區域內聚落間的貿易形態，一般是從內陸運送到沿海港口，再與大陸進行交易。日本殖民者侵佔臺灣後，南北鐵路貫通，貿易節點逐步由西部沿海港口城鎮轉移到鐵路沿線車站，再往運送至基隆、高雄港輸出。交通網絡的形成，改變臺灣原來港口城鎮之間相對封閉的區域貿易形態。

其二，催生了交通沿線城鎮的出現和發展。隨著交通線路的增加，交通沿線新設站點增多，催生了一些交通節點城鎮的興起和發展。如臺灣西部的竹南，原名角店莊，就是因 1902 年縱貫鐵路在此設站而快速發展的。1905年，縱貫鐵路由豐原修築到臺中街，車站設於新莊仔，新莊仔因此日趨繁榮，並向四周擴展，交通的便利和繁榮吸引臺灣銀行臺中分行新大廈落成，彰化銀行遷入，更增加了當地的繁榮。1908 年縱貫鐵路南北通車後，臺中公園及相關的官署相繼建立，臺中街成為臺灣中部政治和經濟中心，並逐漸發展成為現代化城市。

其三，縮短了城鎮間的距離，加速人口的遷移與貨物的運輸，促進了臺灣資源的開發以及一些工礦業聚落的興起和發展。如員林市在日據時期開發較晚，縱貫鐵路通車後逐漸成為附近菠蘿、香蕉、龍眼等蔬果集散中心，並進一步發展成為臺灣菠蘿罐頭的製造中心，城鎮的規模與人口開始快速增長。

總之，日據時期臺灣陸路交通的網絡化，改變了清代沿河流和海岸運輸人員、貨物的格局，沿海城鎮的地位作用有明顯的下降；相反陸路交通經過的內陸城鎮，卻因區位的優越而逐漸發展起來。特別是南北縱貫鐵路的通車，改變了臺灣傳統農業社會的聚落空間分佈，在鐵路沿線發展成長起來了許多城市並多成為臺灣的主要城市，典型者如臺北、新竹、臺中、嘉義、臺南、高雄等，而且臺灣東部與西部間道路的開通，促進了臺灣東部地區資源的開發，東部的城鎮如宜蘭、花蓮港、蘇澳等也先後發展起來。

（二）港口消長

清代隨著臺灣港口的開放，英美等外商幾乎全部掌握了臺灣的航運及樟腦、砂糖、茶等特產的出口。如英商德記利士公司獨佔臺灣與中國大陸及香港航線；外商德記、怡記、美打、海興及東興等洋行運用買辦制度等壟斷臺灣主要特產如砂糖等的出口；茶葉產銷則由英商德記洋行通過簽訂製茶包銷契約等方式壟斷。其它如樟腦出口以及鴉片之進口，也多由外商包攬牟利。日本殖民者據臺後，為了獨霸臺灣的經濟利盆，其治臺重要策略之一就是要

　　盡力斷絕臺灣與大陸政治、社會、經濟、文化等關係，而與日本結合〔註15〕。為此，極力保護日人在臺灣企業的發展，採用各種手段，斷絕原有的大陸與臺灣的關係，排除洋商在臺灣的勢力，強化日本本土與臺灣的關係。

　　日據初期，日本沿襲清末基隆、淡水、安平、打狗通商原況，允許締盟國家在四港口居住、貿易和通商，稱之為條約港。但是，日本殖民者卻要求中國大陸的船隻也要到四個條約港報關納稅後，才能再赴原先固定出入的港口起卸貨物，致使臺灣各地港口與大陸間長期建立的貿易、航運習慣被改變，商民深感不便，多次請求開港。1897 年殖民者制訂特別出入港辦法，並指定蘇澳（1899 年時北港溪【下湖口】取代蘇澳成為「特別輸出入港」）、舊港、後壟、梧棲、鹿港、東石港、東港、媽宮八港為「特別輸出入港」。1899 年日本本土的輸出稅廢除，「但將進口稅提高為 15%。臺灣係其殖民地亦採用同樣進口稅率」〔註16〕。進口稅的提高，中國大陸輸入到臺灣的物品負擔加重，只好從日本輸入物品，致使臺灣與大陸間的貿易逐漸減少。

　　日本殖民者為排擠外國洋商的勢力，自光緒二十二年（1896 年）起撥款補助大阪商船會社開闢神戶——基隆間定期航線，翌年補助日本郵船會社開闢神戶——門司——基隆間定期航線。1899 年總督府命令大阪商船會社在淡水——香港間開設與太古洋行競爭的並行線，每年給予補助 125000 圓。1900 年日本人開設淡水——香港航線，每年補助 60000 圓。並且對英商經營的華南各航線施加壓力，致使英商在臺灣與華南的行業日益趨於沒落。1911 年，日本以臺灣為中心的航線（包括環島航線在內）有 11 條；使用船舶達 14 艘，船舶最大者達 6000 噸、最小者 1500 噸；全部船舶的總噸位，增加到 42666 噸。比大阪商船株式會社單獨經營臺灣水運事業之時，噸位已經增加了 10 倍以上〔註17〕。第一次世界大戰期間，因歐洲英、法、意等國的船隻無暇東顧，日本的海運業趁機向南伸展。一戰結束時，日本的工業品已大量傾銷到南洋各地。通過以上種種措施，日本與臺灣間的貿易數額日趨增多。臺灣與日本的貿易額百分比 1897 年為 81：19，至 1909 年轉為 29：71；其增長指數若以 1897 年為 100，1909 年臺灣與外國的貿易額指數為 95，而臺灣與日本的指數

〔註15〕臺灣省文獻委員會編，《臺灣史》，1984 年，第 491 頁。

〔註16〕戴寶村：《近代臺灣港口市鎮之發展——清末至日據時期》，臺灣師範大學歷史研究所博士論文，1988 年，第 161～162 頁。

〔註17〕《臺灣之交通》，臺灣研究叢刊第 63 種，臺灣銀行經濟研究室編印，1958 年，第 34 頁。

為 1035。臺灣與中國大陸原有的貿易關係日益削弱，1897 年臺灣出口往中國大陸的貿易占其出口總額的 77%，1903 年減為 57%，1909 年為 23%。入口方面，來自中國的入口額在 1897 年占 59%，1903 年占 52%，1909 年降為 39%〔註 18〕。

清代臺灣「貿易未盛，各港口多天然狀態，未加修飾。至地方港口，雖多至八十餘處，亦病在淤淺，不能利用」〔註 19〕。當時臺灣的商船幾乎都是大帆船，海岸的碼頭只需要簡單的設施；同時因為島上陸上交通不便，人們自然就多利用河流之間的舟楫之便。因而，一些海港以及能以舟筏與之連絡的河港，首先發展成為街市。日據時期臺灣南北縱貫鐵路開通，再加上一些港口因地理變遷而淤塞，特別是隨著航海速度快且安全、載重噸位大的汽船運輸興起後，淤淺的港口更難以滿足其停泊需求，這些因素都加劇了一些港口功能的衰退。

由下表 4.1-4 可以看出各港口貿易的消長，基隆、高雄兩港進出口的貿易額在總貿易額所佔的比例逐年遞增，1920 年後兩港口貿易所佔比例已高達 90%以上，而其它各港口所佔比例卻逐年減少，1930 年後淡水港所佔比例不足 1%，安平港不足 3%，其它各港口貿易比例總量僅占 2%多點，基隆和高雄兩港口的貿易額卻占到全省進出口貿易總額的 93%以上，1943 年高達 99.3%，基隆、高雄成為臺灣島南北最大港埠都市。日據初期開設的「特別輸出入港」因港口功能衰退、貿易停滯不前而陸續關閉，如「下湖口（北港，1907）、東港（1917）、舊港、梧棲（1932）、鹿港、後壠、東石（1942），稅關支署撤除，港口市鎮的貿易機能喪失，使這些港口日趨沒落，或是轉換市鎮機能而維持地區中地之地位」〔註 20〕。

表 4.1-4：淡水、基隆、安平、高雄等港貿易的消長（占全省進出口貿易總額的%）

年　份	淡水（1）	基隆	安平（2）	高雄	其它各港（3）
1863	41.1	－	58.9	－	－

〔註18〕 戴寶村：《近代臺灣港口市鎮之發展──清末至日據時期》，臺灣師範大學歷史研究所博士論文，1988 年，第 162～163 頁。

〔註19〕 宋家泰編著：《臺灣地理》，上海正中書局，1946 年，第 107 頁。

〔註20〕 戴寶村：《近代臺灣港口市鎮之發展──清末至日據時期》，臺灣師範大學歷史研究所博士論文，1988 年，第 159 頁。

1870	31.5	—	68.5	—	—
1880	55.0	—	45.0	—	—
1890	68.7	—	31.3	—	—
1900	42.4	27.0	12.3	6.8	11.5
1910	11.0	32.0	12.6	42.8	1.6
1920	3.8	43.0	2.9	49.3	1.0
1930	0.7	47.8	2.7	46.0	2.2
1940	0.3	52.0	2.6	43.6	1.5
1943	0.0	72.2	0.1	27.1	0.6

注：1. 淡水，1863、1870、1880、1890 年包括基隆在內。
　　2. 安平，1863、1870、1880、1890 年包括高雄在內。
　　3. 其他各港，1863、1870、1880、1890 年貿易額不明，可能分別統計在淡水和安平內。
　　4. 姜道章，《臺灣淡水之歷史與貿易》，《臺灣經濟史十集》，臺灣研究叢刊第 90 種，臺灣銀行經濟研究室，1979 年，第 172 頁。

　　日本地理學家富田芳郎 1931 年到臺灣，之後對臺灣各地村落進行田野調查，所著《臺灣鄉鎮之研究》分析了日據時期臺灣港口城鎮的變化：

　　「臺灣最初就有許多港口鎮；而這些港口鎮，可說是臺灣鎮的起源。臺灣的西部海岸，有著許多海港，這些海港大半包括著河口，而溯著河流上去，又有許多河港。現今的貿易港，幾乎僅只基隆與高雄兩處；其它的只有通航日本的東部的花蓮港，稍稍比較著名。……後來，除了基隆、高雄、安平、淡水之外，卻只有後龍、鹿港、東石、馬公等地，作爲特別開港場而維持到目前。在日據以前，除了上述的以外，著名的海港還有大甲的外港大安港、虎尾郡的海口，以及東石郡的布袋港等等。海港一衰落，就失去了對海的作用，因此那一個鎮也就隨著衰落；而河港這方面，即令河港衰落了，卻會因著農村的發達或陸路交通的開闢，雖然一時衰退，卻往往又以鄉村都市的姿態更生起來。海港的鎮，因爲只有半面控制著陸地，沿海岸的地帶，陸上交通並不發達，而海濱地帶，東北方的季節風既很強烈，因著飛砂與海水的衝擊，鹽分地帶很多，因此農業不振，只能闢爲鹽場與魚塘，在業已失去海港機能的今日，實難挽救市鎮的頹勢。所以除了編入臺南市的安平以外，原是海港而今日仍然沒有衰落的鎮，僅只淡水、梧棲、鹿港、東港四處而已。然而原是河港的地方，卻有汐止、板橋、新莊、大溪、中港、北港、朴子、鹽水、麻豆等等，雖已失去河港的機能，卻都有著鄉村都市的前途。」〔註21〕

────────────

〔註21〕富田芳郎：《臺灣鄉鎮之研究》，《臺灣銀行季刊》，七卷第三期，1955 年，第

　　總之，隨著殖民政府完成縱貫公路、蘇花公路、南回公路、新高公路與縱貫鐵路的建設以及港埠的擴建等，臺灣陸上的交通線路平均密度在當時的亞洲已處於領先地位，臺灣已經形成一個整合市場。縱貫鐵路完成後，長短程運輸皆由鐵路擔任，西部各個中小型港口的運輸功能逐漸沒落，港口城鎮隨之衰落，而擴建的基隆、高雄等大港逐漸取代了淡水和安平的地位，成為日本與臺灣間的物品輸出和輸入港，「日本與臺灣海岸線港口城市之間的強大聯繫，甚至超過了臺灣本身區域內部之聯繫」〔註22〕，更加方便了殖民者對殖民地資源的掠奪。

三、工礦業城鎮

　　近代殖民地的共性之一就是為宗主國提供原料和市場，日據時期的臺灣也不例外。日本殖民者在臺灣實施「工業日本、農業臺灣」政策，在臺灣傳統農業的基礎上，利用現代科技將臺灣開發為日本工業發展的農產品供應地，臺灣工業的發展僅限於農產品加工及農業用品生產。1907 年後，隨著製糖工業的快速發展，工業生產的比值才有上陞的趨勢。但不可否認的是，殖民者對臺灣資源的開發，也帶動了一些工礦業城鎮的發展。

　　日本國土狹小、資源缺乏，難以滿足其所需農產品和原材料，發展臺灣農業是日本經營臺灣的重點之一。臺灣中研院社會所的學者柯志明（Chin-ming Ka）著的《Japanese Colonialism in Taiwan》的序言中寫到：「日本對臺灣農業經濟採取特殊形式的帝國主義干預模式。目的是為了使都市富足（enrich the metropolis）；給饑渴的日本資本提供投資的空間；提高生產率進而增加應稅財富，以及服務於宗主國的農業需求。」〔註23〕殖民者正是立足於宗主國的需要，通過增加農業投資、興修水利、改進生產技術、引進新的品種、大量使用化學肥料等，臺灣農業逐漸擺脫傳統的耕作方式，產量大幅度提高。光緒二十六年（1900 年），臺灣的稻米產量只有 307 千公噸，到 1938 年產量達 1402 千公噸。儘管以後逐漸減產，但是 1944 年產量還有 1068

---

102 頁。
〔註22〕 夏鑄九：《殖民的現代性營造——重寫日本殖民時期臺灣建築與城市的歷史》，《大學學術講演錄》叢書編委會，《中國大學學術講演錄》（2002），廣西師範大學出版社，第 223 頁。
〔註23〕 Chin-ming Ka, *Japanese Colonialism in Taiwan: Land Tenure, Development, and Dependency*, 1895-1945. West view Press, 1998 年，序言，xv 頁。

千公噸，是光緒二十六年產量的 3.5 倍，平均成長率是 2.8%〔註 24〕。隨之，臺灣的農產品和原材料也源源不斷輸入日本，據統計從 1900 年至 1944 年的 45 年間，自臺灣輸往日本的稻米，由 1400 噸增爲 166,000 噸，增長 11857%。這不得不說是極其驚人的數字。再就 1937 年而論，生產面積增加爲 202%，生產數量增加爲 429%，每公頃的平均產量增加爲 213%，而輸往日本的數量則增加爲 49429%，竟占同年總生產量的 52.46%。換句話說，同年半數以上的稻米是輸到日本去了〔註 25〕。農業的快速發展，不僅爲日本提供了糧食，也爲臺灣食品工業的發展提高了原材料。

為了掠奪臺灣的資源，殖民者在臺灣興辦了一些農產品加工業，其中製糖業最多。1917 年糖業生產額占臺灣工業生產總額 80%多。臺灣的糖在日本佔據以前已經馳名於世，但當時甘蔗種植粗疏，製糖技術簡單。日本佔據臺灣後，殖民政府發佈了《糖業獎勵規則》，對甘蔗栽培者或製糖業者進行獎勵或補助。據統計，1903～1925 年間，總督府共支出補助金總 1270 萬日圓（此外還無償配給蔗苗 24600 萬株），再加有關糖政事務及事業經費約 1200 萬圓，總督府的糖業獎勵支出達 2470 萬圓〔註 26〕。在殖民政府的獎勵下，臺灣新式製糖廠逐漸興起，糖產量大量增加。1906 年爲 63,876 公噸，到 1911 年上陞爲 175,587 公噸，1916 年更增至 458,094 公噸，到 1925 年達到 499,925 公噸，此後歷年的產量多有變動，到 1942 年時還高達 1,041,449 公噸〔註 27〕。

表 4.1-5：日據末期臺灣各州廳製糖所

株 式 會 社	製 糖 所 名 稱	地 址	備 註
日糖興業株式會社 （大日本製糖株式會社）	虎尾第一製糖所	虎尾郡虎尾街	臺南州（20 個）
	虎尾第二製糖所	虎尾郡虎尾街	
	龍岩製糖所	虎尾郡土庫街	
	北港製糖所	北港郡北港街	
	玉井製糖所	新化郡玉井街	
	大林製糖所	嘉義郡大林街	
	斗六製糖所	斗六郡斗六街	

〔註 24〕 《重修臺灣省通志》，卷四，《經濟志・經濟成長篇》，臺灣省文獻委員會，1993 年，第 94～95 頁。

〔註 25〕 周憲文編著：《臺灣經濟史》，臺灣開明書店，1980 年，第 489 頁。

〔註 26〕 周憲文編著：《臺灣經濟史》，臺灣開明書店，1980 年，第 550 頁。

〔註 27〕 周憲文編著：《臺灣經濟史》，臺灣開明書店，1980 年，第 551～552 頁。

	總爺製糖所	曾文郡麻豆街	
明治製糖株式會社	蕭海製糖所	北門郡佳里街	
	烏樹林製糖所	新營郡後壁莊	
	南靖製糖所	嘉義郡水上莊	
	蒜頭製糖所	東石郡六腳莊	
臺灣製糖株式會社	車路墘製糖所	新豐郡仁德莊	
	三崁店製糖所	新豐郡永康莊	
	灣里第一製糖所	新化郡善化街	
	灣里第二製糖所	新化郡善化街	
鹽水港製糖株式會社	新營第一製糖所	新營郡新營街	
	新營第二製糖所	新營郡新營街	
	岸內第一製糖所	新營郡鹽水街	
	岸內第二製糖所	新營郡鹽水街	
日糖興業株式會社（大日本製糖株式會社）	竹山製糖所	竹山郡竹山街	臺中州（10個）
	彰化製糖所	彰化郡和美街	
	烏日製糖所	大屯郡烏日莊	
	臺中製糖所	臺中市高砂町	
	潭子製糖所	豐原郡潭子莊	
	月眉製糖所	豐原郡內埔莊	
臺灣製糖株式會社	埔里製糖所	能高郡埔里街	
	南投製糖所	南投郡南投街	
	溪湖製糖所	員林郡溪湖街	
鹽水港製糖株式會社	溪州製糖所	斗六郡溪州莊	
臺灣製糖株式會社	橋仔頭第一製糖所	岡山郡岡山街	高雄州（7個）
	橋仔頭第二製糖所	岡山郡岡山街	
	後壁林製糖所	鳳山郡小港莊	
	阿得製糖所	屏東市竹園町	
	東港製糖所	東港郡林邊莊	
	旗尾製糖所	旗山郡旗山街	
	恒春製糖所	恒春郡恒春街	

續表 4.1-5：日據末期臺灣各州廳製糖所

株 式 會 社	製 糖 所 名 稱	地　　址	備　註
日糖興業株式會社	苗栗製糖所	苗栗郡苗栗街	新竹州（2 個）
	新竹製糖所	新竹市錦町	
鹽水港製糖株式會社	壽製糖所	花蓮港郡壽莊	花蓮港廳（2 個）
	大和製糖所	鳳林郡鳳林街	
明治製糖株式會社	臺東製糖所	臺東郡臺東街	臺東廳（1 個）

資料來源：吳育臻，《日治時代的臺灣糖業移民初探》，《環境與世界》，2000 年，第 4 期。

　　臺灣現代製糖工業控制於日本人之手。日本人在臺灣企業投資自日據初期就已經開始萌芽。光緒二十六年（1900）成立的臺灣製糖株式會社，資本100 萬日元，其最大股東爲三井財閥。其後，又有鹽水港、新興、明治、東洋、林本源、新高、帝國等 7 大製糖會社之陸續設立，及大日本製糖會社在臺灣設立製糖工廠。上述各大新式製糖公司至宣統二年（1910 年），擁有工廠 21 所，產糖量達 3,237,000 餘擔，價值 3912 萬元，在工業生產總額中占74%。至 1916 年，臺灣糖廠已增至 35 所，產糖量達 4,876,000 擔，值 9927萬元，占工業生產總額約 80%左右〔註28〕。

　　殖民者致力於糖業發展的同時，也十分重視糖業的運輸。1901 年在日本農學家新渡戶稻造向臺灣總督府提出的「臺灣糖業改良意見書」中，就提及在道路尚未便利之本島，有賴鐵道搬運暢通之語。矢內原忠雄認爲，「甘蔗採伐以後，如不於短時間內運至工廠，糖分即將減少；而且甘蔗身長，臺灣道路又不甚好，新式製糖工廠不像舊式糖部，由於工廠能力的巨大，故非由遠距離運集原料不可；因此，運輸機關的設備，特別來得需要。製糖會社之有社線鐵路軌道的鋪設，就爲滿足這一需要」〔註29〕。

　　當時臺灣島內最早的私設鐵道，就是製糖株式會社爲原料運輸所敷設的專用線，後來爲公眾交通的需要，開始兼營貨客運。這些產業鐵路基本都與縱貫鐵路相連，構成綿密的交通網，便利了當時臺灣客貨運輸與資源的開發。

〔註28〕《臺灣省通志》，卷四，《經濟志・綜說篇》，臺灣省文獻委員會，1971 年，第73 頁。

〔註29〕〔日〕矢內原忠雄著：《日本帝國主義下之臺灣》，周憲文譯，帕米爾書店出版，1987 年，第 214～215 頁。

表 4.1-6：臺灣糖業鐵道（1930 年）

線　名	起　點	迄　點	里程（公里）	經營者
里港線	屏東	里港	15.6	臺灣製糖株式會社
鳳山線	鳳山	小港	7.8	
旗尾線	九曲堂	竹頭角	39.7	
番子田二重港線	番子田	二重港	28.3	明治製糖株式會社
朴子線	嘉義	港墘	24.7	
南靖線	蒜頭	南靖	11.5	
南投線	二水	南投	18.5	
鹿港線	員林	鹿港	21.2	
斗南、北港、西螺線	斗南	西螺、北港、五塊僚、沙崙、施厝	88.9	大日本製糖株式會社
大甲線	後里	大安港	26.7	
斗六線	斗六	崁頭厝	12.2	
北港線	嘉義	烏麻園	31.5	
布袋線	新營	布袋	21.5	鹽水港製糖株式會社
二林、田中線	溪州	二林、田中	29.2	
線西、鹿港線	線西	鹿港	22.5	新高製糖株式會社
小梅、新巷線	小梅	新巷	31.0	
中南、聚興線	臺中	南投、聚興	39.5	帝國製糖株式會社
下山線	溪州	下山	10.9	
湖口線	新竹	波羅紋	18.5	
林子邊線	鳳山	林子邊	18.5	新興製糖株式會社

資料來源：洪致文著：《臺灣鐵道傳奇》，時報文化出版企業股份有限公司，1992 年版，
　　　　　第 111 頁。

　　儘管日據初期，臺灣新興工業已開始萌芽，但其進一步的發展則在第一次世界大戰之後。當時因戰爭關係，英美各國商品多被迫退出遠東市場，日本乘機擴張對外貿易，臺灣的工業因此而獲得發展機會。1914 年，臺灣工業資本額為 59,648 千元，工廠數 1309 家，工人數 21,895 人，工業生產額為 45,738 千元。至 1920 年資本額增至 205,749 千元，工廠數 2695 家，工人數 48,460 人，工業生產額則達 189,336 千元〔註30〕。如臺灣最早的菠蘿罐頭工

─────────

〔註30〕《臺灣省通志》，卷四，《經濟志‧綜說篇》，臺灣省文獻委員會，1971 年，第

業開始於 1902 年，最先在鳳山出現（岡村鳳梨工廠），到 1931 年臺灣的鳳梨罐頭廠已達 81 家〔註 31〕。其它農產品加工業，如蜜餞業、碾米業、麵粉業、釀酒業、穀粉業和醬油業也都有不同程度的發展。紡織、金屬品、機械器具、窯業、化學製品等新興工業的發展也極其迅速。1914 年～1920 年，紡織業生產額約增十五倍，機械器具約增十一倍，窯業約增六倍，化學製品約增七倍〔註 32〕。

　　1937 年，日本發動全面侵華戰爭後，企圖使臺灣成爲「南進基地」。爲配合日本「南進政策」，日本對臺灣的經濟政策由「工業日本、農業臺灣」轉變爲「工業臺灣、農業南洋」，再加上日月潭第一發電所等提供的電力，日本在臺灣逐步擴充工業設備與生產。日據後期，臺灣新興工業有輕金屬製造、製鐵、機器製造、石油及天然瓦斯、紙漿、製城、硫酸錏、無水酒精、油脂等。

表 4.1-7：日據末期工農業地位變化

年　份	工　業		農　業	
	千日圓	%	千日圓	%
1937	363,810	43.05	402,995	47.90
1938	385,465	41.70	460,212	48.69
1939	573,548	45.94	55,1826	44.49
1940	629,137	—	541,446	—
1941	646,767	—	568,904	—

資料來源：張漢裕，《日據時代臺灣經濟之演變》，載《臺灣經濟史二集》，第 99 頁。

表 4.1-8：日據末期工業內容變化

年份	總工產額	食料品	化學	金屬	機械器具	窯業	紡織	印刷及釘書	其他工業	小計
	千日圓	%	%	%	%	%	%	%	%	%
1937	363,944	67.7	9.4	3.9	2.4	2.4	1.4	1.4	11.4	100
1940	629,137	66.8	11.9	5.0	4.0	2.6	1.8	1.4	6.5	100
1942	700,072	54.3	13.8	6.9	4.6	3.5	1.7	1.8	8.4	100

資料來源：張漢裕，《日據時代臺灣經濟之演變》，載《臺灣經濟史二集》，第 99 頁。

　　　　86 頁。
〔註31〕周憲文編著：《臺灣經濟史》，臺灣開明書店，1980 年，第 558～559 頁。
〔註32〕《臺灣省通志》，卷四，《經濟志·綜說篇》，臺灣省文獻委員會，1971 年，第 84 頁。

由表 4.1-7 和 4.1-8 可以看出，日據末期臺灣工業增長較快，工業生產在總生產中的比例明顯增加，到 1939 年工業的生產價額超過了農業。臺灣的工業以食品加工業的產值所佔比重最大。該產業包括碾米業、製粉及澱粉製造業、製糖業、釀造業、汽水類製造業、糖果麵包類製造業、罐頭瓶類製造業、畜產食品製造業、水產食品製造業、製茶業、製冰、冷凍食品製造業等。1937年其產值曾經占工業總產值的 67.7%，雖然爾後逐漸下降，但是 1942 年仍占54.3%。當然其食品工業產值比例的逐年下降，化學、金屬、機械等工業產值比例不斷增加，主要是立足於戰時重要物資的自給自足，是建立在軍需工業基礎之上的，對居民普通生活並無多少裨益。

此外，在礦業方面，自光緒二十三年（1897 年）起先後有日本資本家到臺灣投資開採金礦，如田中長一郎開採的金瓜石礦山、藤田會社開採的瑞芳礦山、木村久太郎開採的武丹坑金山礦。自 1917 年、1918 年起大倉、藤田、三井、芳川、赤司等日本資本家紛紛設立煤礦公司，進行開採。

日據時期，臺灣工礦業的發展促成了若干新城鎮聚落的崛起，如以蔗糖糖廠爲中心的埔里、南投、虎尾、斗六、新營、小港、屏東等地，木材工業中心羅東、窯業中心鶯歌、漁業中心蘇澳、礦業中心瑞芳等。虎尾和新營是因製糖廠的設立而發展的城鎮，它們在 1920 年到 1935 年間快速成長，新營的人口成長是全島人口成長的三倍半，虎尾則爲七倍強。這兩個都市在 1940年前後，工業戶只占全戶數的 10% 至 15% 之間，人口約 1 至 1.5 萬之間〔註33〕。溪湖街因 1920 年設立溪湖製糖所，行政金融機構、商會、娛樂場所紛紛進駐，旅館和商家也增多，溪湖街逐漸興盛起來，有「不夜城」之稱；羅東因太平山鐵路、林場的開發以及鋸木、製紙等工業的設立而發展起來；蘇澳是因開發境內石灰岩而設置水泥廠、礦石加工廠及造船廠逐漸繁榮；鶯歌因陶瓷工業的發展及煤礦的開採，成爲當時臺灣的主要窯業城市；而金、銅礦的大力開採，火力發電廠及提煉工廠的建立，使瑞芳街、九份、金瓜石、深澳、水湳洞等這些礦業城鎮聚落逐漸發展起來。

一般而言，工業的發展可以推動城市的成長發展。但是日據時期，殖民者只是把臺灣作爲日本的農業和原料基地，「臺灣的使命，亦在爲日本商品的需要地及農產物的供給地；亦即認爲，在臺灣發展工業是需要考慮的，臺灣

〔註33〕蔡勇美、章英華主編：《臺灣的都市社會》，巨流圖書公司，1997 年，第 54頁。

工業的前途是未可希望的」〔註 34〕，臺灣工業的發展始終處於整體的壓制狀態。有條件發展起來的少量工礦業，僅可以帶動資源地市街的發展，並不足以推動其發展成長爲規模較大的城市。當然，這些城鎮發展受限也與其區位有關。如當時的糖廠地址基本上都設在街上，個別的還設在町或莊上，多靠近原料產地，尚無足夠的條件和動力吸收大量人口發展壯大。

　　整個日據時期，臺灣並沒有具備現代工業基礎的城鎮，20 世紀發展最快速的基隆、臺中與高雄市是因海港、交通業而興起。受工業因素影響最明顯的高雄市，也只是到了日據後期，工業比重才逐漸提高。

第二節　日據時期臺灣城鎮體系的等級規模結構

　　城鎮的等級是一個綜合的概念，全面體現了城鎮在區域中的性質、地位和作用，城鎮諸多功能的有機組合規定了城鎮的功能地位。不同地區、不同城鎮化水平下的城鎮體系，具有不同的城鎮等級規模分佈特徵。規模結構可以反映出城鎮在不同規模等級中的分佈狀況及城鎮人口集中或分散的程度。研究者在進行實證分析時，往往採用人口規模或用地規模來表達城鎮體系的等級規模，而前者數據因爲比較容易獲取更爲常用。

一、臺灣城鎮體系的等級規模關係

　　日本佔據臺灣的五十年間，臺灣的行政區劃沿革，可大致分爲置縣、設廳、置州三個時期，歷經九次變遷。本書以日據後期，行政區劃較爲穩定的置州時期爲例加以分析。

　　1920 年 7 月，臺灣首任文官總督田健次郎以敕令第 218 號制定公佈《臺灣總督府地方官官制》，改革地方行政制度，提高地方官權限，保留臺灣東部的花蓮港、臺東二廳，廢西部十廳，新設臺北、新竹、臺中、臺南、高雄五州，建立「州－郡－街莊」三級地方行政區劃。臺灣行政區劃上的市制由此開始，先設臺北、臺中與臺南三州轄市，後又增基隆及高雄，1930 年再增嘉義、新竹，1933 年又增屏東、彰化，1940 年又增宜蘭與花蓮。自此以後，臺灣州（廳）──郡（市）──街莊的三級制行政區體制一直持續到臺灣光復。

〔註34〕　〔日〕矢內原忠雄著：《日本帝國主義下之臺灣》，周憲文譯，帕米爾書店，
　　　　　1987 年，第 120 頁。

1945 年日本戰敗投降時，臺灣共有 5 州、3 廳、11 州轄市、51 郡、2 支廳、67 街、197 莊。

依據學者陳正祥、孫得雄在《臺灣人口之分佈與變遷》一文中提出的 1940 年臺灣都市與鄉街共 109 處，其中 5000 人口以下的鄉街有 48 處，超過 5000 人口的都市與鄉街有 61 處。為對比分析方便，根據當時城鎮的人口狀況，選取 1940 年 5000 人口以上的都市與鄉街，按照人口規模劃分為 6 個等級，即 25 萬人口以上，10 萬～25 萬，5 萬～10 萬，2.5 萬～5 萬，1 萬～2.5 萬，5000 ～1 萬，分析日據時期臺灣城鎮的等級規模體系。

表 4.2-1：日據末期臺灣城鎮行政等級結構（1945 年）

行　政　區	城　　鎮　　名	數　量
總督府	臺北市	1
州廳治所	臺北市、新竹市、臺中市、臺南市、高雄市、花蓮港市、臺東街、馬公街	8
州轄市治所	臺北市、新竹市、臺中市、臺南市、高雄市、花蓮港市、基隆市、宜蘭市、彰化市、嘉義市、屏東市	11
郡（支廳）治所	臺北市、基隆市、宜蘭市、淡水街、羅東街、蘇澳街、新店街、板橋街、新莊街、新竹市、中壢街、桃園街、大溪街、竹東街、竹南街、苗栗街、大湖街、臺中市、彰化市、豐原街、東勢街、清水街、員林街、北斗街、南投街、集集街、埔里街、竹山街、臺南市、嘉義市、新化街、麻豆街、佳里街、新營街、斗六街、虎尾街、北港街、朴子街、屏東市、岡山街、鳳山街、旗山街、潮州街、東港街、恒春街、臺東街、關山莊、新港莊、蓮花港市、花蓮港、鳳林街、玉里莊、馬公街、望安莊	53
街	汐止、士林、北投、淡水、瑞芳、羅東、蘇澳、新店、板橋、樹林、公館後、新莊、新埔、關西、後龍、楊梅、桃園、大溪、竹東、竹南、頭份、苗栗、苑裏、豐原、東勢、清水、梧棲、大甲、沙鹿、鹿港、和美、員林、溪湖、田中、西北斗、二林、南投、草屯、集集、埔里、竹山、新化、善化、麻豆、佳里、新營、鹽水、白河、大林、斗六、斗南、虎尾、西螺、土庫、北港、朴子、岡山、鳳山、旗山、美濃、潮州、東港、恒春、臺東、鳳林、玉里、馬公	67

注：1. 依 1940 年後的行政區域設置為準。
　　2. 資料來源：《重修臺灣省通志》，《政治志‧建制沿革篇》，臺灣省文獻委員會，1991 年，第 284～329 頁。整理

表 4.2-2：1940 年臺灣城鎮等級規模（單位：個）

人 口 數	城 鎮	數 量
25 萬以上	臺北	1
10 萬～25 萬	臺南、高雄	2
5 萬～10 萬	基隆、臺中、嘉義	3
2.5 萬～5 萬	新竹、彰化	2
1 萬～2.5 萬	宜蘭、鹿港、北港、朴子、麻豆、鳳山、東港、花蓮、苗栗、豐原、員林、西螺、虎尾、新營、屏東、臺東	16
0.5 萬～1 萬	淡水、三峽、鹽水、學甲、金瓜石、瑞芳、汐止、南港、北投、板橋、羅東、竹東、東勢、清水、沙鹿、埔里、南投、田中、北斗、斗六、斗南、新港、布袋、下營、佳里、善化、新化、灣里、美濃、旗山、岡山、潮州、馬公、左營、安平、桃園、梧棲	37

資料來源：

1. 陳正祥、孫得雄、蔡曉畊著：《臺灣的人口》，臺北：南天書局出版，1997 年，第 81 頁、第 163、164 頁。
2. 李瑞麟，《臺灣都市形成與發展》，《臺灣銀行季刊》，第二十四卷，第三期，第 8 ～10 頁。

城鎮行政體系的層次系統與規模系列具有密切的聯繫。運用分級分類的統計方法得下表：

表 4.2-3：城鎮行政層次系統與等級規模系列對照表

城 鎮 層 次 系 統		25 萬以上	10 萬～25 萬	5 萬～10 萬	2.5 萬～5 萬	1 萬～2.5 萬	0.5 萬～1 萬
總督府	城鎮數	1	—	—	—	—	—
州廳及州轄市	州轄市	—	2	3	2	3	—
	州治所（不含州轄市）	—	—	—	—	1	1
郡（支廳）	城鎮數（不含州廳城鎮）	—	—	—	—	10	17
街	城鎮數（不含郡城鎮）	—	—	—	—	2	11
合計		1	2	3	2	16	29

資料來源：

1. 陳正祥、孫得雄、蔡曉畊著：《臺灣的人口》，南天書局出版，1997 年，第 81 頁、第 163、164 頁。
2. 李瑞麟，《臺灣都市形成與發展》，《臺灣銀行季刊》，第 24 卷，第 3 期，第 8～10 頁。

由表 4.2-3 可見，臺灣城鎮行政級別與城鎮的等級規模基本上呈正相關關係。第一，首府臺北，兼臺北州（廳）治所所在地，是全臺灣的政治、經濟、軍事中心，既是臺灣當時行政體系的首位城市，也是城鎮人口規模的一級城市；第二，人口規模為 10 萬～25 萬的二級城市高雄、臺南是州治所所在地，是次級城鎮而且開發都比較早；第三，人口規模為 5 萬～10 萬的三級城市臺中、基隆、嘉義是州治所所在地或州轄市；第四，在人口規模 1 萬～2.5 萬的四級城鎮中，16 個城市全部都是當時郡（支廳）或街治所所在地。第五，在人口規模 0.5 萬～1 萬人的五級城市中，37 個城鎮除了 9 個是清代知名的港口外，其餘的 28 個都是日據後期的街治所。從中非常明顯地看出臺灣城鎮體系規模結構符合「行政中心優先發展」的規律，即城鎮行政層級越高，規模就越大，其數量越少，反之亦然。

二、臺灣城鎮等級規模分佈特徵

不同地區、不同城鎮化水下的城鎮體系，具有不同的城鎮等級規模分佈特徵。根據日據時期臺灣城鎮人口以及資料搜集情況，將臺灣都市人口分為 25 萬人以上、10 萬～25 萬、5 萬～10 萬人、2.5 萬～5 萬人、1 萬～2.5 萬人、0.5 萬～1 萬人 6 個等級。為了比較方便，權且把《臺灣省通志》卷二《人民志・人口篇》1899 年的人口數量作為 1900 年的人口數量。以 1900 年和 1940 年臺灣 5000 人口以上城鎮的數量和人口數量對比分析日據時期臺灣城鎮等級規模的時間變化特徵。

表 4.2-4：1900 年、1940 年臺灣城鎮及其人口數量、比重

等級規模	1900 年				1940 年			
	城鎮數	比重 %	人口（人）	占城鎮人口比重	城鎮數	比重 %	人口（人）	占城鎮人口比重
25 萬以上	－	－	－	－	1	1.64	285,000	22.42
10 萬～25 萬	－	－	－	－	2	3.28	209,000	16.44
5 萬～10 萬	1	5.56	64391	24.62	3	4.92	221,000	17.39
2.5 萬～5 萬	1	5.56	45486	17.39	2	3.28	75,000	5.90
1 萬～2.5 萬	5	27.78	79524	30.40	16	26.23	230,000	18.09
0.5 萬～1 萬	11	61.11	72188	27.60	37	60.66	251,210	19.76
合計	18	100.00	261589	100.00	61	100.00	1,271,210	100.00

數據來源：
  1. 1900 年數據，臺灣省文獻委員會編，《臺灣省通志》，卷二，《人民志・人口篇》，
    第 145～146 頁。
  2. 1940 年數據，陳正祥、孫得雄、蔡曉畊著：《臺灣的人口》，南天書局出版，1997
    年，第 163 頁，整理。

　　根據表 4.2-4 可知，1900 年臺灣尚未出現 10 萬人口以上的城市，5 萬～
10 萬人口的城市 1 個，占 5000 人以上城鎮總數的 5.56%，該等級的城市人
口 64,391 人，占 5000 人以上城鎮人口總數的 24.62%；2.5 萬～5 萬人口的城
市 1 個，占 5000 人以上城鎮總數的 5.56%，該等級的城市人口 45,486 人，
占 5000 人以上城鎮人口總數的 17.39%；1 萬～2.5 萬人口的城市 5 個，占 5000
人以上城鎮總數的 27.78%，該等級的城市人口 79,524 人，占 5000 人以上城
鎮人口總數的 30.40%；0.5 萬～1 萬人口的城鎮 11 個，占 5000 人以上城鎮
總數的 61.11%，該等級的城市人口 72,188 人，占 5000 人以上城鎮人口總數
的 27.60%。到 1940 年，臺灣城市的發展較快。25 萬人口以上的城市出現了
1 個，即當時的殖民地首府臺北，占 5000 人以上城鎮總數的 1.64%，而該等
級的城市人口 285.000 人，占 5000 人以上城鎮人口總數的 22.42%；10 萬～
25 萬人口的城市 2 個，占 5000 人以上城鎮總數的 3.28%，該等級的城市人
口 209.000 人，占 5000 人以上城鎮人口總數的 16.44%；5 萬～10 萬人口的
城市 3 個，占 5000 人以上城鎮總數的 4.92%，該等級的城市人口 221.000 人，
占 5000 人以上城鎮人口總數的 17.39%；2.5～5 萬人口的城市 2 個，占 5000
人以上城鎮總數的 3.28%，該等級的城市人口 75.000 人，占 5000 人以上城
鎮人口總數的 5.90%；1 萬～2.5 萬人口的城市 16 個，占 5000 人以上城鎮總
數的 26.23%，該等級的城市人口 230.000 人，占 5000 人以上城鎮人口總數
的 18.09%；0.5 萬～1 萬人口的城鎮 37 個，占 5000 人以上城鎮總數的
60.66%，該等級的城市人口 251,210 人，占 5000 人以上城鎮人口總數的
19.76%。

　　下圖 4.2-1 是 1900 年、1940 年臺灣城鎮數量等級規模分佈圖，如果將 1900
年、1940 年臺灣各規模等級的城鎮數量所佔比重的柱狀體做居中對稱處理，
可以看出臺灣的城鎮數量規模分佈變化。1900 年的金字塔底座大，規模分佈
圖層級缺少 25 萬人口以上的城市，中間過渡變化快；到 1940 年，城鎮規模
分佈的金字塔圖形底座變小，層級增多，中間的各個的城鎮（除 2.5～5 萬人
口的城鎮）均較 1920 年有了進一步的發展，層級變化趨緩。1940 年臺灣城鎮

數量的規模分佈圖與 1900 年最大的不同是 1940 年城鎮數量增多,出現了 10
萬以上的城鎮 2 個,因而 1940 年的各級規模的城鎮發展數量不均,城鎮數量
的規模分佈相對於 1900 年也變得不規則。其城市數量的規模分佈呈現一個中
部稍凹點的不規則金字塔形狀。這是與當時臺灣 2.5 萬～5 萬人口的城鎮數量
僅 2 個、數量少有關。

圖 4.2-1:1900 年、1940 年臺灣城鎮數量等級規模分佈

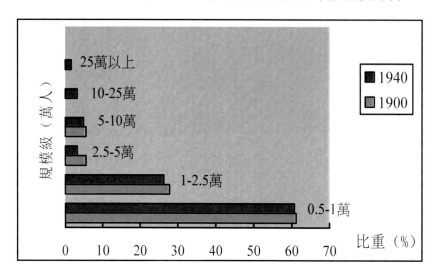

下圖 4.2-2 是臺灣 1900 年和 1940 年 5000 人口以上城鎮人口的等級規模
分佈圖。如果將其代表比重的柱體做居中處理,可以看出 1900 年臺灣城市人
口數量的等級規模分佈大致是一個豎起的不規則的「W」型,這時因為 2.5 萬
～5 萬和 0.5 萬～1 萬兩個等級的城鎮人口所佔城鎮總人口的比重都小於其臨
近等級的人口比重所致;到 1940 年等級規模分佈圖大致是一個不規則的「啞
鈴型」,這是因為 1940 年時儘管各個等級的城鎮人口都有所增長,但是人口
比重差距較大。其中大於 25 萬人以上的最大的城鎮人口在城鎮總人口的比重
最大,達到 22.42%,而 2.5～5 萬人口比重最小,僅為 5.9%。而且 25 萬人以
上和 0.5 萬～1 萬兩個等級的城鎮人口所佔比重都高於其中間幾個等級的人口
比重所致。

圖 4.2-2：1900 年、1940 年臺灣城鎮人口等級規模分佈

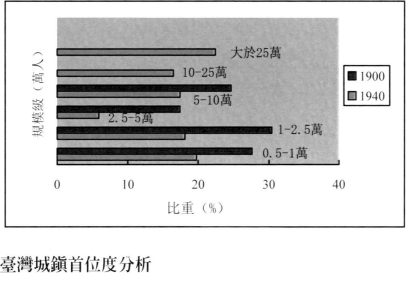

三、臺灣城鎮首位度分析

因爲資料原因，本書選取 1900 年、1935 年的統計數據，作爲觀察日據時期臺灣城鎮首位度分佈的依據，並分析臺灣的城鎮體系中人口在最大城市的集中程度。

表 4.2-5：日據時期臺灣按人口規模順序排列的主要城鎮（1900、1935 年）

序　號	1900 年		1935	
	都　市	人口數	都　市	人口數
1	臺北	64,391	臺北	231,540
2	臺南	45,486	臺南	90,937
3	鹿港	18,331	基隆	73,834
4	嘉義	17,846	高雄	60,764
5	新竹	17,179	臺中	58,316
6	彰化	13,410	嘉義	53,779
7	宜蘭	12,758	彰化	43,524
8	基隆	9,368	新竹	39,994
9	朴子	7,945	鹿港	23,707
10	東港	7,072	屏東	21,609
11	北港	6,980	宜蘭	21,324

城市首位度	1.42	2.55
四城市指數	0.79	1.03
十一城市指數	0.82	0.95

資料來源：

1. 1900 年數據，臺灣省文獻委員會編，《臺灣省通志》，卷二，《人民志·人口篇》，第 145～146 頁。

2. 1935 年數據，陳正祥、孫得雄、蔡曉畊著：《臺灣的人口》，南天書局出版，1997年，第 79 頁。

通過計算 1900 年、1935 年臺灣的城市首位度、四城市指數、十一城市指數，可以看出，1900 年臺灣城市首位度爲 1.42，四城市指數爲 0.79，十一城市指數爲 0.82，首位度小於 2，四城市指數和十一城市指數小於 1，城市規模分佈屬於序列大小分佈；1935 年臺灣城市首位度爲 2.55，四城市指數爲 1.03，十一城市指數爲 0.95。城市首位度大於 2，四城市指數大於 1，十一城市指數儘管小於 1，但是也接近於 1，顯示出首位度的趨向，說明此時期臺灣城鎮有集中化趨向。這與日本將臺北作爲殖民地首府，以及大力規劃建設基隆、高雄等城市相關。此時臺北市相對於臺灣其它的區域城市，其人口規模儘管尚未達到獨大的首要都市的地步，但是臺北與第二大都市的差距逐漸拉大，則是不可否認的客觀事實。

第三節　日據時期臺灣城鎮體系的地域空間結構

臺灣的城鎮空間分佈，受地理環境的影響十分明顯。中東部山區，絕對高度大，地勢相對陡，人口分佈稀疏。山區的邊緣，尤其是西側，是連續的丘陵地，間或有部分盆地。西南沿海是比較開闊的平原或盆地，是人口和城市密集之地。日據時期，在臺灣西部平原的縱貫鐵路沿線城鎮密集，出現了基隆、臺北、新竹、臺中、彰化、臺南、高雄、嘉義等州轄市，東部的宜蘭、花蓮港、蘇澳等城鎮也先後發展起來。

一、城鎮較集中於北緯 22°～24°東經 120°～121°之間

城鎮空間分佈測度的一種形式是城鎮在經緯網內的分佈狀況。臺灣島介於東經 119°18′3″至東經 124°34′30″之間，北緯 21°45′25″至 25°56′30″之間。根據相關資料，本書選用 1900、1940 年臺灣的 5000 人口以上的城鎮的空間

分佈，分析當時臺灣城鎮體系的地域空間分佈變遷。

（一）1900 年臺灣城鎮的地域空間分佈

根據臺灣省文獻委員會編《臺灣省通志》的資料，1899 年臺灣主要市街 54 個，為了分析比較的方便，因 1899 年與 1900 年僅一年之差，權把 1899 年的人口數作為 1900 年數字。54 個市街中 5000 人以上的市街有 18 個，其中 0.5 萬～1 萬人口的市街有朴子、基隆、東港、北港、鹽水港、鳳山、滬尾、北斗、新莊、安平、臺中 11 個，1 萬～2.5 萬人口的市街有鹿港、嘉義、新竹、彰化、宜蘭 5 個，2.5 萬～5 萬人口的市街有臺南 1 個，5 萬～10 萬人口的市街有臺北（包括臺北城內、大稻埕、艋舺）1 個〔註35〕。

表 4.3-1：臺灣 5000 人以上城鎮緯向分佈統計（1900 年）

緯　　度	城　鎮　等　級　規　模（人）				城鎮個數	比重 %
	5 萬～10 萬	2.5 萬～5 萬	1 萬～2.5 萬	0.5 萬～1 萬		
25°以上	1	－	－	3	4	22.22
24°～25°	－	－	4	1	5	27.77
23°～24°	－	1	1	4	6	33.33
22°～23°	－	－	－	3	3	16.67
21°～22°	－	－	－	－	0	0
合計	1	1	5	11	18	100

資料來源：臺灣省文獻委員會編，《臺灣省通志》，卷二，《人民志・人口篇》，第 145～146 頁。整理。

從表 4.3-1 臺灣 1900 年 5000 人口以上的城鎮緯向分佈統計可以看出，臺灣城鎮的緯向分佈比較均勻。北緯 25°附近形成了一個人口超過 5 萬的城鎮臺北，在臺北附近形成了 3 個人口在 1 萬人以下的城鎮，約占 5000 人口以上城鎮總數的 22.22%，這些城鎮基本位於臺北盆地。北緯 22°～24°之間城鎮的分佈相對比較集中，分佈有 9 個城鎮，其中 7 個是 5000 到 10,000 人口的城鎮，約占 5000 人口以上城鎮總數的 52.9%，這些城鎮基本位於嘉南平原上，也是臺灣開發最早的區域，城鎮相對集中。

〔註35〕《臺灣省通志》，卷二，《人民志・人口篇》，臺灣省文獻委員會，第 145～146 頁。

表 4.3-2：臺灣 5000 人以上城鎮經向分佈統計（1900 年）

經　度	城　鎮　等　級　規　模（人）				城鎮個數	比重%
	5 萬～10 萬	2.5 萬～5 萬	1 萬～2.5 萬	0.5 萬～1 萬		
122°以上	－	－	－	－	－	－
121°～122°	1	－	1	3	5	27.78
120°～121°	－	1	4	8	13	72.22
119°～120°	－	－	－	－	－	－
合計	1	1	5	11	18	100

資料來源：臺灣省文獻委員會編，《臺灣省通志》，卷二，《人民志・人口篇》，第 145～146 頁。整理。

　　從表 4.3-2 臺灣 1900 年 5000 人口以上的城鎮經向分佈統計可以看出，城鎮比較集中分佈於東經 120°～121°之間，約占當時城鎮總數的 72.22%，因為這些區域基本屬於西部沿海平原、丘陵地帶，地理位置優越。

（二）1940 年臺灣城鎮的地域空間分佈

　　從表 4.2-2 的 1940 年臺灣城鎮等級規模中可以知道，1940 年臺灣 5000 人口以上的城鎮 61 個。其中，25 萬人口以上的城鎮 1 個，10 萬～25 萬人口的城鎮 2 個，5 萬～10 萬人口的城鎮 3 個，2.5 萬～5 萬人口的城鎮 2 個，1 萬～2.5 萬人口的城鎮 16 個，5000～1 萬人口的城鎮 37 個，將這 61 個城鎮的空間分佈與 1900 年城鎮空間佈局對比，大致可以瞭解日據時期臺灣城鎮的空間變遷。

表 4.3-3：臺灣 5000 人以上城鎮緯向分佈統計（1940 年）

緯　度	城　鎮　等　級　規　模（人）						城鎮個數	比重%
	25 萬以上	10 萬～25 萬	5 萬～10 萬	2.5 萬～5 萬	1 萬～2.5 萬	0.5 萬～1 萬		
25°以上	1	－	1	－	－	7	9	14.8
24°～25°	－	－	1	2	4	8	15	24.6
23°～24°	－	1	1	－	8	15	25	41.0
22°～23°	－	1	－	－	4	7	12	19.7
21°～22°	－	－	－	－	－	－	－	－
合計	1	2	3	2	16	37	61	100

資料來源：
1. 陳正祥、孫得雄、蔡曉畊著：《臺灣的人口》，南天書局出版，1997年，第81頁、第163、164頁。
2. 參閱李瑞麟，《臺灣都市形成與發展》，《臺灣銀行季刊》，第24卷第3期，第8～10頁。

　　從表4.3-3的臺灣1940年5000人以上的城鎮緯向分佈統計可以看出，在北緯25°多的區域形成了一個人口超過25萬的城鎮臺北，一個人口超過5萬的城鎮基隆，7個人口在5000到1萬的城鎮，5000人口以上的城鎮總數較1900年顯著提升。由於1940年時臺灣城鎮總數增長迅速，儘管該區域城鎮數量增多，但占全島城鎮的比例反而下降。北緯22°～24°之間城鎮的分佈較爲集中，城鎮數量達到37個，占到5000人口以上城鎮總數的60.7%，但是此處5000到1萬人口的城鎮數量較多。8個人口超過2.5萬以上的城鎮臺北、高雄、臺南、臺中、基隆、嘉義、新竹、彰化，大致分佈在22°～25°以上之間的不同的緯度段中，相較於其它區域的城鎮空間分佈則相對均勻。

表4.3-4：臺灣5000人以上城鎮經向分佈統計（1940年）

經　度	城　鎮　等　級　規　模（人）						城鎮個數	比重%
	25萬以上	10萬～25萬	5萬～10萬	2.5萬～5萬	1萬～2.5萬	0.5萬～1萬		
122°以上	－	－	－	－	－	－	－	－
121°～122°	1	－	1	－	3	12	17	27.9
120°～121°	－	2	2	2	13	24	43	70.5
119°～120°	－	－	－	－	－	1	1	1.6
合計	1	2	3	2	16	37	61	100

資料來源：
1. 陳正祥、孫得雄、蔡曉畊著：《臺灣的人口》，南天書局出版，1997年，第81頁、第163、164頁。
2. 參閱李瑞麟，《臺灣都市形成與發展》，《臺灣銀行季刊》，第24卷第3期，第8～10頁。

　　從表4.3-4可以看出，東經120°～121°間城鎮分佈占當時城鎮總數的比重爲70.5%，相較於1900年此區域內的城鎮分佈變化不大。而東經121°～122°北緯22°～24°區域內出現了新的城鎮，並且還出現了兩個人口1萬以上的城鎮，此地位於臺東縱谷平原上，隨著東西交通的便捷和對臺灣東部的開發，這裏的城鎮數量增多，規模擴大。

二、城鎮沿主要交通線分佈

鐵路幹線的建設和運營不僅會促進原有城鎮規模擴大和職能多樣化，而且會在沿線的區域中心、重要資源中心等相對優勢區位點催生新的城鎮。鐵路運輸網絡對城鎮與貿易中心的位置和發展，對城鎮之間聯繫等有著強大的導向作用，這種作用對城鎮空間分佈而言，往往是一種線狀的影響，也就是說城鎮往往沿鐵路幹線的主要方向形成「帶狀」的空間擴展模式。

日據初期，殖民政府為了達成對臺灣省政治、經濟的有效控制，十分重視臺灣省的交通建設與現代化港灣的開發。在島內修築了縱貫公路、蘇花公路，南迴公路、新高公路以及縱貫鐵路等交通幹線，再加上一些私設鐵路，整個臺灣島構成了綿密的鐵路網絡。日據初期鐵路建設基本為配合軍事調動與施政便利的目的，隨著日人的統治漸趨穩定，鐵路成為臺灣島內重要的交通運輸工具。光緒二十五年（1899 年）至 1944 年 46 年間，每年客運人數，由 395,338 人增加為 65,442,064 人。每日平均乘客，由 1080 人增加為 179,293 人；46 年間每年貨運噸數，由 1899 年的 67,263 噸，增加為 1944 年的 7,180,592 噸。每日平均貨運量，由 1899 年的 183 公噸增加為 19,672 公噸〔註 36〕。從發展趨勢上看，貨運與客運兩者均在逐漸增加。

鐵路運輸便捷、快速、運量大，比傳統的畜力、人力運輸高出成千上百倍，可以比較方便地溝通商品產地與消費地之間的聯繫。憑藉便利的鐵路交通，商品可以由其腹地向鐵路沿線集聚再運往本地的消費地，也可以通過鐵路運抵港口，再運往其它國家甚至世界各地的消費市場，進口商品則反之，由此鐵路運輸極大地拓展了區域內商品貿易的範圍，帶動區域貿易發展、人員流動，增強沿線聚落的區位優勢。因而，鐵路沿線城鎮作為區域交通節點，逐漸成為區域物資的中轉站和集散地，吸引周圍的物資和資源，擴大城鎮的輻射範圍，提升城鎮在區域經濟中的地位。日據時期交通系統的設計，以貫穿全省重要人口聚居地的縱貫鐵路為主軸，南北兩端則分別銜接基隆與高雄二港。其綿密的交通網絡不僅成為殖民經濟體系內原料、商品和人員往來的的重要工具，而且重塑了臺灣城鎮空間佈局，使清代沿西海岸分佈的城鎮轉向沿鐵路線分佈，形成沿鐵路線分佈的「帶狀」格局。

〔註36〕《重修臺灣省通志》，卷四，《經濟志‧交通篇》，臺灣省文獻委員會，1993年，第 380～386 頁。

圖 4.3-1：1940 年臺灣主要城鎮空間分佈

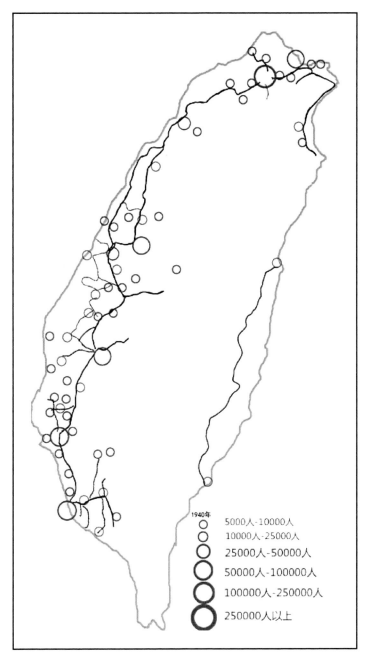

注：根據陳正祥、孫得雄、蔡曉畊著：《臺灣的人口》，南天書局出版，1997
　　年，第 81 頁、第 163、164 頁。同時參閱李瑞麟，《臺灣都市形成與發
　　展》，《臺灣銀行季刊》，第 24 卷第 3 期，第 8～10 頁數據，繪製。

從圖 4.3-1 的 1940 年臺灣主要城鎮空間分佈中可以看出，儘管圖中僅僅繪製出當時臺灣的官營鐵道和私設鐵道，還有一些鐵路支線尚未畫出，但是從中也可以清晰地看出，當時的城鎮大部分都是在鐵路沿線，臺灣西部港口城鎮數量已經不多。鐵路沿線由北向南，分佈著臺北、新竹、臺中、嘉義、臺南、高雄等主要城鎮，奠定了臺灣現代城鎮的基本格局。當時 5000 人口以上的城鎮除美濃等爲數極少的城鎮外，基本上全都分佈在當時綿密的鐵路網之上。

三、三大城鎮密集區出現

自日本殖民者佔據臺灣後，每隔十年或五年，就在臺灣舉辦一次人口普查，每次所得結果一般都整理印出。因而，日據時期臺灣有了較具體的的人口統計數字。

日據時期臺灣人口歷年均有增加。1905 年總人口爲 3,123,302 人，1910 年總人口爲 3,299,493 人，1920 年總人口爲 3,757,838 人，1930 年人口達 4,679,066 人，1941 年總人口達到 6,249,968 人。若以 1905 年人口數爲 100，那麼 1910 年的人口指數增加爲 106，1920 年時增爲 120，1930 年時增爲 150，1940 年時增爲 195，1941 是則到達 200，先後 36 年之間，人口激增一倍〔註37〕。就人口的年增加率而言，歐洲各國在 1920 年～1930 年的十年間，每年平均人口增加率僅爲 10.25‰，其中東歐最高，達 15.19‰，其他地區大概在 7.5‰以下。而同期臺灣人口的平均增加率高達 21.68‰，可見當時臺灣人口增加率之高〔註38〕。

人口的增加，有自然增加與社會增加兩種。當時臺灣高速度的人口增加，主要原因在於自然增加。臺灣在開拓初期，人口的增加無疑是以移民爲主，當時從大陸的閩、粵等省，每年皆有大量人口來臺。但在清末，移民人數已漸減少。到日本殖民者強佔臺灣後，本地人口已漸稠密，同時也受到日本殖民地政府的限制，內地人移殖臺灣者已經不多；相反，由於日本人的壓迫，遷出臺灣的人數卻在逐漸增加。據統計，從 1906 年至 1940 年的 35 年間，內地人遷入本省者共計爲 204,735 人，平均每年僅爲 5850 人；徙出者共計 178,745 人，平均每年爲 5107 人。而日本人的遷入，卻逐年增加，1906 年至 1940 年

〔註37〕 《臺灣省通志》，卷二，《人民志・人口篇》，臺灣省文獻委員會，1972 年，第 148～150 頁。
〔註38〕 《臺灣省通志》，卷二，《人民志・人口篇》，臺灣省文獻委員會，1972 年，第 150 頁。

的 35 年間，遷入臺灣的日本人共計 722,436 人，平均每年 20,641 人；徙出的日本人共計 579,927 人，平均每年 16,569 人。其間在臺灣的日本人，應以 1943 年最多，達 397,090 人，約占全省總人口的 6%。但是內地人與日本人、朝鮮人及其它外國人合計，在 1910 年～1920 年間每年淨遷入臺灣者不過 5,682 人；1921 年～1930 年每年平均僅 3434 人；1931 年～1940 年間每年平均亦僅 3931 人。以這些數字與臺灣全省總人口數比較，實微不足道；可見外界移民入境，對臺灣人口之增加，並無多大影響〔註 39〕。

1911 年～1920 年間，臺灣平均每年增加的人口總數為 45,835 人，其中屬於自然增加者為 41,429 人，約占人口增加總數的 90%；1921 年～1930 年間，平均每年人口增加總數為 92,123 人，其中屬於自然增加者計為 83,723 人，約占 91%；1931 年～1940 年間，平均每年人口增加總數為 139,841 人，其中屬於自然增加者計 128,628 人，約占 92%。可見，日據時期臺灣人口的增加，十分之九以上係由於本地人口之自然增加〔註 40〕。

表 4.3-5：1920、1940 年臺灣各州廳人口分佈及密度

（單位：人、人/每平方公里）

州、廳	1920 年			州、廳	1940 年		
	人口總數	人口密度	占總人口百分比%		人口總數	人口密度	占總人口百分比%
臺北州	743,077	163	20.32	臺北州	1,140,530	248	19.42
新竹州	560,293	122	15.33	新竹州	783,416	171	13.34
臺中州	776,830	105	21.25	臺中州	1,303,709	177	22.20
臺南州	954,180	176	26.10	臺南州	1,487,999	275	25.34
高雄州	532,704	90	14.57	高雄州	857,214	150	14.60
臺東廳	38,791	11	1.06	臺東廳	86,852	25	1.48
花蓮港廳	49,433	11	1.35	花蓮港廳	147,744	32	2.52
總計	3,655,308	102	100	澎湖廳	64,620	509	1.10
—	—	—	—	總計	5,872,084	163	100

資料來源：《臺灣省通志》，卷二，《人民志・人口篇》，臺灣省文獻委員會，1972 年，第 138、140 頁。

〔註 39〕《臺灣省通志》，卷二，《人民志・人口篇》，臺灣省文獻委員會，1972 年，第 162 頁。

〔註 40〕《臺灣省通志》，卷二，《人民志・人口篇》，臺灣省文獻委員會，1972 年，第 165 頁。

　　從表 4.3-5 可見，1920 年到 1940 年臺灣人口的人口密度由 1920 年的每平方公里 100 人增加到 1940 年的每平方公里 163 人，只不過是每個州廳人口增加的幅度不盡一致。1920 年時臺南州人口占到總人口的 26.10%，臺灣當時 1/4 多的人口分佈在此地，臺中州人口占總人口的 21.25%，臺北州人口占總人口的 20.32%，臺南州、臺中州、臺北州三個州人口就占到當時臺灣總人口的 67.67%，2/3 多的人口分佈在這裏。而臺東、花蓮兩廳僅占 2.41%。到 1940 年時分佈變化不算太大，臺南州、臺中州、臺北州占總人口的數量有所下降，臺南州人口最多，占人口總數的 25.34%，1/4 還強，臺中州、臺北州各占總人口數量的 22.20% 和 19.42%，這三個州占總人口的 66.96%，還是 2/3 稍多點的人口分佈在此處，可見，臺南州、臺中州、臺北州三大地域是人口密集區。而臺東、花蓮港兩廳增加稍快，二者占總人口數量增加到 3.62%。人口密度與人口分佈基本一致，澎湖廳因開墾較早，人口最稠密。總起來看，臺灣人口還是密集分佈在西海岸的南部、中部和北部平原地帶，而東部最為稀疏。

　　日據初期 2 萬人以上的聚落只有 3 個（臺南、大稻埕與艋舺），而 1 萬至 2 萬人之間的聚落也只有 5 個（新竹、鹿港、彰化、嘉義與宜蘭）。當時最大城鎮臺南人口不到 5 萬。日據後期的州轄市已有 11 個（宜蘭、基隆、臺北、新竹、臺中、彰化、嘉義、臺南、高雄、屏東、花蓮港）。小鎮（稱街）有 65 個，最大城鎮臺北人口已經達到 28 萬人以上。

表 4.3-6：1940 年臺灣各州廳 5000 人口以上的城鎮

州、廳	25 萬人以上	10 萬～25 萬	5 萬～10 萬	2.5 萬～5 萬	1 萬～2.5 萬	0.5 萬～1 萬	數量（個）	百分比
臺北州	1	—	1	—	1	9	12	19.67
新竹州	—	—	—	1	1	2	4	6.56
臺中州	—	—	1	1	3	8	13	21.31
臺南州	—	1	1	—	7	12	21	34.43
高雄州	—	1	—	—	2	5	8	13.11
臺東廳	—	—	—	—	1	0	1	1.64
花蓮港廳	—	—	—	—	1	—	1	1.64
澎湖廳	—	—	—	—	—	1	1	1.64
總計	1	2	3	2	16	37	61	100.00

資料來源：陳正祥、孫得雄、蔡曉畊著：《臺灣的人口》，南天書局出版，1997 年，第 81 頁、第 163、164 頁。

　　表 4.3-6 可見，臺灣城鎮規模空間分佈具有顯著的地域差異。全省僅存在一個 25 萬人以上的大城市，即殖民地首府臺北，在空間上位於臺灣的北部；10 萬人口以上的城鎮臺北州、臺南州和高雄州各有 1 個；1 萬～2.5 萬人口的城鎮主要分佈在臺灣南部的臺南州和臺中州，兩州 1 萬～2.5 萬人口的城鎮 10 個；0.5 萬～1 萬人口的城鎮主要集中於臺中州和臺南州和臺北州，其城鎮數量達 29 個。總起來看，1940 年臺灣 5000 人口以上的城鎮分佈主要集中在臺灣人口的密集區，即臺北、臺中、臺南三州，其城鎮數量占到 5000 人口以上城鎮總數的 75.41%，3/4 以上的城鎮分佈在這三個州。這恰恰與前面分析的臺灣人口分佈一致。

　　下圖 4.3-2 可以清楚地看出，1900 年臺灣 5000 人口以上的城鎮空間分佈基本集中於西部沿海，除東部以外，北部、中部、南部相差基本不大。到 1940 年臺灣 5000 人口以上的城鎮不僅規模擴大，而且數量增多，這些 5000 人以上的城鎮多沿鐵路線分佈，臺灣東部也出現了臺東、花蓮、羅東三個城鎮。

圖 4.3-2：臺灣主要城鎮空間分佈（1900 年～1940 年）

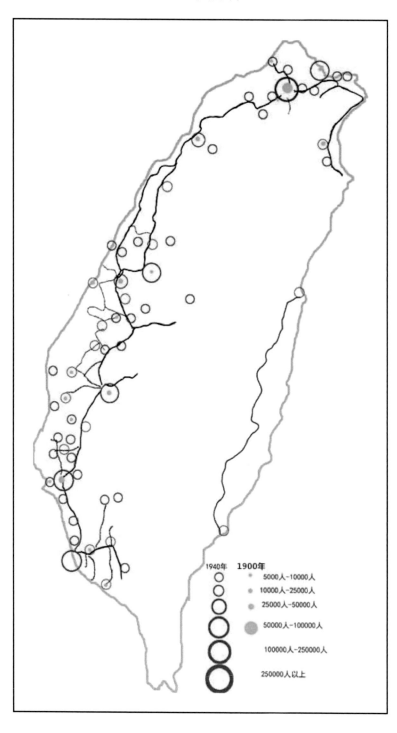

第四節　日據時期城鎮間的聯繫與網絡

　　城鎮體系內的聯繫依賴於體系內部各城鎮之間的溝通渠道以及城鎮之間的信息「能量」和物質交流。日據時期臺灣城鎮間的聯繫除了行政上的垂直管理之外，還有隨著臺灣立體交通網絡的形成，通過各種交通運輸設施所實現的貨物、人口流動，以及由此而形成的市場網絡。

　　1895 年日本佔據臺灣後，力圖使臺灣成為日本獨佔的商品市場，大力強化臺日間的貿易關係，企圖建立起統一的宗主國──殖民地區域經濟。因此，臺灣的對外交通主要是配合日本交通航線漸次發展，殖民者通過實施命令航路與航運補助金的政策，促進臺日間經貿的整合；在臺灣島內則主要以縱貫鐵路為基礎聯結南北兩端的基隆和高雄兩大港口，並通過私設鐵道、輕便軌道、山地公路等深入臺灣平原與山區，在臺灣形成緊密的海陸空立體交通網絡。

　　日據時期，這些主要交通線路一般都經營客運、貨運業務。1899 年官營鐵路客運人數為 395,338 人，載運貨物 67,263 噸。此後逐年增加，至 1944 年客運數為 65,442,064 人，貨運數增至 7,180,592 噸；私設鐵路營運，1909 年乘客為 240,992 人，營業運載貨物 29,656 噸，1942 年乘客增至 9,768,626 人，營業運載貨物達 1,811,114 噸；林業專用鐵路也部分參加營運，1941 年乘客 42,324 人，載貨 108,516 噸〔註41〕。1912 年施景琛在《鯤瀛日記》記載，縱貫鐵路「自全線交通以來，北部之茶、中部之米穀、南部之砂糖，運輸便利，商業日益發達，平均一日一里通過人數約三百六十人，平均一日一里通過噸數一百八十噸，查明治四十一年度（1908 年）鐵道之收入已達 230 餘萬元，比年當必倍蓰」〔註42〕。

　　日據初期，開闢了臺灣至日本神戶、華南等地的定期航路，並在臺灣島內各港口間也開闢了航線。至 1915 年，臺灣定期的輪船航線有：基隆──神戶線、高雄──橫濱線、沿岸東線（基隆、蘇澳、花蓮港、臺東、蘭嶼、高雄間）、沿岸西線（基隆、馬公、高雄間）、沿岸附屬線（蘇澳、花蓮港）、華

〔註41〕鐵路修築和營運情況見《臺灣省五十一年來統計提要》，臺灣省行政長官公署統計室，1946 年。表 424：省營鐵路概況；表 443：歷年省營鐵路客運人數；表 435：歷年省營鐵路貨物運輸量；表 444：歷年私設鐵路運輸數量；表 441：歷年林業專用鐵路客貨運數量和收入。

〔註42〕《臺灣遊記》，《鯤瀛日記》，臺灣文獻叢刊第 89 種，臺灣銀行經濟研究室，第 47 頁。

南甲線（基隆、廈門、汕頭、香港、廣州）、華南乙線（高雄、廈門，汕頭、香港、廣州）、華南西線（基隆、福州）、華北線（高雄、福州、上海、青島、大連、天津），南洋甲線（高雄、基隆、馬尼拉、山打根、吧城）、南洋乙線（基隆、香港、西貢、曼谷）、南洋丙線（基隆、香港、海口、海防）。之後，隨著發展的需要不斷增加或改變航線。1940 年殖民者指定的航線有：基隆——神戶線、高雄——東京線、基隆——花蓮線、沿岸東線、高雄——馬公線、新港——紅頭嶼線、高雄——清津線、高雄——仁川線、高雄——大連線、高雄——天津線、高雄——廈門線、基隆——廣東線、基隆——爪哇線、基隆——菲律賓線、高雄——阿巴利線等。輪船客貨運輸量也增長較快，1942 年官營近海、外洋客運達 240,208 人，臺灣沿岸客運 93,468 人，近海、外洋貨運 1321,285 噸，臺灣沿岸運輸 166,375 噸〔註43〕。

臺灣空運始於 1935 年 4 月的臺北——福岡線（中間經過那霸），全程 1610 公里，每日往返一次。其次，臺灣本島的環島航線，始於 1935 年 9 月，以臺北為基點，經臺中、臺南、高雄、臺東、花蓮港、宜蘭而返臺北，每周二次，一日往返。臺南馬公線雙日飛行一次。此外，1937 年以後曾增開臺北上海線及臺北廣東線〔註44〕。當時臺灣建有臺北松山機場、宜蘭機場、臺中機場、臺南機場、臺東機場等。自航空運輸開辦以後，業務日趨頻繁〔註45〕。

日據時期，臺灣郵電業務遍及臺灣主要都市。1898 年全臺有大小郵局 196 所，收發郵件 15,238 千件、郵包 201 千件，1942 年大小郵局增到 2005 所，收發郵件 21,048 千件，郵包 4209 千件。電信業務有較快的發展，1896 年收發電報件數 411 千件，1943 年增到 5940 千件。使用電話的戶數 1917 年有 5365 家，1942 年達 25,752 家〔註46〕。

臺灣交通運輸和郵政電信業務的迅速發展，既為日本殖民者掠奪臺灣資源，控制臺灣市場提供了條件，同時也方便了臺灣商旅的往來和商業活動的進行，促進了商品的快捷、廣泛流通。另外，這一時期還興起一些近代金融業，如銀行業、保險業等。1899 年成立了臺灣銀行、臺灣儲蓄銀行，1905 年

〔註43〕《臺灣省五十一年來統計提要》，臺灣省行政長官公署統計室，1946 年。表 464：歷年政府規定航線航海次數及客貨運。

〔註44〕宋家泰編著：《臺灣地理》，正中書局，1946 年，第 109～110 頁。

〔註45〕《重修臺灣省通志》，卷四，《經濟志・交通篇》，臺灣省文獻委員會，1993 年，第 803 頁。

〔註46〕黃福才著：《臺灣商業史》，江西人民出版社，1990 年，第 213 頁。

成立彰化銀行，1909 年後又成立臺灣商工銀行、華南銀行等。

　　日據時期，臺灣商業經營形式主要有兩大類，一類是原有的經營形式，包括一些中小型商店、小攤小販等；一類是近代企業組織經營形式的商業。當時島內各市街還有大量沿用舊有經營方式的中小型商店。如臺南市，1930年有木履製造販賣店 17 家、飲食店 40 家、豬肉脯製造及販賣店 5 家、日用雜貨販賣 45 家、時鐘眼鏡貴金屬等販賣 24 家、藤材販賣 7 家、鳥類販賣 7 家、冬瓜蜜餞製造販賣 6 家、提燈製造販賣 9 家、度量衡器販賣 5 家、茶商 9 家、苧黃（麻）買賣 3 家、中介業 1 家、留音機販賣 5 家、木桶類製造販賣 13 家、海產物販賣 13 家、鐵器打製販賣 42 家、玻璃販賣 9 家、五金商 14 家、陶器商 16 家、禮拜紙製造 37 家、釣魚道具販賣 6 家、收音機販賣 3 家、運動器具及樂器販賣 9 家、面線製造及販賣 40 家、農具販賣 5 家、糕餅製造販賣 45 家、青果販賣 9 家、玩具販賣 2 家、草花及農產物種子販賣 4 家、鞋原料販賣 4 家、鞋製造販賣 31 家、洋品雜貨販賣 51 家、藥種商 83 家、傢具製造販賣 48 家、建築材料販賣 11 家、計量器販賣 17 家、文具紙商 23 家、米店 35 家、化妝品店 10 家、古物及古董店 26 家、書籍商 9 家、薪炭及石炭商 13 家、寫真機械（即照相器材商）5 家、自轉車（即自行車）商 17 家、醬油製造販賣 19 家、自動車商 24 家、肥料商 10 家、線香製造商 22 家、木瓜蜜餞製造販賣 8 家、布商 32 家、油商 10 家、冰類飲物商 10 家、木材商 5 家、砂糖商 26 家、京染悉皆業（即日本綢販賣業）8 家，棉布販賣 2 家、石油爐商 4 家、水泥商 9 家、乾物商 25 家等〔註47〕。舊的行業如農具店、竹具店，南北貨店、香燭店、糊紙店、製棕簑店、裁縫店、打鐵仔店、打棉店、彩帛店（布店）、染布店、大面店等。一部分小攤小販集中於各零售市場內，從事蔬菜、肉類、魚類、果類及其他雜貨的銷售；一些小攤小販散佈於街市中，挑著擔子，走街串巷叫賣，如賣草席、賣木屐、賣竹椅竹籠、賣竹笠、賣布、賣食品等。如賣布的肩上放幾匹，背後又背一大包，挨戶兜售，賣零用雜貨的稱賣搖鼓或搖鼓擔，又有賣茱、賣蜂蜜、賣水產品的。有的還輔以敲打各種東西的響聲，如搖鼓擔者手搖「叮哨叮哨」的鼓、夏天賣冰棒者以搖鈴為記號、賣魚丸湯的用鐵湯匙「叩叩」敲打湯碗、賣烘蕃薯者以手搖動特製竹筒發出「咯嚕咯嚕」的聲音、賣李仔糖的在鐵筒內放木簽上下「嚼嚼」搖動、

〔註47〕黃福才著：《臺灣商業史》，江西人民出版社，1990 年，第 242～243 頁。

賣麵茶的則利用水蒸氣從茶壺噴氣作「波波」的聲音等〔註48〕。

當時新的商業經營形式，是股份公司形式。殖民者為推行其奴化政策，將臺灣一些商業銷售機構的名稱改為日式名稱，如批發商改為卸商；零售商改稱小賣商，股份有限公司稱為株式會社，無限公司稱為合名會社，兩合公司為合資會社，有限公司為有限會社等。1906 年股份有限公司有 13 家，1927 年 418 家，1941 年增至 1218 家；兩合公司 1906 年有 11 家，1927 年 385 家，1941 年增至 552 家；無限公司 1906 年有 4 家，1927 年 70 家，1941 年增至 131 家；有限公司 1941 年有 45 家〔註49〕。

日據時期，殖民者在臺灣的交通建設，儘管有其自身的目的，但是臺灣的海陸空立體交通網絡與臺灣的市場網絡配合，畢竟使臺灣的交通往來更加便利，臺灣商品貨物和人員等的流動更快捷，臺灣各城鎮間的聯繫和交往更密切，在一定程度上推動了臺灣城鎮的現代轉型。

第五節　日據時期臺灣城鎮的殖民地特徵

日據時期，城鎮是日人對臺灣實施殖民統治的重心，「殖民城市是殖民依賴關係（殖民的依賴性）的具體化。這裏的『殖民』概念狹義地指涉：對另一國家領土之佔領，以及以軍事與政治之直接壓迫為機制建立的不對稱關係。至於依賴關係，其實是一種經濟上的剝削、政治上的壓迫、與文化經驗上的支配關係的不同層次抽象，著重的是兩社會間關係的不對稱性」〔註50〕。日本強佔臺灣後，臺灣被迫納入殖民母國的社會經濟體系，臺灣城鎮亦顯現出濃鬱的殖民地特徵。

一、日本殖民統治下的臺灣城鎮

臺灣作為日本的殖民地，「第一要為宗主國供給原料，第二要替宗主國推銷商品，第三還要為宗主國容納過剩的人口與資本」〔註51〕。日據時期的

〔註48〕黃福才著：《臺灣商業史》，江西人民出版社，1990 年，第 242 頁。

〔註49〕《臺灣省五十一年來統計提要》，臺灣省行政長官公署統計室，1946 年。表 305：歷年各類公司數及資本額。

〔註50〕夏鑄九，《殖民的現代性營造——重寫日本殖民時期臺灣建築與城市的歷史》，《大學學術講演錄》叢書編委會，《中國大學學術講演錄》（2002），廣西師範大學出版社，2002 年，第 222 頁。

〔註51〕周憲文編著：《臺灣經濟史》，臺灣開明書店印行，1980 年，第 395 頁。

臺灣，政治上殖民者建立了嚴密的統治機構，並試圖通過移民同化臺灣人民；經濟上殖民者的資本控制了臺灣，臺灣經濟淪爲日本經濟的附庸；文化上實施「差別教育」、「同化教育」、「皇民化教育」。「日人據臺期間，在政治、經濟、社會、教育、文化上最普遍而明顯之現象，厥爲『差別待遇』與『歧視』……日人在優於臺灣人待遇之下亦養成妄自尊大，視臺灣同胞爲附庸之觀態」〔註52〕。隨著臺灣經濟逐步淪爲日本殖民者的附庸，不僅造成了臺灣典型的「殖民式經濟」，而且城鎮也被深深地烙上殖民者的烙印。

（一）殖民地經濟

日本佔據臺灣後，爲了臺灣農業生產接應日本工業發展之需，扶植日本工業的成長，殖民者一方面爲滿足日本國內食糧與工業原料的需要，積極發展臺灣農業；另一方面在臺灣大肆傾銷本國過剩的工業產品。臺灣無形中成爲日本農業在海外的延伸，淪爲日本經濟的附庸。

表 4.5-1：日據時期臺灣各產業占生產總值的比重

年　份	農　業	工　業	礦　業	林　業	水　產
1902	78.3	16.8	2.9	0.1	1.9
1907	81.7	14.1	2.5	0.1	1.9
1912	63.4	32.1	3.1	0.1	1.4
1916	46.8	47.3	3.0	0.7	2.1
1922	52.6	37.8	3.6	3.1	2.9
1927	54.9	34.8	4.2	2.8	3.5
1932	52.7	40.1	2.6	2.0	2.6
1937	47.9	43.2	4.3	1.9	2.7

資料來源：《臺灣省通志》，卷四，《經濟志・綜說篇》，臺灣省文獻委員會編，1971年，第 76 頁。

日據時期，臺灣的經濟基礎基本上是以農業經濟爲主。從表 4.5-1 可見，直至 1907 年農業產值還占生產總值的 81.7%，工業產值占生產總值的 14.1%，礦產產值占生產總值的 2.5%，水產產值占生產總值的 1.9%，林業產值占生產總值的 0.1%。儘管 1937 年臺灣農業產值占全部生產總值的比重下降到 47.9%，工業產值占生產總值的比重上陞爲 43.2%，但是其工業仍以食品加工業爲主。日本發動全面侵華戰爭後，殖民政府爲了備戰，曾試圖大量引進造

〔註52〕臺灣省文獻委員會編，《臺灣史》，1984 年，第 491～492 頁。

船、金屬、煉油、紡織、肥料等新式工業進入臺灣，來強化殖民地的工業基礎，但因太平洋戰爭的爆發，臺灣新式工業的發展並不顯著。

在當時臺灣的對外貿易中，對日貿易占到貿易總額的 90%左右，其他地區的貿易不及總額的 10%，對日貿易占絕對優越地位〔註 53〕。從臺灣輸入日本的是種類單純的農業品，而從日本輸至臺灣的，則是五花八門的工業品。臺灣的重要貿易品（1925 年，價額在 100 萬以上者），按其價額的順序，列舉如下：

輸出＝茶、煤、砂糖、綿織物、樟腦、乾魷魚、酒精、水泥。

移出＝砂糖、香蕉、米、酒精、樟腦、檜材、樟腦油、番薯乾、菠蘿、罐頭、煤、模造（panama）、鯉節、食鹽。

輸入＝油粕、肥料、砂糖、大豆、鴉片、麻袋、木材、藥品、米、石油、包席。

移入＝米、綿織物及絲織物、鐵及其它鐵器、肥料、機械類、乾魚及鹹魚、小麥粉、乾魷魚、紙、藥品、麻袋、金屬製品、木材、清酒、啤酒、捲煙、綿絲、medias（西班牙語，日譯「莫大小」，指可以伸縮之織物如汗衫之類而言）、火柴、罐頭、石油、毛織物。

再就統計表詳細研究其內容，則臺灣大體為：（1）以食料品原料品供給日本，而提供工業品（織物及重工業製品、肥料、雜貨等）的市場；（2）同種商品，則以上等品供給日本，下等品由日本進口（例如出賣蓬萊米而購買外米、出賣檜木而購買松杉）；（3）為日本商品的轉運地（綿織物、海產物等）；（4）由於臺灣本身工業化的發展，而逐漸開拓外國市場（砂糖、酒精、水泥等）：（5）特產的輸出（茶、樟腦）〔註54〕。

「通常，殖民地是本國工業品的市場，並為對本國食料品及原料品的供給者；這是殖民地的價值所在。即殖民地貿易，是工業國對農業國的貿易，是精製品對粗製品的貿易」〔註55〕。在臺灣社會的經濟生活中，對日本的依

〔註53〕周憲文編著：《臺灣經濟史》，臺灣開明書店印行，1980 年，第 632 頁
〔註54〕〔日〕矢內原忠雄著：《日本帝國主義下之臺灣》，周憲文譯，帕米爾書店，1987 年，第 121～122 頁。
〔註55〕〔日〕矢內原忠雄著：《日本帝國主義下之臺灣》，周憲文譯，帕米爾書店，1987 年，第 120 頁。

賴性也日益增加。從 1903 年到 1935 年,「臺灣經濟生活的對外依賴性,乃由 25.8%提高到 44.3%,而其對日本的依賴性,則由 13.0%提高到 36.8%。這就充分表示臺灣經濟經過貿易而日益日本殖民地化」〔註56〕。

日本不僅在貿易上控制臺灣,更在生產上獨佔臺灣利潤。1899 年日本頒佈《改定關稅定律法》,提高關稅稅率,由 5%提高至 15%;同時廢止出口稅。當時臺灣也使用此稅率,但是仍繼續徵收出口稅;對於臺灣輸入至日本的貨物,則除糖、米之外,另加出港稅。該稅的實施「一面使臺灣貿易品(尤其是糖與米)可輸往日本,他面是商業資本的貿易,轉換進展爲產業資本的貿易」〔註57〕。實際上日本佔領臺灣之初,日本人在臺灣的投資,多限於單純的商業資本,其後才逐漸由商業資本轉變爲工業資本,如三井物產會社投資設立的臺灣製糖會社、安部幸商店創設的鹽水港製糖會社、鈴木商店創設的東洋製糖會社等規模較大的糖業公司,均是由商業資本發展爲工業資本的顯著實例。日據中期,日本人在臺灣工業投資顯著增加,1914 年工業資本額爲六千萬日元,工廠數共爲一千三百餘家,工業生產額爲五千萬元;至 1920年資本額增至二億元,工廠數達二千六百家,工業生產額增至一億九千萬元,在此先後六年中大致約增加二倍至三倍〔註58〕。日本資本家在臺灣的投資迅速增加,投資範圍已擴及各種生產事業,正如矢內原忠雄指出:「權力在資本不甚發達的地方亦可創造獨佔,……資本主義在殖民地的獨佔化,是獨佔資本主義政府必然的殖民政策」〔註59〕。

經濟掠奪是殖民者的最主要目的,「帝國主義是追求獨佔利潤,一面向殖民地投資,同時又由殖民地吸收資金的。它對殖民地,是站在『不在地主、不在資本家』的地位;是以殖民地爲踏腳石,支持並發展本國的利息生活者及海外投資。這就是資本移動所看到的帝國主義下殖民地的地位」〔註60〕。臺灣在日本殖民統治下,特別是在對殖民者工商業貿易的殖民依賴下,塑造結構著臺灣的殖民地經濟。

〔註56〕周憲文編著:《臺灣經濟史》,臺灣開明書店,1980 年,第 625 頁

〔註57〕周憲文編著:《臺灣經濟史》,臺灣開明書店,1980 年,第 624 頁。

〔註58〕《臺灣省通志》,卷四,《經濟志・綜說篇》,臺灣省文獻委員會,1971 年,第 73 頁。

〔註59〕〔日〕矢內原忠雄著:《日本帝國主義下之臺灣》,周憲文譯,帕米爾書店,1987 年,第 59 頁。

〔註60〕周憲文編著:《臺灣經濟史》,臺灣開明書店印行,1980 年,第 632 頁。

（二）日本移民

日本殖民者佔據臺灣之初，臺灣總督府就將移民、開發臺灣資源作為其施政急務之一。當時臺灣總督府首任民政局長水野遵即向總督樺山資紀提交了一份名為《臺灣行政一斑》的報告，具體闡述了其經營臺灣殖產事業的基本構想。他在其報告中說：「臺灣土地肥沃，物產豐富，既開發之土地僅為幾分而已，遺利尚多，尤其東部蕃地為然，對於蕃民之撫育、林野放領、礦山畫借等等。擬定辦法，移住內地人，以興未開之力，此為經營臺灣之急務，移住內地人之謀。」並提議「移民不使一攫千金者流蔓延（充斥），亦不要單憑以勞力為主，宜以有力者出而投資經營企業。」〔註61〕受此政策引導，當日本的國家力量進入臺灣之時，其資本與人口也隨之移入。

日本佔據臺灣之後，不僅有大量的日本資本進入臺灣，同時日人如官吏、資本家及其從屬者也隨政權及資本的活動而移住到臺灣。如由日本募集來的臺灣警察、由日本來的煤礦上的煤坑夫、日本的漁民、企業中的日本職工、農民等。儘管當時日本人口在臺灣總人口之中比例不高，但是因其統治者的特殊身份，其所擁有的地位和權利卻是其他人無法比擬的。

當時來臺的日本人，多集中分佈在當時規模較大的城鎮，而且規模越大的城鎮，日本人所佔比率越高。據 1940 年戶口普查記錄所繪的日本人分佈圖，除了東臺縱谷北端因有日本農業移民，情形比較特殊外，其人口密集分佈之處，幾乎完全與都市、鄉街的分佈區位一致。1940 年各市街莊日本人所佔總人口的比率，以臺北市、花蓮市與基隆市為最高，分別為 28.1%、27.0%與 24.8%。臺北市倘若將松山區除外，則高達 29.1%。此外新竹、臺中、嘉義、臺南、高雄與屏東等市，則介乎 10～20%之間。山區因為林業經營與高山族管理上的需要，故若干地點日本人所佔的比率亦頗高〔註62〕。

日本殖民者向臺灣城市地帶的移民，多是政治與經濟上的統治階層，大部分為廣義的行政人員、產業指導人員及其有關的商業人員。其中比率最高的為公務自由業，特別是「官公吏」之較高級者均由日人獨佔，計占 40.5%。其次，為工商業，商業及交通業占 33.1%；工礦占 16.4%，工業人員主要為技

〔註61〕張素玢著：《臺灣的日本農業移民（1895～1945）——以官營移民為中心》，「國史館」，2001 年，第 35 頁。

〔註62〕陳正祥、孫得雄、蔡曉畊著：《臺灣的人口》，南天書局出版，1997 年，第 181～182 頁。

術人員及中高級事務人員〔註 63〕。臺灣級別較高的官吏和公吏的職位，幾乎完全為日本人所獨佔。在 1929 年前後，即在日本統治已歷 30 年後，在臺灣據說只「寄生」了高等官五級以下 5 人，判任官有級者 30 餘名，此種情形乃至為以統治嚴苛著稱的朝鮮殖民地所沒有的。直至 1945 年戰爭及殖民地統治結束時，經歷了戰爭中屢次「開放」的結果，在敕任官 167 人中，臺灣本島人只有一人，且是與行政無關的杜聰明醫學博士。奏任官 2120 人，臺灣本島人僅 29 人，且絕大多數為技術人員。判任官 21,798 人中，臺灣本島人占 3726 人，只為總數的 17%。日本人不僅獨佔了高級官吏，並依「法」享受特別加俸（較同職級本島人高 50～60%）外，並且所有的同業組合、公共埤圳、農會、水利組合、街莊長等，均為日本人（主要為退職官吏）所佔據〔註 64〕。

日本人移民臺灣不僅僅為了開發臺灣資源，還有一個重要目的，即要同化臺灣人民，讓臺灣人民浸浴在日本文化之下，逐漸改變臺灣人的風俗習慣，「不論中國民族或蕃民，同被日本文化，極力多數移住我內地良民，使其彼此相接近，漸次移風易俗為上策」〔註 65〕。在臺灣進入相對穩定期後，日本積極鼓勵日本農民移民臺灣。

日本移殖本國農民到臺灣，對日本而言，不但可減輕人口壓力，緩解日本耕地過小的弊病，而且對日本統治者而言，日本人永久性地移住定居，還有宣示其對臺灣的領土所有權的意味，符合殖民者長期統治的需要，「純粹的資本家殖民政策，乃以原住民的民族自覺受到威脅；故擬附以移住的殖民政策，扶殖日本人的民族勢力……一方面製造母國人統治階級，另方面形成勞動階級的一部分，使其負擔殖民地開發所需要的一切要素，這實為殖民地統治的要諦」〔註 66〕。「與資本及商品的發展一樣，移民的發展地也不僅以臺灣為對母國之栽培殖民地的地位為滿足，即其使命，實在使帝國南方發展的寄泊地或中繼地」〔註 67〕。進而通過移民，徹底同化臺灣人民的風俗習慣。

〔註 63〕 黃靜嘉著：《春帆樓下晚濤急──日本對臺灣的殖民統治及其影響》，商務印書館，2003 年，第 56 頁。

〔註 64〕 黃靜嘉著：《春帆樓下晚濤急──日本對臺灣的殖民統治及其影響》，商務印書館，2003 年，第 329 頁。

〔註 65〕 張素玢著：《臺灣的日本農業移民（1895～1945）──以官營移民為中心》，臺北「國史館」，2001 年，第 35 頁。

〔註 66〕 〔日〕矢內原忠雄著：《日本帝國主義下之臺灣》，周憲文譯，帕米爾書店，1987 年，第 129 頁。

〔註 67〕 〔日〕矢內原忠雄著：《日本帝國主義下之臺灣》，周憲文譯，帕米爾書店，

比較而言，當時臺灣西部沿海平原，耕植密度、人口密度較高，而臺灣東部未開墾土地稍多，人口密度低，因而官營移民主要在臺灣東部試行，殖民者並且對官營移民地進行了一列的工程建設，如殖民預定地的地名，改日本式；移民村採用折衷的密居制，對移民地的基礎設施如移民房屋、小學校、醫療所、神社、傳教所等建築，以及道路、灌溉排水設施、野獸防禦柵等的建設，都由官方負責修建。當時花蓮港廳的移民村有吉野村、豐田村及林田村，臺東廳有旭村、鹿野村、鹿寮村等。

「1925 年臺灣東部的 9 萬人口中，平地『番人』46,000 人，臺灣人 27,000人，日本人 15,000 人；臺灣人占 30%，日本人占 17%。臺灣全島的人口百分比，爲臺灣人占 92.5%，日本人占 4.6%，兩相相較，則可見東部臺灣人口，相形之下，這不是臺灣人的，這是日本人的……像花蓮港街，是純粹的日本市街。事實上，東部臺灣是顯著日本化的，與西部旅行的印象完全不同。即得承認，比較西部，則東部已經建設起日本人的移民移住地」〔註 68〕。當然，由於種種原因，日本人在臺灣東部只是建設了少數的移民村，並未達到預期的成功，「要而言之，日本人對於臺灣的移住，在其沿革及其性質上，又在總督府移民獎勵政策的觀念上，雖然具備帝國主義的特徵，至其實迹，作爲解決日本國內過剩人口的對策，價值是不大的」〔註69〕。

日據時期，日本殖民者在臺灣不僅在政治上建立了一整套嚴密的統治機構，經濟上造成了臺灣典型的「殖民式經濟」；文化上殖民者還極力推行其同化政策和奴化教育，特別是日據後期的「皇民化」運動，造成部分臺灣民眾中存在著一種「皇民」心理，甚至一部分人產生難以割捨的「日本情結」。這正是日本殖民統治造成的嚴重惡果之一。

二、濃厚殖民色彩的市區改正計劃

城市是殖民者行使政治經濟統治的基地。日本佔據臺灣之後，爲了達成其殖民統治的目的，先後實施了一系列的城市規劃。正如日據初期，殖民政府的民政長官後藤新平所說「樹立宏大的都市計劃、建造壯麗的建築

　　　1987 年，第 129～130 頁。
〔註68〕〔日〕矢內原忠雄著：《日本帝國主義下之臺灣》，周憲文譯，帕米爾書店，
　　　1987 年，第 129～130 頁。
〔註69〕周憲文編著：《臺灣經濟史》，臺灣開明書店印行，1980 年，第 449～450 頁。

物、建設完整的都市設備，以安定內地人，絕對是殖民統治的必要條件。由此殖民者對於上至總督官邸，下至官廳、宿舍，甚至於都市計劃無不全力以赴」〔註70〕。

臺灣城鎮原本與大陸許多傳統城鎮一樣，道路曲折狹窄，街道多自然形成；市街建築密集，房屋採光和通風不良，衛生設施匱乏等。日據之初，日本人不適應臺灣的氣候，以致於「臺地多疫病，瘴癘、鼠疫為最慘毒者，……我文武官之在臺者，大抵為瘴癘所染，重者一再病而殞，輕者經五、六十回而不死。唯屢罹者，氣血枯喪，歸國而後尚不能脫者，往往有焉。此病之發，或每日、或隔日而患之，不違時間而來。先感惡寒，忽而戰慄眩暈，如以磐石壓頭腦。或苦吟發囈語，似病風者」，殖民者認為其原因在於「臺地衛生之術未開，不免鼠疫之來襲。我邦則氣候清涼，衛生之術亦整備，雖有鼠疫，不能侵入」〔註71〕。因而，日人所謂「市區改正」的原始動力是從衛生的角度對城市加以改造。正如安東尼・金（King）所說：在潛藏的政治經濟功能的背後，驅動所有殖民地城市規劃的最大的動力是史彎森（Swanson）所謂的「衛生症候群」，亦即凌駕一切的、甚至於是身不由己的對「健康的關心」〔註72〕。實際上從日本在統治初期實施的市區改正的設計中也可看出其衛生功能的支配性，「日本的殖民統治者並非如當時外國殖民地派出的傳教士，而是所謂的『衛生第一主義』」〔註73〕。

為了把臺灣建設成理想的殖民地，日據初期臺灣就引進了歐美的市區計劃和建築管理制度，20 世紀初殖民者制定了《臺灣家屋建築規則》、《臺灣家屋建築規則施行細則》。從 1900 年制定臺北城市改造規劃開始，到 1911 年相繼完成了臺北、新竹、臺中、彰化、基隆、高雄、臺南等城市改造規劃，基本涵蓋了臺灣北、中、南部的重要城市。1936 年 8 月以法律形式公佈《臺灣城市規劃令》，同年 12 月又公佈《臺灣城市規劃令施行規則》。1912 年至 1934 年完成了大溪等 18 個城鎮改造規劃。1935 年為重建中部地震後的城鎮，在較

〔註70〕張景森著：《臺灣的都市計劃》（1895～1988），業強出版社，1993 年，第 9～10 頁。
〔註71〕佐倉孫三著：《颱風雜記》，第 55 頁。轉引自王和安，《日治時期臺灣島內新竹州移民之研究》，2008 年第二屆臺灣客家研究國際研討會，第 14 頁。
〔註72〕張景森著：《臺灣的都市計劃》（1895～1988），業強出版社，1993 年，第 10 頁。
〔註73〕張景森著：《臺灣的都市計劃》（1895～1988），業強出版社，1993 年，第 10 頁。

短時間內又完成了竹東等 19 個城鎮的規劃。學者黃武達在其《日治時期臺灣都市發展地圖集》中收錄列舉了日據時期臺灣 74 個都市的都市計劃。

表 4.5-2：日據時期實施都市計劃的城鎮

區　域	都　市　計　劃　的　城　市	數量
臺北州	基隆、陽明山、臺北、板橋、瑞芳、宜蘭、羅東、蘇澳	8
新竹州	桃園、中壢、大溪、新竹、竹東、竹南、頭份、北埔、後龍、南莊、苗栗、公館、通宵、銅鑼、宛裏、大湖、三義、卓蘭	18
臺中州	大甲、內埔、清水、神岡、石岡、東勢、臺中港、梧棲、豐原、沙鹿、臺中、彰化、鹿港、員林、草屯、埔里、北斗、南投、水裏、竹山	20
臺南州	西螺、虎尾、斗六、斗南、北港、嘉義、朴子、白河、鹽水、新營、學甲、麻豆、佳里、善化、臺南	15
高雄州	旗山、岡山、高雄、鳳山、屏東、東港	6
澎湖廳	馬公	1
花蓮港廳	花蓮、壽豐、鳳林、玉里	4
臺東廳	成功（新港）、臺東	2
總計	—	74

資料來源：黃武達編著：《日治時期臺灣都市發展地圖集》（1895～1945），南天書局有限公司，附冊 2。

在表 4.5-2 中，有 74 個實施其都市計劃的城鎮，當時的行政中心城鎮除 11 個州轄市外還包括當時的 46 個街，也就是說當時有 57 個行政中心城市都實施了都市計劃。

臺灣最初的都市計劃主要是舊市區市容的整頓，隨後逐漸充實其計劃內容，到臺灣光復時，其在計劃、經費、法令規章等方面，已經建立起一定的模式與制度。其都市計劃重點內容包括：

　　第一、所謂「市區改正」，將舊有的窄路兩旁各拆退部分民房，然後再規定騎樓寬度，並倡導所謂大正型、昭和型立面。第二，是下水道等衛生工程及公共設施之計劃，爲近代都市之發展奠定基礎。第三，將西方巴洛克式幾何精神的計劃方式鑲嵌進臺灣舊有的城市之中，爲獲得寬廣的三線道馬路及大圓環，開始拆毀城牆，並留些象徵性城門作爲圓環之中心（事實上，大部分城門也被拆光）。或者在圓環旁邊建造文藝復興式的公共建築，作爲道路盡頭之端

景。第四，樹立都市擴張之長期計劃，尤其對臺北、臺中、嘉義及高雄等均極早確定長程發展，當然後來又經過無數次之修改。這是日人因感覺到舊市區之重劃所牽涉困難太大之故。第五，開始塑造城市性質及風格，臺北作為全島之政治中心，臺中為全部重劃的住宅型都市，高雄及基隆為海港工業城市〔註74〕。

　　隨著日據時期都市計劃的進行，臺灣城鎮的基礎設施、建築風格等發生了較大變化。臺灣傳統街市的結構形態大都是線狀（或帶狀）結構，市街大多分佈在主要街道的兩側，特別是早期的一些港口市街，更呈現出這樣的特點，如西螺街，只有一條主要街道，東西延長約一、二公里〔註75〕。隨著市街發展，逐漸出現了複線型，部分較大的城鎮發展出十字型（如臺南市分四坊，以十字街為中心街道沿四個方向延伸）。經過日據時期的市區改正，這種相對簡單的結構轉變為較複雜的格子狀結構。

　　臺南是臺灣最古老的傳統城市。其城垣始於雍正元年（1723年）知縣周鍾瑄以木柵築造。乾隆五十三年（1788年）改築為磚石，周長2560丈，高1.8丈，南北呈弧形，西側為弦，猶如半月沉江之狀，故又稱「半月城」。臺南街道曲折狹小，房屋密集，上下水道設施缺乏，房屋採光、換氣不佳。日據時期，殖民政府在臺南早期「市區改正計劃」的重點就是建設上、下水道，改善道路交通。在擴建舊街道、開闢新街道之時，臺南的城垣陸續被拆除。改正之後，臺南的道路「形成一垂直、斜向與放射狀交織的系統，並以圓環聯結這三種不同類型的道路，形成有效的交通聯結網……圓環以清時的三界壇街所形成的民生綠園為代表，是日據時期最大的圓環，聯結有8條道路。其結構為：放射狀的道路以大正道路（今中山路）及末廣町（今中正路）為代表；垂直交叉的代表，縱向以白金町（今忠義路）、大宮町（今永福路）為例，橫向的以本町（今民權路）、錦町（今民生路）為例」〔註76〕。同時殖民者還建設了一些近代化醫療、衛生、教育、通信、行政等設施，包括1897年的臺南測候所，1898年的第一公學校和第一尋常高等學校，1899年的臺南師範學校，1900年的電話交換局和臺南醫院，1905年的西市場，1908年的安平

〔註74〕李乾朗著：《臺灣建築史》，雄獅圖書股份有限公司，1986年，第272～274頁。

〔註75〕富田芳郎著：《臺灣鄉鎮之研究》，《臺灣銀行季刊》，第七卷三期，1955年，第105頁。

〔註76〕何培齊主編，《日治時期的臺南》，「國家圖書館」，2007年，第65頁。

市場，1909 年的東市場，1913 年～1917 年間還建成了郵政局廳舍、臺南法院廳舍、盲啞學校、臺南廳廳舍、臺南公園等城市公共設施〔註 77〕。這些官屬建築規模宏大，大多屬於西式建築。

臺中市是一個由殖民者規劃的城市，日本殖民者將當時歐美殖民規劃模式應用於臺中市街，造就了一個全新的臺中市區。1896 年 8 月英國籍的衛生工程顧問計師巴爾頓（W .K. Burton）與民政局技師濱野彌四郎，從改善都市衛生與防災的角度提出《臺中市街區計劃設計報告書》，設計避開官署密集的舊城西北及東部區域，在當時尚未開發的區域劃設了南北向的方格狀的市街，構建了臺中城市棋盤式街郭的雛型。之後，臺中的都市計劃歷經多次修改，陸續建設了臺中的交通系統與各種城市設施，徹底改變了漢人市街建築密集，街道大多自然形成的空間格局。

日據時期，臺灣的城市規劃以臺北、臺中、臺南為例看出三種典型特徵。「臺北在清末，近代化建設已經具有相當的基礎，但計劃尚未全部實現，日人即來，故其風格是參半的；臺中在清末開始規劃為省城，但並未實施，日據後對其進行都市規劃，因而，臺中城市風格是十足的計劃性城市，同時日本色彩濃厚；臺南則係經過明鄭以來兩百多年之經營，純為中國舊有的模式，日人改造不多，可以說是比較能維持中國風格的城市」〔註 78〕。但是日本統治者進行「市區改正」的最終目的是維持其殖民統治，保護日本人居住區的安寧、安全，環境的優美、舒適，因而殖民者在進行「市區改正」之時，並沒有臺灣人民的參與，很少考慮臺灣人的利益，拆除城牆，毀壞舊屋，日本人以野蠻霸道的方式進行城市改造，給普通臺灣民眾的生產生活造成了慘重的災難。臺灣人洪棄生作的《荒城秋望》詩云：「偶上城南岡，遙望城東道；長林漠漠不見人，夕陽遠樹連芳草。八卦山頭舊寨平（山上舊有兵寨），石虎新遺趙王堡（今有日本親王遺迹）；於今闢作遊人園，行人憑弔迹如掃。俯視城市半已荒，廛店拆毀成空場（去年市區改正，城內外拆毀人家逾千戶）。昔日飛薨樓觀地，今餘亂瓦堆傍；廢殘雖已修，零落尚淒涼。無家、無室千餘氓，散為哀鴻之四方」〔註 79〕，從詩句之中可以想像出當時臺灣居

〔註77〕黃武達著：《日治時代（1895～1945）──臺灣近代都市計劃之研究》論文集 2，臺灣都市史研究室，1996 年，第 5～12 頁。

〔註78〕李乾朗著：《臺灣建築史》，臺北：雄獅圖書股份有限公司，1986 年，第 277 頁。

〔註79〕《寄鶴齋選集》，《詩選·詩（下）·七言古體》，臺灣文獻叢刊 304 種，臺灣

民無家可歸的淒涼景象。

　　對於殖民建築來說，一項重要的功能就在於宣揚宗主國的國威和主權。學者黃俊銘在《總督府物語：臺灣總督府暨官邸的故事》中說，臺灣總督府採用文藝復興的樣式設計，屬於歐洲宮廷的建築風格。這種風格在歐洲幾經流傳和轉變，逐漸成為政治權力的象徵。在明治維新之後，被日本吸納為宮廷或豪宅建築的表現手法〔註 80〕。日據時期，臺灣最大的建築物是總督府，其建築是五層樓的文藝復興式，平面呈日字形，平面中央是大禮堂，建築物實際面積約 6940 平方公尺，外牆貼紅色面磚。其坐向為東向，後來市內不少重要的公共建築也採東向或北向，這是有意與清代規劃臺北城為南向的肇基不同的一點〔註 81〕。總督府正面平臺及衛塔上的圓頂是全臺灣最大的建築物。在 1987 年出版的《臺灣近代建築》中，學者李乾朗寫到，「在十多年前臺北市的高樓不多的時期，在市區任何地方都能看到它聳立雲霄的宏偉高塔」〔註 82〕。可以想像總督府在日據時無論是權力還是建築都處在當時臺灣的最高峰，處處展現著殖民者的權力與權威。

　　日本殖民者的市區改正不僅僅是對舊城的野蠻破壞，更是處心積慮地抹除城市的文化記憶，抹煞臺灣城市紋理中的中國文化痕迹。日人「據臺後，立即採取各種措施，務使臺胞不能再與中國再作任何聯繫，而忘記自己之淵源，以及在文化上之『交道』」〔註 83〕。以臺北市整體都市發展來看，清末臺北城內的傳統官署建築群，如巡撫衙門、布政司衙門、籌防局等的建築都是南北軸線走向，但臺灣總督府新舍的位置卻改為東西軸線走向，且其正面的出口直接朝向日出的東方。對市區格局及街道的重塑，並不僅僅是影響房屋的採光通風，「臺北城由一個坐北朝南的古老帝國邊陲的行政中心，被硬生生地扭轉為朝向日出之東。除了道路的取向切線被重新調整之外，媽祖廟被民政長官紀念館置換，巡府衙門則被肢解為兩部分，分別移置他處……坐鎮在片瓦不存的城市中心的是威嚴而肅殺的臺灣總督府，它的前後則布滿了殖民者的軍事機關，其左右則是金融與司法機構……臺灣總督府所透露的

　　　　　銀行經濟研究室，第 334～335 頁。

〔註 80〕　吳坤季：《帝國符碼與殖民地策略──〈臺灣日日新報〉圖像內容分析》，臺
　　　　　北教育大學碩士論文，2010 年，第 83 頁。

〔註 81〕　李乾朗著：《臺灣建築史》，臺北：雄獅圖書股份有限公司，1986 年，第 277 頁。

〔註 82〕　李乾朗著：《臺灣近代建築──起源與早期之發展 1860～1945 年》，雄獅圖書
　　　　　股份有限公司，1987 年，第 51 頁。

〔註 83〕　臺灣省文獻委員會編，《臺灣史》，1984 年，第 491 頁。

『刮去重寫』方式是用新的權力形式取代舊有」〔註84〕。

不可否認，在殖民者「市區改正」計劃之下，臺灣城市設施逐漸完善，交通便利、衛生狀況改善，居民生活環境有所提高。但是，伴隨臺灣整體市區改正的是傳統的城鎮與聚落形式被摒棄和淘汰，處處張揚著殖民者濃鬱的殖民意識和色彩，充滿著殖民者欲同化臺灣，使臺灣脫離中國而與日本結合的殖民意識。

三、「二元都市」——臺北

臺北位於臺北盆地中央，淡水河東岸，有居中駕馭之便、縮轂全局之勢，區位極其優越。日本佔領臺灣後以臺北作為全島政務中樞，把原臺北城城內作為大部分官廳衙府所在地。臺北在日本殖民政府的經營建設下，不僅是日本殖民者在臺灣的政務中心，同時也是經濟、文化的中心，甚至有「島都」之稱。但是臺北市也成為當時臺灣人、日本人分離的「二元都市」的典型代表。

（一）職業之區別

職業類別不僅是觀察臺灣城鎮經濟功能的重要指標，也可以看出日本人和臺灣人從事的職業的差異，反映當時臺灣的社會結構。

1905 年，第一次臨時臺灣戶口調查，臺北始有詳細職業人口資料。由於臺北範圍的擴大、職業項目分類的不一等原因，日本人和臺灣人從事的職業差異無法進行長期的觀察與比較，在此僅將 1905 年、1915 年、1920 年、1930 年的調查資料做一比較，權以此分析比較臺灣人和日本人從事職業的差異。

表 4.5-3：臺北市 1905、1915、1920、1930 年職業類別及其人口

職 業 類 別			農牧林漁業	工業	商業	交通業	公務及自由業	其它就業者	依靠收入為生者	總數
1905	總數	人口	1573	14816	10959	3967	3472	2560	739	38086
		百分比	4.13	38.90	28.79	10.42	9.12	6.72	1.94	100
	臺灣人	人口	1481	10975	7170	2655	999	1952	556	25788
		百分比	5.74	42.56	27.80	10.30	3.87	7.57	2.16	—

〔註84〕 夏鑄九：《殖民的現代性營造——重寫日本殖民時期臺灣建築與城市的歷史》，《大學學術講演錄》叢書編委會，《中國大學學術講演錄》（2002），廣西師範大學出版社，第 226 頁。

年	族別										
	日本人	人口	53	1827	2430	878	2421	412	179	8200
		百分比	0.65	22.28	29.63	10.71	29.52	5.02	2.18	—
1915	總數	人口	497	5109	12690	5343	3818	2948	931	41336
		百分比	1.20	36.55	30.70	12.93	9.24	7.13	2.25	100
	臺灣人	人口	382	8868	7012	2463	1018	2106	629	22478
		百分比	1.70	39.45	31.19	10.96	4.52	9.37	2.80	—
	日本人	人口	101	3367	4043	1406	2740	681	279	12626
		百分比	0.80	26.67	32.02	11.13	21.70	5.39	2.21	—
1920	總數	人口	5173	21471	17096	6560	8813	3628	—	66009
		百分比	7.84	32.53	26.90	9.94	13.35	5.50	—	100
	臺灣人	人口	4922	14314	9823	3748	2320	3367	—	41436
		百分比	11.88	34.54	23.71	9.05	5.60	8.13	—	—
	日本人	人口	204	4189	5353	1643	6211	39	—	17906
		百分比	1.14	23.39	29.90	9.18	34.69	0.22	—	—
1930	總數	人口	3957	24423	23735	6917	13758	6922	—	79711
		百分比	4.96	30.64	29.78	8.68	17.26	8.68	—	100
	臺灣人	人口	3800	16694	15073	4227	2767	5645	—	48206
		百分比	7.88	34.63	31.27	8.77	5.74	11.71	—	—
	日本人	人口	152	3729	6175	1455	10724	994	—	23229
		百分比	0.65	16.05	26.58	6.26	46.17	4.28	—	—

注：1. 1905 年和 1915 年的數據是臺北三市街（城內、艋舺、大稻埕）的職業結構。

　　2. 1920 年和 1930 年的數據是臺北市為單位的本業人口。

　　3. 資料來源：《臺北市志》，卷一，《沿革志·城市篇》，臺北市文獻委員會，1988 年，第 65～67 頁。整理。

　　從表 4.5-3 可以看出，日本人從事公務及自由業的比例遠遠高於臺灣人，1905 年～1930 年從事公務及自由業的人口比例分別占當年日本人職業人口的 29.52%、21.70%、34.69%、46.17%，而同一時期臺灣人在臺北從事公務及自由業的人口比例分別占當年臺灣人職業人口的 3.87%、4.52%、5.60%、5.74%，遠遠低於日本人；從事商業的人口除了 1930 年的數據外，日本人占的比例都高於臺灣人，從事工業的臺灣人較日本人所佔比例稍高。日本人在臺北的職業結構與日本殖民者在臺灣的殖民統治以及實施的貿易壟斷直接相關，日本人是高高在上、權力在握的殖民地的統治者，大多數的臺灣人則倍受歧視。

（二）教育之歧視

在臺灣的日本人和臺灣人從小學階段就有小學校和公學校的區分，小學校是專為日本人設立的，公學校是為臺灣人設立的，二者的教學設施、職工待遇等差異極大。作為臺灣學子進入中高等學校極其困難。1919 年後殖民者雖然名義上要取消在臺日人和臺灣人的教育差別，但實質上二者之間差異依然極大，臺人依然受到許多限制。學者杜武志在《日治時期的殖民教育》中記載「初等教育上，『內』（日人）『臺』人受教之學校仍有區別，常用日語者進入小學佼，非常用者進入公學校；中上學校則標榜『內臺共學制』。所謂『內臺共學』指本島人子弟希望進入內地人學校者，須其教育（日語）程度不致有礙該校之教學得經由規定手續，調查情況，由監督官廳認可之。其所調查的事項包括：一，本人教育程度、國（日）語熟習度，及其性格；二、家庭情況及家人之教育程度；三、父兄在街莊上的地位；四、父兄與本人的資產。大正九年（1920 年）10 月 25 日試辦共學，准本島人學生 3 名入學」，實際寥寥無幾〔註85〕。而且臺灣的高等教育，更是被日本人子弟獨佔。以1944 年臺北帝大的學生人數為例，學生共計 357 名，臺灣本島人只有 86 名，而其中 80 名為醫學部學生，也就是說，除醫學部外，臺灣本島人的大學生僅有可憐的 6 名。

（三）聚居區之差異

日本人強佔臺北之初，看到臺北市街「道路皆以石板鋪疊，十分寬敞。城內櫛比鱗次的市街住屋皆為磚造的二層樓房，屋宇高大，構造極為宏偉，有臺灣本地慣有的騎樓可以通行⋯⋯規模雖大卻十分不潔⋯⋯街道兩側的水溝完全堵塞，污穢的物品散佈市內各地，但似乎也無人介意」〔註86〕。由於日人對亞熱帶氣候和環境極不適應，癘病流行，因而日人據臺之始特別注重防疫工作，改善其衛生設施。如設上水道、下水道，改建舊屋「使光線空氣皆極善」等。臺北城內集中了殖民者的政治中樞，也是日人集中區，最初臺北市的改造以城內為先，城外的部分只包括了南側地區，以及艋舺、大稻埕的一小部分，是一種局部性的街市改造。

隨著臺北人口的增多，1905 年臺北實施中期整體性都市計劃，目的在於

〔註85〕 黃靜嘉著：《春帆樓下晚濤急——日本對臺灣的殖民統治及其影響》，商務印書館，2003 年，第 298 頁。
〔註86〕 許佩賢譯，《攻臺見聞》，遠流出版事業有限公司，1995 年，第 100 頁。

把臺北建成一個容納 15 萬人的都市，其重點在交通、衛生以及休閒健康設施等方面。此後，爲適應日本向南侵略的需要，日本逐漸加強臺灣的工業發展。後期臺北的計劃不僅要把臺北市發展建設成工業都市，也開始關注整個大臺北地區的相互配合發展。但是臺北後期的計劃，實際完成者不多。田中一二編的《臺北市史：昭和六年》認爲，經過日本殖民者的建設，臺北市「已見有顯著之進展，尤其最近做爲島都之繁榮，越發迅速面目一新，已建設爲堂堂之大都市……街區被整頓，大道縱橫四通八達，作爲所謂主要街衢，其建築物堂堂高聳的高樓大廈林立，鱗次櫛比的市街景觀被評爲可與內地的市街相比毫無遜色」〔註 87〕。但是臺北市在生活區域上卻有著統治區和被統治區之分，具有鮮明的社會空間隔離。

　　臺北市的都市計劃早期重心在日本人聚居的城內，臺灣人和日本人居住區的計劃標準並不統一。如臺北市初期的規劃每人平均的土地使用面積，以城內 20 坪、艋舺 12 坪、大稻埕 10 坪爲計劃標準。1896 年所推行的排水道計劃，只及於城牆內，日人聚居的地方在雨水泛濫之時，甚至將設於城牆位置上的水閘關上，並用蒸氣吸水機，將城內的水抽出放流於城外〔註 88〕。當時現代設施，如排水設施、道路交通的改善，新式醫院、電燈裝置、文教機構等的設立，大都集中在日人聚居區，日本人的聚居區環境優美。而臺灣人聚居區，雨天泥濘難走，晴天塵土漫天。當時負責從事市區改正的官員就指出，市區改正也僅止於臺北城內，而完全沒有考慮到所謂「不健康」「不衛生」漢人密集居住的艋舺、大稻埕一帶〔註 89〕。正如當時人們所言「城內的道路有如上海的租借，城外（大稻埕、萬華）正好比上海的中國街道」，「占全市三分之二人口的大稻埕竟然不能發現什麼公共建築物，有之，僅有一北警察署而已」〔註 90〕。以城內發展爲優先考慮的臺北火車站，也是在臺灣人的一再要求下，才開放其後車站，以方便大稻埕乘客的來往。

　　日本人居住區除城內北邊一些街町有住宅與商業混合的情形外，大部分

〔註 87〕楊啓正，《日治時期臺灣州治城市的基礎空間型態比較》，成功大學建築研究所碩士論文，2005 年。

〔註 88〕黃蘭翔，《日據初期臺北市的市區改正》，臺灣社會研究季刊，第 18 期，1995 年 2 月，第 210 頁。

〔註 89〕黃蘭翔，《日據初期臺北市的市區改正》，臺灣社會研究季刊，第 18 期，1995 年 2 月，第 211 頁。

〔註 90〕《臺北市志》，卷一，《沿革志・城市篇》，臺北市文獻委員會，1988 年，第 99 頁。

以居住宅區為主，且生活便利，設立了眾多商業金融機構，如「勸業銀行、華南銀行、三井物業公司、臺灣拓殖公司、日清生命保險、第一生命保險、臺灣煉瓦、明治生命保險、日本生命保險、大阪商船、近海郵船、臺灣土地建物、臺灣礦業、大成火災保險、三井製藥、國際通運、衫宗產業……等大規模公司和眾多批發商」〔註91〕等。但是臺灣人聚居的街區內卻分佈著許多工業，如大稻埕的周邊地帶以鐵工業為主；大稻埕街區內以食品工業，尤其製茶業為多；艋舺南邊以化學工業為主。大稻埕曾是臺北最繁華區域，儘管其在日據時期依然是臺灣人的經濟、金融、工業、文化中心，其發展卻遠遠居於日本人商業街町之下，從當時的地價上就可看出其差異。1939 年日人居多的街町中，榮町上等建地每坪 252.5 元，本町 192.5 元，京町 140 元，太和町 107.5 元，文武町 90.83 元，新起町 83.33 元，皆比大稻埕最高的永樂町每坪 83 元高〔註92〕。

　　總之，日本的殖民統治以其本國與本國人的利益為前提，在政治、經濟、教育等各方面，臺灣人和日本殖民者之間到處都充滿差別待遇。臺北城市的發展，正是日本殖民統治的一個縮影，成為臺灣人和日本人分離的典型「二元都市」。

〔註91〕《臺北市志》，卷一，《沿革志‧城市篇》，臺北市文獻委員會，1988 年，第99 頁。

〔註92〕《臺北市志》，卷一，《沿革志‧城市篇》，臺北市文獻委員會，1988 年，第100 頁。

第五章　光復後臺灣城鎮體系的完善

　　光復後，隨著臺灣經濟的高速發展及其轉型，臺灣在創造經濟奇迹之時，城市化也在快速發展。1949 年臺灣 5 萬人口以上的城市 9 個，占總人口的比例 24.33%；到 1991 年，5 萬人口以上的城市 88 個，占總人口的比例 74.75%，5 萬人口以上的城市個數比 1949 年增加了 79 個。臺灣走出了一條被聯合國有關組織稱之爲「發展中經濟體城市化進程成功典型案例」的高速、高質的城市化之路﹝註1﹞，其城鎮體系也更加完善、成熟。

第一節　光復後臺灣城鎮發展過程

　　1945 年後，臺灣擺脫日本殖民者的統治，進入一個新的歷史時期。臺灣城鎮伴隨著工業化的進程進入人口急劇膨脹、規模日益擴大的發展期。因爲不同的時期，不同規模城鎮的發展狀況不盡相同，根據臺灣經濟的發展、城鎮人口成長、城鎮人口占總人口比重，本書將這一時期臺灣城鎮的發展進程大致分爲四個階段。

一、臺灣光復至 20 世紀 60 年代初

　　這一時期是臺灣經濟恢復發展期。由於戰爭的破壞，臺灣經濟嚴重衰退。對此，臺灣當局曾採取了一系列恢復經濟的措施。不過，這一時期臺灣經濟還是傳統農業佔優勢，工業和服務業人口比重相對穩定，城鎮化進程相對緩

﹝註1﹞ 湯韻著：《臺灣城市化發展及其動力研究——基於空間計量經濟學的實證分析》，浙江大學出版社，2011 年，第 2 頁。

慢。此一階段臺灣城鎮人口的增加，除了人口的自然增加外，重要的是約 150 萬～200 萬的大陸軍民遷至臺灣，這批人大多定居在五大城市（臺北、高雄、臺中、臺南及基隆市）及其鄰近地區，以及各種軍事基地所在的城市。

　　由表 5.1-1 和 5.1-2 可知，1946 年全臺灣人口 6,090,860 人，1951 年增為 7,869,247 人；到 1961 年臺灣人口總數約 11,151,000 人，約增長了 80% 多。5 萬人口以上城鎮人口占總人口的比重由 1949 年的 24.33%，增加到 1961 年的 39.68%。5 萬人口以上的城鎮數量由 1949 年的 9 個，增加到 1961 年的 34 個。到 1961 年出現一個 50 萬人口以上的城市臺北，其人口占總人口比重為 8.28%；25 萬～50 萬人口的城市數量增為 3 個，其人口占總人口比重增為 10.23%；5 萬～10 萬人口的城市數量增為 24 個，其人口占總人口比重增為 12.95%。

表 5.1-1：臺灣各級規模城鎮的數量及人口比例（1949 年～1991 年）

單位：個、%

各級規模城鎮	1949 年		1961 年		1971 年		1981 年		1991 年	
	城鎮個數	占總人口比例 %	城鎮個數	占總人口比例 %	城鎮個數	占總人口比例 %	城鎮個數	占總人口比例 %	城鎮個數	占總人口比例 %
5 萬人以上	9	24.33	34	39.68	57	55.29	74	66.73	88	74.75
100 萬人以上	—	—	—	—	1	12.17	2	19.29	2	20.01
50 萬～100 萬	—	—	1	8.28	1	5.73	2	6.63	3	9.76
25 萬～50 萬	1	6.54	3	10.23	3	8.52	5	9.02	8	12.55
10 萬～25 萬	7	16.83	6	8.23	10	10.58	14	13.08	17	13.14
5 萬～10 萬	1	0.95	24	12.94	42	18.29	51	18.71	58	19.28
2.5 萬～5 萬	86	37.50	125	38.95	135	32.62	116	23.55	98	17.00
2.5 萬以下		—	165	21.34	126	12.09	127	9.72	130	8.25

資料來源：

1. 1949 年數據陳正祥、孫得雄、蔡曉畊著：《臺灣的人口》，南天書局出版，1997 年，第 91～99 頁。整理。

2. 其他年份數據陳東升、周素卿著：《臺灣全志》，《社會志・都市發展篇》，「國史館」臺灣文獻館，2006 年，第 38 頁。

表 5.1-2：臺灣各級規模城鎮人口增長率（1961 年～1991 年）

單位：%

人口年平均 成長率	1961 年～ 1966 年	1966 年～ 1971 年	1971 年～ 1976 年	1976 年～ 1981 年	1981 年～ 1986 年	1986 年～ 1991 年
	3.10	2.61	2.14	1.88	1.40	1.10
5 萬人以上	6.41	5.93	4.01	3.77	2.75	2.02
100 萬以上	—	8.79	10.87	2.36	2.16	1.09
50 萬～100 萬	-7.96	6.31	5.12	1.81	2.20	8.05
25 萬～50 萬	-1.15	3.20	-1.68	6.84	7.38	1.73
10 萬～25 萬	0.24	10.48	4.38	3.90	1.61	0.99
5 萬～10 萬	9.40	3.23	-0.11	4.58	1.80	1.30
2.5 萬～5 萬	2.13	0.03	-0.77	-1.73	-1.99	-2.02
2.5 萬以下	-2.63	-3.03	0.42	-0.78	2.75	-0.04

資料來源：《臺閩地區人口統計（1961～1991 年）》，轉引蔡勇美、章英華主編：《臺灣
的都市社會》，巨流圖書公司，1997 年，第 77 頁。

二、20 世紀 60 年代初至 70 年代初

　　1961 年至 1971 年間是臺灣經濟的轉型期。臺灣的產業結構由以農業爲主逐漸轉變成以工業爲主，農業在產業結構中的主導地位逐漸被工業取代。勞動力的就業結構隨之改變，大量的農村勞動力轉移到城鎮的第二、三產業，農業就業人數逐步減少，第二、三產業的就業人數日益增加。伴隨工業化的發展，城鎮化呈現加快發展趨勢。由表 5.1-1 和 5.1-2 可知，5 萬人口以上城鎮人口占總人口的比重由 1961 年的 39.68%增加到 1971 年的 55.29%。5 萬人口以上的城鎮數量由 1961 年的 34 個，增加到 1971 年的 57 個。1961年～1965 年，每年平均人口增長率是 3.10%，5 萬人以上城鎮人口的年增長率爲 6.41%，此時期 5 萬～10 萬人口的城鎮人口年增長率最高，達到 9.40%；1966 年～1971 年，每年平均人口增長率是 2.61%，5 萬人以上的城鎮人口年增長率爲 5.93%，此時期 10 萬～25 萬人口的城市人口年增長率最高，達到 10.48%，100 萬人口的城市人口年增長率次之，達到 8.79%，50 萬～100 萬人口的城市人口年增長率也達到 6.31%。這十年間除 2.5 萬人口以下的城鎮外，其餘的各級城市數量、人口都有所增長，只是增長的速度不盡一致。也就是說，從各級規模城鎮的人口年增長率看，並沒有顯示出城市越大增長率

越高的態勢，當時人口並沒有完全湧向大城市。

三、20 世紀 70 年代初至 80 年代初

70 年代因兩次石油危機的出現，臺灣當局再次調整經濟發展戰略，提出發展技術程度高、附加價值高的資本密集型工業。臺灣的產業結構由勞動密集型轉向資金、技術密集型。產業結構的調整，推動了經濟發展和城鎮化進程。臺灣兩個百萬人口以上城市在此階段相繼出現。由表 5.1-1 和 5.1-2 可知，1971 年～1976 年，每年平均人口增長率是 2.14%，5 萬人以上的城鎮人口年增長率 4.01%，1976 年～1981 年，每年平均人口增長率是 1.88%，5 萬人口以上的城鎮人口年增長率 3.77%。5 萬人口以上城鎮人口占總人口的比重由 1971 年的 55.29%增加到 1971 年的 66.73%。5 萬人口以上的城鎮數量由 1971 年的 57 個，增加到 1981 年的 74 個。1971 年～1976 年，100 萬人口的城市人口年增長率最高，達到 10.87%，50 萬～100 萬人口的城市人口年增長率次之，達到 5.12%，10 萬～25 萬人口的城市人口年增長率達到 4.38%，而其他規模等級城市的人口年增長率均是負數，成爲人口流出地，也就是說此時期臺灣人口大多湧向 10 萬人口以上的大中型城市。1976 年～1981 年，5 萬人口以上的城市人口年增長率爲 3.77%。其中 25 萬～50 萬人口的城市人口年增長率最高，達到 6.84%；5 萬～10 萬人口的城市人口年增長率次之，達到 4.58%，10 萬～25 萬人口的城市人口年增長率也達到 3.90%，除了 5 萬人口以下的城鎮外，其他城市人口都有所增長。

四、20 世紀 80 年代初至 90 年代初

進入 80 年代，臺灣產業結構由工業爲主轉變爲工業與服務業並重，推動勞動密集工業向高技術方向發展，服務業由傳統服務業向現代服務業發展，創造了大量就業機會。80 年代中期以後，服務業逐漸成爲吸收勞動力的主要產業，成爲臺灣城鎮化的主要動力。至 90 年代，服務業所佔國民生產總值的比重已超過 50%。由表 5.1-1 和 5.1-2 可知，這一階段，臺灣 5 萬人口以上城鎮占總人口的比重由 1981 年的 66.73%增加到 1991 年的 74.75%。5 萬人口以上的城鎮數量由 1981 年的 74 個，增加到 1991 年的 88 個。1981 年～1986 年，每年平均人口增長率是 1.40%，5 萬人口以上的城鎮人口年增長率爲 2.75%，此時期 25 萬～50 萬人口的城市人口年增長率最高，

達到 7.38%，2.5 萬人口以下的城鎮人口增長次之，人口年增長率達到 2.75%。50 萬～100 萬人口的城市人口成長第三，達到 2.20%，100 萬人口的城市人口年增長率達到 2.16%，此時期臺灣人口大多湧向 10 萬人口以上的大中型城市。1986 年～1991 年，每年平均人口增長率是 1.10%，5 萬人口以上的城鎮人口年增長率降爲 2.02%，此時期 50 萬～100 萬人口的城市人口年增長率最高，達到 8.05%，25 萬～50 萬人口的城市人口年增長率次之，達到 1.73%，5 萬人口以下的城市人口年增長率則是負數，成爲人口流出區域。這一時期 25 萬～100 萬人口的大中城市發展較快。

根據美國地理學家諾瑟姆（Ray.M.Northam）的研究，城市化進程的軌迹是一條稍被拉平的「S」曲線，一般認爲城市人口比重達到 30%左右之時，城市化速度加快；達到 70%左右時，城市化速度逐漸放慢，並趨於停滯。20 世紀 90 年代以後，臺灣 5 萬人口以上的城市人口比率已達到 75%以上，城市人口比重呈穩定態勢，城市化速度逐漸減緩，逐漸步入後城市化階段。

第二節　光復後城鎮體系的職能組合結構

每個城鎮都具有自身承擔的主要職能。由於不同地域城鎮發展條件、基礎和過程不同，也就相應地形成了功能各異的城市及其職能體系。光復後，隨著經濟的發展與轉型，臺灣城鎮體系內部形成了政治中心、交通中心、工業中心、旅遊中心四種主要職能的城鎮。

一、行政中心城鎮

光復後臺灣地區城鎮建制的主要依據是 1930 年國民政府頒佈的《市組織法》、1954 年頒佈的《臺灣省各縣市實施地方自治綱要》。據此人口聚居地劃分爲市、鎮、鄉三類，市又分爲「院轄市」、省轄市和縣轄市。

（一）行政建置沿革

從《重修臺灣省志》卷七的相關記述中，可以分析臺灣光復後的行政建置及其行政中心城鎮的變遷。抗日戰爭勝利後，臺灣回歸祖國，並在臺北市設臺灣省會。鑒於日本殖民者劃定的五州三廳已成爲當時臺灣的政治、經濟、文化單位，臺灣回歸之初，爲了便於推行政令，以日據時的 5 州 3 廳 11 州轄市爲基礎，把臺灣劃分爲 8 縣、9 省轄市、2 縣轄市，即臺北、新竹、臺中、

臺南、高雄、臺東、花蓮、澎湖八縣，臺北、基隆、新竹、臺中、彰化、嘉義、臺南、高雄、屏東等9省轄市及宜蘭、花蓮2縣轄市。

但是，這種簡單的地方行政區劃對於當時而言，不僅妨礙各地平衡發展，而且政令推行困難，不利於自治事務的辦理。正如1947年6月，臺灣省政府委員會第三次會議所議：

> 查本省光復以來，地方行政區域因襲日政府時代舊制，惟改五州為五大縣，三廳為三小縣，基隆等為省轄市，除臺北市外，各市地域過小，財政不能獨立，實未具備市之存立條件，又因五大縣區域過大而配置四十餘區，緣是每有一事，須先經區署後達縣府者，速者三、四天，遲者二旬餘，有此二重麻煩，實不合本省情形。〔註2〕

1949年臺灣省民政廳擬訂臺灣省各縣市行政區劃調整方案，將全省劃分為十六縣五省轄市一局，即臺北、基隆、臺中、臺南、高雄等五省轄市，及臺北（縣治暫設在板橋）、宜蘭（縣治設在宜蘭）、桃園（縣治設在桃園）、新竹（縣治設在新竹市）、苗栗（縣治設在苗栗）、彰化（縣治設在彰化市）、臺中（縣治暫設在豐原）、南投（縣治設在南投）、臺南（縣治設在新營）、嘉義（縣治設在嘉義市）、雲林（縣治設在斗六）、高雄（縣治暫設在鳳山）、屏東（縣治設在屏東市）、臺東（縣治設在臺東鎮）、花蓮（縣治設在花蓮市）、澎湖（縣治設在馬公鎮）等十六縣，及彰化、嘉義、新竹、屏東、宜蘭、花蓮六縣轄市，另設陽明山管理局。臺灣的行政空間大致確定下來。1962年臺北縣三重鎮升格為縣轄市，改為三重市。至此，縣轄市有7個。

1950年重劃行政區域後，臺灣各級行政區域的名稱、建制層級和管理範圍的變動並不大。就城鎮體系的變化而言，隨著臺灣政治、經濟和社會的變遷，主要表現為鄉鎮升格為市、縣轄市升格為省轄市、省轄市升格為「院轄市」的不斷升格狀態。

1966年依據《直轄市組織法》第三條規定，凡人民聚居地方，具有下列情形之一者，設直轄市，受『行政院』之指揮監督：一、首都。二、人口在百萬以上者。三、在政治經濟文化上有特殊情形者〔註3〕，當時臺北市已成為臺灣地區的政治、軍事、經濟、文化中心，地位比較重要，改制為「行政

〔註2〕《重修臺灣省通志》，卷七，《政治志・建制沿革篇》，臺灣省文獻委員會，1991年，第370頁。

〔註3〕《重修臺灣省通志》，卷七，《政治志・建制沿革篇》，臺灣省文獻委員會，1991年，第482頁。

院直轄市」（統稱「院轄市」），其地位與臺灣省相同。臺灣省行政區域變爲十六縣四省轄市。臺灣本島地方行政轄區建制變成爲省、「院轄市」、省轄市、縣、縣轄市，地方的行政組織層級呈現出複雜化的趨勢。1979 年，因省轄市高雄市工商業發達，成爲南部地區經濟中心，人口超過了一百萬，高雄市改制爲「院轄市」，臺灣省行政區域變爲十六縣三省轄市。

20 世紀 70 年代根據修正前的《臺灣省各縣市實施地方自治綱要》第四條：人口達 15 萬人以上，工商業發達，財政充裕，交通便利，公共設施完備，由鄉鎮改制升格爲縣轄市。1967 年中壢鎮升格爲縣轄市，改爲中壢市；1971 年桃園縣桃園鎮升格爲縣轄市，改爲桃園市；1972 年臺北縣板橋鎮及高雄縣鳳山鎮升格爲縣轄市，分別改爲板橋市及鳳山市；1976 年臺東縣臺東鎮升格爲縣轄市，改爲臺東市；臺中縣豐原鎮升格爲縣轄市，改爲豐原市；1979 年臺北縣中和鄉及永和鎮，亦分別升格爲中和市、永和市；1980 年臺北縣新莊鎮及新店鎮，分別升格爲縣轄市，改爲新莊市、新店市。

1981 年，根據修正後的《臺灣省各縣市實施地方自治綱要》縣政府所在地設縣轄市規定，由鎮改制爲縣轄市的有：苗栗縣苗栗鎮升格爲苗栗市、南投縣南投鎮升格爲南投市、雲林縣斗六鎮升格爲斗六市、臺南縣新營鎮升格爲新營市、澎湖縣馬公鎮升格爲馬公市，至此全省增爲二十二縣轄市。1982 年，嘉義市、新竹市升格爲省轄市。

到 1995 年臺灣島內有臺北市、高雄市兩個「院轄市」；基隆、新竹、嘉義、臺中、臺南 5 個省轄市；臺北、宜蘭、桃園、新竹、苗栗、臺中、彰化、南投、雲林、嘉義、臺南、高雄、屏東、花蓮、臺東、澎湖 16 個縣；27 個縣轄市〔註4〕。

表 5.2-1：光復後臺灣省行政區域建置沿革（1945 年～1981 年）

時間	1945	1950	1967	1979
	8 縣 9 省轄市 1 局	16 縣 5 省轄市 1 局	16 縣 4 省轄市	16 縣 3 省轄市
名稱	臺北縣	臺北縣	臺北縣	臺北縣
	草山管理局	陽明山管理局	—	—
	新竹縣	宜蘭縣	宜蘭縣	宜蘭縣
	臺中縣	桃園縣	桃園縣	桃園縣

〔註4〕畢福臣編著：《臺灣城市與縣鄉鎮總覽》，中國統計出版社，1997 年，第 48 頁。

名稱	臺南縣	新竹縣	新竹縣	新竹縣
	高雄縣	苗栗縣	苗栗縣	苗栗縣
	臺東縣	臺中縣	臺中縣	臺中縣
	花蓮縣	彰化縣	彰化縣	彰化縣
	澎湖縣	南投縣	南投縣	南投縣
	臺北市	雲林縣	雲林縣	雲林縣
	基隆市	嘉義縣	嘉義縣	嘉義縣
	新竹市	臺南縣	臺南縣	臺南縣
	臺中市	高雄縣	高雄縣	高雄縣
	彰化市	屏東縣	屏東縣	屏東縣
	嘉義市	臺東縣	臺東縣	臺東縣
	臺南市	花蓮縣	花蓮縣	花蓮縣
	高雄市	澎湖縣	澎湖縣	澎湖縣
	屏東市	臺北市	—	—
	—	基隆市	基隆市	基隆市
	—	臺中市	臺中市	臺中市
	—	臺南市	臺南市	臺南市
	—	高雄市	高雄市	—

注：1. 草山管理局於 1949 年 8 月 29 日設立。

2. 資料來源：《重修臺灣省通志》，卷七，《政治志·建制沿革篇》，臺灣省文獻委員會，1991 年，第 536 頁。

（二）「院轄市」

臺北市是全島的政治、經濟、交通和文化中心，島內最大的城市，也是中國特大城市之一。作爲臺灣島最大的工商業城市，臺北市集中了眾多大型工商企業，島內金融、貿易機構的總公司、總部大多聚集於此。同時，由於工商經濟的發展，市域及周邊原有的一些鄉鎮迅速走向城市化，形成了以臺北市爲中心，全島最密集的城市群。

高雄市是臺灣島最大的港口城市，新興的重化工業中心，也是全島僅次於臺北市的第二個特大城市。高雄市以外向型經濟爲主導，是全島新興的工商城市，高雄港是高雄市經濟發展的命脈，全市工業生產的原料和生產的大部產品，以及農產品、農產加工品均依賴高雄港運進和運出。

表 5.2-2：「院轄市」區位商〔註5〕（1980 年）

城 市	第一產業	第二產業	第三產業
	農林漁牧狩獵業	礦業、土石採取業、製造業、水電煤氣業、營造業	商業、運輸、倉儲通訊業、金融保險不動產、工商服務業、社會團體及個人服務業等
臺北市	0.15	0.94	1.68
高雄市	0.32	1.23	1.33

資料來源：根據臺灣「經建會」編印，《都市與區域發展統計彙編》，1981 年，第 136 ～142 頁。計算。

　　表 5.2-2 可見，臺北市區位商大於 1 的行業是第三產業，也就是說臺北市的基礎產業活動是第三產業。高雄市區位商大於 1 的產業是第二產業和第三產業，其基礎產業活動是第二產業和第三產業。而且臺北市的第三產業區位商高於高雄市的第三產業區位商，而第二產業的區位商低於高雄市的第二產業區位商，反映出臺北市第三產業的發展高於高雄市，而第二產業的發展低於高雄市。這也正反映出高雄市作為臺灣主要工業基地的地位。

　　從下表 5.2-3 中 15 歲以上就業人口從事的行業分析，可以進一步看出臺北市與高雄市就業人口結構的不同。臺北市第一、二次產業比例均低於高雄市，而第三產業則高出甚多，第一產業 1.91%，其中漁業僅 0.11%；第二產業 32.18%，其中礦業 0.30%，製造業 23.88%，水電煤氣業 0.87%，營造業 7.13%；第三產業高達 65.91%，為全臺各縣市之冠，其中商業 24.04%，運輸業 8.50%；金融業 5.32%，公共行政及國防服務業 11.79%，其它服務業 16.27%。可見，臺北市的就業結構以商業為主，製造業第二，其它服務業第三。而高雄市就業人口行業結構，第一產業占 4.98%，其中農林業 2.11%，漁業 2.87%；第二

〔註5〕 區位商又稱專門化率，它由哈蓋特（P‧Haggett）首先提出並運用於區位分析。許多研究常用以解釋某產業於該地區之重要性或專業化程度之方法，其公式為：

$$LQ_i = \frac{E_i / E}{E_i^N / E^N}$$

E_i＝地區 i 產業就業人口；E_i^N＝全國 i 產業就業人口；E＝地區總就業人口；E^N＝全國總就業人口。
LQ_i＝1：該產業視為該地區非基礎產業活動。LQ_i＜1：該產業視為該地區非基礎產業活動。LQ_i＞1：該產業視為該地區基礎產業活動。

產業占 41.22%，其中礦業 0.08%，製造業 32.37%，水電煤氣業 0.77%，營造業 8.00%；第三產業占 53.79%，其中商業 16.58%，運輸業 10.53%，金融業 2.53%，公共行政及國防服務業 12.00%，其它服務業 12.14%。可知高雄市以製造業為主，商業次之，其它服務業第三。

表 5.2-3：1980 年「院轄市」、省轄市 15 歲以上就業人口的行業分佈

單位：%

行　　業		臺灣地區	臺北市	高雄市	基隆市	新竹市	臺中市	嘉義市	臺南市
總　　計		100.00	100.00	100.00	100.00	100.00	100.00	100.00	100.00
第一產業	小計	20.39	1.91	4.98	5.04	5.11	8.20	8.37	8.13
	農林業	18.87	1.80	2.11	0.77	4.55	8.12	8.24	6.26
	漁業	1.52	0.11	2.87	4.27	0.56	0.08	0.13	1.87
第二產業	小計	37.18	32.18	41.22	32.99	45.71	38.16	35.93	44.08
	礦業	0.58	0.30	0.08	2.60	0.34	0.10	0.24	0.35
	製造業	29.23	23.88	32.37	22.09	37.49	30.91	28.61	37.36
	水電煤氣業	0.64	0.87	0.77	1.67	1.04	0.83	0.94	0.51
	營造業	6.74	7.13	8.00	6.62	6.84	6.33	6.15	5.85
第三產業	小計	42.43	65.91	53.79	61.97	49.18	53.63	55.70	47.79
	商業	12.86	24.04	16.58	14.81	14.12	18.35	17.14	16.78
	運輸業	5.74	8.50	10.53	23.17	4.83	5.08	6.19	4.74
	金融業	2.11	5.32	2.53	2.17	2.69	3.46	2.74	2.50
	公共行政國防服務	10.92	11.79	12.00	11.92	13.84	12.07	13.07	11.07
	其它服務業	10.81	16.27	12.14	9.90	13.70	14.68	16.56	12.70

資料來源：《臺灣地區各級都市成長與人口遷徙之研究》，「行政院」經濟建設委員會住宅及都市發展處，1984 年，第 95 頁。

（三）省轄市

1950 年頒佈的《臺灣省各縣市實施地方自治綱要》規定：人口聚居地區，有下列情形之一者，設市。一、省會。二、人口在五十萬人以上。三、在政治、經濟、文化上地位重要，其人口在二十萬以上者。為此，將未滿 10 萬人的 4 個省轄市新竹、嘉義、彰化、屏東降為縣轄市。1982 年把新竹、嘉義恢復為省轄市。1985 年臺灣當局頒佈的《臺灣省各市縣實施地方自治綱要》

修正案，又將「省轄市」的標準提高到人口在 50 萬人以上（1992 年再次提高到 60 萬），或在政治、經濟、文化上重要，人口在 20 萬人以上者。到 20 世紀 90 年代臺灣五省轄市爲：基隆、新竹、臺中、嘉義、臺南。

表 5.2-4：省轄市區位商（1980 年）

城　市	第一產業	第二產業	第三產業
	農林漁牧狩獵業	礦業、土石採取業、製造業、水電煤氣業、營造業	商業、運輸、倉儲通訊業、金融保險不動產、工商服務業、社會團體及個人服務業等
基隆市	0.21	1.06	1.55
臺中市	0.54	1.10	1.25
臺南市	0.54	1.29	1.10
新竹市	0.36	1.45	1.13
嘉義市	0.36	1.10	1.40

資料來源：根據臺灣「經建會」編印，《都市與區域發展統計彙編》，1981 年，第 136 ～142 頁，計算

由 5.2-4 可見，省轄市第二產業和第三產業的區位商都大於 1，也就是說省轄市的第二產業和第三產業都是其基礎產業。只是其區位商的大小不盡一致，其中新竹市第二產業的區位商最高，反映出新竹市的工業發展程度較高，基隆市的第三產業區位商較高，也可看出基隆市作爲港口的運輸、倉儲、服務業的發展程度較高。

根據表 5.2-3 分析 1980 年省轄市 15 歲以上就業人口。按行業分佈基隆市就業人口中從事第一產業者占 5.04%，其中漁業占 4.27%，比例稍高；第二產業 32.99%，製造業 22.09%，比例較高；第三產業占 61.97%，其中運輸業 23.17%，占比例最高。基隆市的特色爲運輸業，高達 23.17%，礦業 2.60%，在全省各縣市均居首位，另外，漁業占 4.27%，也較突出。

新竹市的第二產業就業比重占 45.71%，在七大城市中排名第一，主要是因爲其製造業高達 37.49%，其餘農林漁牧業占 5.11%；礦業 0.34%；水電煤氣業 1.04%，營造業 6.84%；三次產業占 49.18%，其中商業 14.12%，運輸業 4.83%，金融業 2.69%，公共行政及國防服務業 13.84%，其它服務業 13.70%。新竹市的特色除製造業較高外，水電煤氣業也比較突出。

臺中市第一產業就業比重占 8.20%，在七大城市中僅低於嘉義市，第二產

業占 38.16%，其中製造業 30.91%，營造業 6.33%稍高；第三產業占 53.63%；其中商業 18.35%，運輸業 5.08%，金融業 3.46%，公共行政及國防服務業 12.07%，其它服務業 14.68%。臺中市以製造業爲主，商業第二，其它服務業第三，三者達 71.19%。

嘉義市第一產業占 8.37%，在七大城市中最高，主要是農林業 8.24%；第二產業占 35.93%，其中製造業 28.61%，營造業 6.15%較高；第三產業占 55.70%，其中商業 17.14%，運輸業 6.19%，金融業 2.74%，公共行政及國防服務業 13.07%，其它服務業 16.56%。嘉義市的其它服務業從業人員比例是 23 個縣市中比例最高者。

臺南市就業人口中從事第一產業者占 8.13%，在七大城市中位列第三，其中農林業 6.26%，漁業 1.87%；第二產業占 44.08%，其中製造業 37.36%，營造業 5.85%稍高；第三產業占 47.79%，其中商業 16.78%，運輸業 4.74%，金融業 2.50%，公共行政及國防服務業 11.07%，其它服務業 12.70%。臺南市的製造業就業比例也較高。五個省轄市的就業行業主要集中於製造業、商業、其它服務業等三者之中，另外基隆市運輸業特高，公共行政及國防服務業占五個省轄市的就業比例亦相當高。

（四）縣轄市

表 5.2-5：臺灣的縣轄市（1990 年）

縣　別	縣轄市	設置時間	縣別	縣轄市	設置時間
臺北縣	三重市	1962	南投縣	南投市	1981
	板橋市	1972	雲林縣	斗六市	1981
	永和市	1979	臺南縣	新營市	1981
	中和市	1979	高雄縣	鳳山市	1972
	新莊市	1980	臺東縣	臺東市	1976
	新店市	1980	澎湖縣	馬公市	1981
桃園縣	中壢市	1967	彰化縣	彰化市	－
	桃園市	1971	屏東縣	屏東市	－
苗栗縣	苗栗市	1981	花蓮縣	花蓮市	－
新竹縣	竹北市	1988	宜蘭縣	宜蘭市	－
臺中縣	豐原市	1976			

資料來源：《重修臺灣省通志》，卷七，《政治志・建制沿革篇》，臺灣省文獻委員會，
　　　　　1991 年，整理。

　　1950 年頒佈的《臺灣省各縣市實施地方自治綱要》規定，「人口達十五萬人以上，工商業發達，財政充裕，交通便利，公共設施完備」的鄉鎮可改制升格為縣轄市。以後雖有改動，其規定大致相同。到 1990 年縣轄市除了屏東、彰化、宜蘭、花蓮外，鄉鎮改制升格為縣轄市有 17 個，縣轄市共 21 個。

　　臺灣的縣轄市較多，空間分佈較廣，各個縣轄市的產業發展程度不一，其就業人口的行業結構亦有不同。從下表 5.2-6 看，縣轄市的就業人口從事農林漁牧等第一產業者比例相對都較低，僅斗六市高於臺灣地區平均值；從事第二產業員工比例，有半數的縣轄市高於臺灣地區平均值，半數低於平均值，顯示有些縣轄市的製造業並不發達；從事第三產業員工比例均高，僅斗六、豐原及新莊等市低於臺灣地區平均值，而且一般從事第二產業的員工比例較低的市，其從事第三產業的員工比例則較高，反映出縣轄市各自的發展特色。

　　從下表 5.2-6 看，從事一次產業比例較低者有永和（1.39%）、中和、板橋、三重、新店、鳳山及新莊（5.24%）等市，這些城市多是衛星城；花蓮（6.62%）、桃園、中壢、苗栗、彰化、屏東、豐原及宜蘭（13.03%）等市居中；比例較高者有新營（17.08%）、馬公、南投、臺東及斗六（27.60%）等市。其中從事漁業比例較高者是馬公、臺東兩市。第二產業從業員工比例較高者有新莊（58.01%）、三重、中壢、板橋、豐原、桃園、中和、彰化、苗栗及鳳山（42.46%）等市；稍低者有新店（36.73%），新營、宜蘭、屏東、永和及斗六（31.41%）等市；較低者是南投（29.95%）、花蓮、臺東及馬公（18.30%）等市。其中礦業比例最高者是苗栗市；製造業比例較高者有新莊、三重、豐原、中壢等市；水電煤氣業比例較高者有馬公、花蓮、宜蘭、永和等市；營造業比例較高者有板橋、中和、鳳山、三重等市。第三產業從業員工比例較高者有永和（66.68%）、花蓮、馬公、新店、屏東、臺東、中和、鳳山、宜蘭及南投（52.03%）等市；介於中間者有板橋（49.21%）、桃園、苗栗、新營、彰化、三重及中壢（42.56%）等市；較低者是斗六（40.99%）、豐原及新莊（36.75%）等市。其中商業比例較高者是永和（21.87%）、三重、花蓮、板橋及中和（16.00%）等市；運輸業比例較高者是花蓮（10.21%）、永和、中和、新店及鳳山（9.51%）等市；金融業比例較高者是永和（6.41%）、新店、中和、花蓮及板橋（2.88%）等市；公共行政國防服務業比例較高者

包括馬公（26.75%）、南投、屏東、新店及花蓮（16.62%）等市；其它服務業比例較高者包括永和（16.98%）、花蓮、臺東、新店及宜蘭（15.12%）等市。從各縣轄市 15 歲以上就業人口按行業分佈中，可以看出各個縣轄市各自產業的發展重點。

表 5.2-6：1980 年縣轄市 15 歲以上就業人口的行業分佈

單位：%

地區名稱	第一產業			第二產業					第三產業					
	小計	農林業	漁業	小計	礦業	製造業	水電煤氣業	營造業	小計	商業	運輸業	金融業	公共行政國防服務	其它服務業
臺灣地區總計	20.39	18.87	1.52	37.18	0.58	29.23	0.64	6.74	42.43	12.86	5.74	2.11	10.92	10.81
縣轄市合計	7.38	6.83	0.55	42.48	0.34	33.54	0.76	7.84	50.14	15.56	6.89	2.72	12.31	12.66
板橋市	2.03	1.93	0.10	48.76	0.39	37.55	0.53	10.3	49.21	17.65	7.39	2.88	8.86	12.43
三重市	2.60	2.48	0.12	54.13	0.13	44.57	0.26	9.17	43.27	18.90	5.75	2.09	6.51	10.02
永和市	1.39	1.26	0.13	31.93	0.23	23.13	1.16	7.41	66.68	21.87	9.73	6.41	11.69	16.98
中和市	1.77	1.64	0.12	44.60	0.34	33.97	0.77	9.51	53.64	16.00	9.62	3.60	12.03	12.39
新莊市	5.24	5.12	0.13	58.01	0.20	49.17	0.55	8.09	36.75	13.48	5.74	1.61	6.08	9.84
新店市	4.26	4.17	0.08	36.73	0.54	27.66	0.91	7.62	59.02	14.02	9.45	4.43	16.93	14.17
宜蘭市	13.03	12.71	0.31	34.28	0.29	25.57	1.17	7.26	52.69	14.61	6.38	2.32	14.25	15.12
桃園市	7.32	7.15	0.17	46.68	0.26	37.84	0.91	7.66	46.00	15.97	5.27	2.32	10.78	11.65
中壢市	8.62	8.42	0.20	48.81	0.19	41.69	0.43	6.51	42.56	11.95	5.21	1.53	13.23	10.64
苗栗市	9.71	9.64	0.07	42.95	4.24	32.63	0.88	5.21	47.34	10.55	5.82	2.06	16.57	12.35
豐原市	12.53	12.47	0.06	50.04	0.08	44.47	0.93	4.56	37.43	13.05	3.61	1.91	9.86	9.00
彰化市	10.99	10.84	0.15	43.63	0.13	38.70	0.74	4.06	45.38	14.98	4.74	2.82	10.04	12.79
南投市	18.02	17.96	0.06	29.95	0.10	23.81	0.84	5.21	52.03	9.89	4.61	2.12	22.27	13.13
斗六市	27.60	27.53	0.07	31.41	0.17	25.26	0.63	5.34	40.99	11.15	3.83	1.59	12.60	11.81
新營市	17.08	16.92	0.16	35.82	0.08	28.07	0.80	6.87	47.10	12.62	5.31	2.10	13.30	13.77
鳳山市	4.31	3.17	1.14	42.46	0.12	32.15	0.79	9.40	53.23	14.73	9.51	2.08	14.76	12.15
屏東市	11.71	11.26	0.45	32.76	0.08	24.23	0.82	7.64	55.53	15.50	5.54	1.94	17.48	15.07
臺東市	20.72	18.36	2.35	25.57	0.20	15.88	0.95	8.55	53.72	13.26	6.43	2.02	15.56	16.44

| 花蓮市 | 6.62 | 5.77 | 0.86 | 28.37 | 0.53 | 17.66 | 1.58 | 8.60 | 65.01 | 18.61 | 10.21 | 3.06 | 16.62 | 16.51 |
| 馬公市 | 18.54 | 2.85 | 15.69 | 18.30 | 0.07 | 10.81 | 1.80 | 5.62 | 63.15 | 14.92 | 7.23 | 1.63 | 26.75 | 12.63 |

資料來源：《臺灣地區各級都市成長與人口遷徙之研究》，「行政院」經濟建設委員會住宅及都市發展處，1984 年，第 98 頁。

　　比較分析臺灣行政中心城市的職能，從下表 5.2-7 可以看出，「院轄市」第三產業部門的就業人口占 15 歲以上的就業人口的比重高達 61.86%，高出臺灣平均值 19.43%，其中商業、運輸業、金融業、公共行政及國防服務業、其它服務業等均高出臺灣地區平均值，可見，臺灣「院轄市」的主要職能部門是第三產業。省轄市第二產業部門的就業人口占 15 歲以上的就業人口的比重高達 39.55%，其從業人口的比例高於臺灣地區平均值 2.37%，同時，省轄市的第三產業的從業比例也高於臺灣地區平均值 10.74%，只是比「院轄市」稍弱。可見，直轄市和省轄市的主要職能部門都是第二產業和第三產業部門。縣轄市第二產業和第三產業部門的就業人口分別占 15 歲以上的就業人口的 42.48% 和 50.14%，其從事第二產業和第三產業的人口比例均高於臺灣地區的鎮人口從事該產業的比例，更高於臺灣地區的平均值。總之，臺灣「院轄市」、省轄市、縣轄市中的第一產業已經比較弱，而第二產業和第三產業中的各個行業一般都較為發達，並成為各自區域的政治、經濟、文化比較發達的中心城市。

表 5.2-7：1980 年各級城鎮 15 歲以上就業人口的行業分佈

單位：%

行　　業		臺灣地區	院轄市	省轄市	縣轄市	鎮	10萬人以上	5～10萬人	5萬人以下	鄉	10萬人以上	5～10萬人	5萬人以下
總計		100.00	100.00	100.00	100.00	100.00	100.00	100.00	100.00	100.00	100.00	100.00	100.00
第一產業	小計	20.39	2.94	7.28	7.38	27.38	19.38	23.12	35.64	37.22	9.80	21.14	41.52
	農林業	18.87	1.90	5.88	6.83	25.53	19.32	22.16	32.08	35.05	9.60	20.37	38.99
	漁業	1.52	1.03	1.40	0.55	1.84	0.06	0.96	3.57	2.17	0.20	0.77	2.53
第二產業	小計	37.18	35.21	39.55	42.48	37.68	37.50	40.78	32.17	34.36	54.97	44.08	31.63
	礦業	0.58	0.23	0.66	0.34	1.09	0.04	1.44	0.56	0.60	0.33	0.45	0.65
	製造業	29.23	26.72	31.68	33.54	30.08	32.00	32.58	25.46	27.03	47.08	35.70	24.53
	水電煤氣業	0.64	0.84	0.93	0.76	0.55	0.40	0.59	0.48	0.43	0.49	0.53	0.40
	營造業	6.74	7.42	6.28	7.84	5.96	5.06	6.17	5.67	6.31	7.07	7.39	6.05

第三產業	小計	42.43	61.86	53.17	50.14	34.94	43.12	36.09	32.19	28.41	35.23	34.78	26.85
	商業	12.86	21.55	16.63	15.56	9.78	14.66	10.12	8.75	7.14	9.16	9.11	6.67
	運輸業	5.74	9.18	8.30	6.89	4.20	4.54	4.55	3.56	3.27	4.63	4.32	3.00
	金融業	2.11	4.39	2.78	2.72	1.27	2.01	1.39	0.99	0.77	0.92	1.17	0.68
	公共行政國防服務	10.92	11.86	12.09	12.31	10.10	9.77	10.32	9.75	9.77	12.09	11.51	9.33
	其它服務業	10.81	14.89	13.38	12.66	9.58	12.14	9.71	9.14	7.47	8.44	8.67	7.18

資料來源：《臺灣地區各級都市成長與人口遷徙之研究》，「行政院」經濟建設委員會住宅及都市發展處，1984 年，第 94 頁。

二、交通中心城鎮

臺灣的城鎮體系與交通運輸的發展有著高度的關聯性。早期臺灣的交通以水運為主，故臺灣主要城市基本從南部及沿岸港口開始。鐵路交通的興起，重塑了臺灣島內城鎮的佈局，主要城鎮沿鐵路線分佈。1945 年後，儘管鐵道和港口運輸仍然扮演重要的角色，但是隨著公路系統的建立，臺灣城鎮的發展進入一個新階段。

臺灣光復初，道路橋梁多數失修，鄉村道路更是殘破不堪，臺灣全島的實際通車路線，不過 40%左右。儘管當時的臺灣百廢待興，當局仍積極從事公路的新建與改善。在南北向高速公路通車前，臺灣當局主要著力於省道的拓寬、路程的縮短與品質的提升。1953 年，西部平原省道臺一線全線通行汽車，臺灣進入公路運輸社會，不僅促進了各區域間主要都市的連結，而且更推動了省道沿線的人口聚落繼續發展。

隨著臺灣人口增加和經濟發展，交通量急劇增加。為使整體交通體系更加通暢，臺灣當局不斷修訂公路規劃，推動公路網建設。特別是在十項建設和十二項建設中，興建了南北縱貫高速公路、東西橫貫公路、延長南北高速公路、擴張連結屏東和鵝鑾鼻間的道路等等，緩解了當時交通設施緊張狀況，促進了交通建設的現代化。1978 年西部高速公路通車，將臺灣西部各大都市及工商業發達區連為一體，成為城市規模擴張的主要動力。臺灣省公路分為省道、縣道、鄉道、專用道等四類，密度為東南亞之冠〔註6〕。

〔註6〕《重修臺灣省通志》，卷四，《經濟志‧交通篇》，臺灣省文獻委員會，1993 年，

臺灣公路運輸網絡的形成，促進了區域間的物資流動和人口流動，推動了產業與城鎮的發展。特別是在 1974 年中山高速公路第一階段通車以後，公路交通很快取代縱貫鐵路系統成為主要的運輸路線。而 1978 年南北高速公路建成後，其便捷的交通、優越的區位條件吸引了眾多西部縣市工業區紛紛設置在高速公路的附近，進而吸引了眾多人員的就業居住，沿線地帶的城鎮人口也快速增長。80 年代以後，隨著中山高速公路的拓寬工程以及第二高速公路和東西向快速道路的逐步建成通車，臺灣的快速道路網從「單線運輸」逐漸擴展為網狀運輸，更加便捷了臺灣西部和北部區域間的物資流動和人口流動，臺灣西部聚落空間再次重塑。

臺灣的公路系統的主要線路見下表 5.2-8：

表 5.2-8：臺灣六大系統公路網（20 世紀 80 年代末）

公路網系統	路線編號	路線名稱	路線起訖點	路　線　行　程
高速公路系統	國一	高速公路	基隆－高雄	基隆、臺北、新竹、苗栗、臺中、彰化、嘉義、臺南、高雄
	國一甲	中正國際機場支線	桃園國際機場－大園	－
環島公路系統	臺九	東部幹線	臺北－楓港	臺北、蘇澳、花蓮、臺東、楓港
	臺一	西部幹線	臺北－楓港	臺北、新竹、彰化、嘉義、臺南、高雄、屏東、楓港
橫貫公路系統	臺七	北部橫貫公路	大溪－宜蘭	大溪、復興、巴棱、棲蘭、宜蘭
	臺八	東西橫貫公路	東勢－太魯閣	東勢、谷禾、梨山、大禹嶺、天祥、太魯閣
	臺二〇	南部橫貫公路	臺南－德高	臺南、玉井、甲仙、桃園、關山埡口、新武呂、德高
	臺一八	新中部橫貫公路	嘉義－玉里	嘉義、石卓、阿里山、玉山、玉里
	臺一四		彰化－仁壽	彰化、埔里、霧社、廬山、瀧見、仁壽
	臺一六		名間－楓林	名間、集集、水里、合流、楓林
	臺二二		屏東－知本	屏東、山地門、霧臺、知本
	臺九甲		新店－員山	新店、烏來、孝義、圳頭、員山

第 101 頁。

縱貫公路系統	臺三	內陸公路	臺北－屏東	臺北、板橋、大溪、竹東、東勢、豐原、臺中、南投、斗六、鹿滿、旗山、屏東
	臺一三	尖慰公路	內湖－豐原	內湖、竹南、苗栗、豐原
	臺一九	中央公路	彰化－臺南	彰化、溪湖、北港、朴子、義竹、佳里、臺南
	臺二一	山嶽公路	天冷－磚子窯	天冷、埔里、日月潭、信義、和社、三民、甲仙、旗山、磚子窯
濱海公路系統	臺二	北部濱海公路	關渡－蘇澳	關渡、淡水、金山、基隆、頭城、蘇澳
	臺一一	東部濱海公路	花蓮－卑南	花蓮、豐濱、成功、卑南
	臺一四	南部濱海公路	楓港－安塑	楓港、恒春、鵝鑾鼻、港仔
	臺一七	西部濱海公路	甲南－水底僚	甲南、鹿港、麥僚、布袋、臺南、高雄、東港、水底僚
	臺一五	西北部濱海公路	關渡－香山	關渡、八里、竹園、觀音、香山
	臺一一乙	南部濱海公路支線	富源－知本	富源、知本
聯絡公路系統	－	－	共計 160 條路線	略

資料來源：陳俊編著：《臺灣道路發展史》，「交通部」運輸研究所，1987 年，第 413～429 頁。

在臺灣的陸路運輸中，鐵路雖漸為公路所取代，但在長途貨運上鐵路仍具有量大、價廉的優勢，因而鐵路建設仍然備受重視。在臺灣十項建設中有西部鐵路電氣化及興建北回鐵路的建設，十二項建設中有環島路網規劃中的拓寬東線鐵路及興建南回鐵路的建設。西部幹線電氣化工程 1979 年 6 月竣工。北回鐵路自宜蘭線的南聖湖至東線的田埔站，1980 年 3 月 1 日正式通車。該線與東西鐵路銜接，極大地便利了東部的對外交通聯略。1991 年形成的環島鐵路網，把全島主要城鎮連結起來，成為另一條交通動脈。

臺灣四面環水，2/3 以上的地域是山地和丘陵，資源貧乏，島內市場狹小，因此其經濟發展與對外貿易關係極為密切，臺灣進出口貨物有 99.96% 經由海路運輸。在臺灣省內，各離島地區民生和經濟物資運輸，也多依賴海運，可以說海運是臺灣經濟的生命線。因此，臺灣大力投資港埠建設，積極整建基隆港、高雄港，擴建花蓮港及蘇澳港，並興建臺中港等。臺灣地區現有的高雄港、基隆港、臺中港、花蓮港、蘇澳港五大國際商港，在地理上各

居一角，是臺灣對外運輸的海上門戶。

　　另外，臺灣的航運業也比較發達，從臺灣航行區域看，主要有環島航線、離島航線及省外航線三類。對於環島與離島航線，臺灣當局除了積極改善原有高雄至馬公，高雄至花蓮，安平至馬公，東港至小琉球，及澎湖離島各港的航運設施之外，還增闢了布袋至鎮港，中芸至小琉球，高雄至七美等航線，進一步改善了臺灣沿海間、臺灣島與離島間的航運交通。省外航線主要有：基隆至金門、馬祖、高雄至金門、臺中至金門、安平至金門等線。

　　經過多年的建設，臺灣地區的交通系統已初步形成鐵路、公路、航海航空等各種運輸方式相互配合，覆蓋全島南北的立體化的綜合交通網絡，形成臺北、高雄兩個全島性主要交通樞紐，以及臺中、花蓮、嘉義、臺南等區域性交通樞紐。從表 5.2-3 的 1980 年「院轄市」、省轄市 15 歲以上就業人口按行業分佈可以看出，1980 年臺灣的運輸業從業人員占 15 歲以上總從業人員的 5.74%，其中基隆市最高，占其從業人員的 23.17%；高雄市次之，占10.53%；臺北市第三，占其從業人員的 8.50%；嘉義市第四，占其從業人員的 6.19%。從表 5.2-6 的 1980 年縣轄市 15 歲以上就業人口按行業分佈中，也可看出花蓮市、永和市、中和市、鳳山市、新店市、板橋市、馬公市等城市的運輸業從業人員的比例都高出縣轄市 15 歲以上就業人員的平均比例。這些城市基本都集中分佈於南北縱貫鐵路和中山高速公路兩大交通幹線兩側，是公路和鐵路的重要交通節點，特別是基隆、高雄、花蓮更是海陸空運輸集中之地，是臺灣重要的國際商港。正如其中的臺中市，原本規模較小，20 世紀 70 年代以來憑藉其便利的陸路交通、優越的區位條件，建設了臺中加工出口區等，逐漸成為臺灣中部工業區的中心，1975 年取代臺南市成為全島第三大城市。

　　臺灣的交通建設不僅加速了其經濟的發展，使臺灣城市發展深度融入到世界城市的分工格局中，而且使西部城鎮最終連成一片，成為當時亞洲最大的都市連綿區之一。

　　下圖 5.2-1 臺灣主要城鎮空間分佈（1994 年），僅僅畫出臺灣部分交通線路，其橫貫交通路線以及一些縣道等並未畫出。但是從中亦可以清楚地看出，臺灣交通線路的密集和網絡化，臺灣的主要城鎮大都分佈在鐵路、公路沿線附近。

圖 5.2-1：臺灣主要城鎮空間分佈（20世紀90年代初）

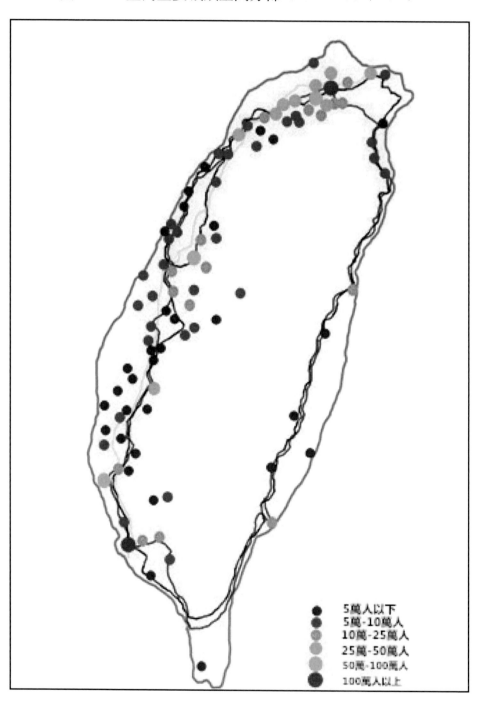

三、工業中心城鎮

日據時期，臺灣除了 1933 年建立的金銅礦廠、1935 年設立的煉鋁廠，1937 年後爲適應戰時需要而建立的城業、皮革、鋼鐵及機械工業外，並未出現大規模的工業以及工業城鎮，只有高雄市在 1930 年後尚算是臺灣現代工業功能比較突出的城鎮。1945 年後，臺灣經濟發展尤其是產業結構向工業轉型，推動了以製造業爲主的城鎮的發展。

臺灣自 1953 年實施第一期四年經濟建設計劃後，其經濟發展重心開始進入工業經濟爲主的時期。並且根據土地規劃、工業發展及整體經濟建設的需要，設立了工業區、加工出口區、科學工業園區等不同功能的特定經濟區域。

爲配合臺灣出口導向的經濟發展目標，1965 年設立高雄加工出口區，後來又設立楠梓及臺中兩個加工出口區，行政當局興建了標準廠房、電力、給水等各種公共設施，以及港口、倉儲設備；並簡化了在區內投資設廠、出口、進口、匯款等手續，同時工業區也享受更多稅捐優惠，成爲當時臺灣工業發展與外銷的窗口。高雄市 20 世紀 60 年代成立兩個加工出口區，再加上其良好的港口運輸條件和雄厚的工業生產基礎，逐漸成爲臺灣最重要的工業城市，城市人口持續增長，一直雄踞臺灣第二大城市的地位。臺中地區的工業則是隨著潭子加工出口區的設立而發展起來，在 1975 年後臺中市取代臺南市成爲臺灣第三大城市。

20 世紀 70 年代，爲了推動農村地區發展、提高農民收入，促進臺灣區域的均衡發展，臺灣開發的工業區基本上平均分佈於各縣市，臺灣西部的開發區從北到南連成一線。80 年代後，隨著臺灣工業由勞動力密集型向資金技術密集型的轉型，臺灣工業區的發展目標定位於工業升級，設立的工業區大多是以科學園區和高科技產業園區爲主。最有代表性的是新竹市的科學工業園區。該園內的科研與工廠相配合，以生產精密產品代替勞動密集產品。借助科學工業園區的強大助推作用，新竹市發展成爲臺灣第十大城市。

截至 1984 年底，臺灣地區工業用地已編定與已開發及計劃開發的工業用地，有 132 處，面積 20925 公頃，其中已開發完成的工業區計有 59 處，面積 9140 公頃，正在開發中的工業區則有 8 處，面積 5613 公頃，已編定尚未開發的工業區則有 45 處，面積 4848 公頃，民營企業開發的工業區有 15 處，面積 882 公頃，科學工業園區及加工出口區則有 5 處，面積 442 公頃。已開發完成的 59 處工業區，其中北部區域有 18 處，面積 2592 公頃，占已開發工業區總面積的 28.3%；中部區域有 16 處，面積 1738 公頃，占 19.0%；南部區域有 22

處，面積 4652 公頃，占 50.9%；東部區域則有 3 處，面積 158 公頃，占 1.8%
〔註 7〕。到 1994 年，在臺灣都市計劃區土地使用面積之中，工業區面積共
23464.73 公頃，其中北部地區 9077.66 公頃，占總工業區面積的 38.69%；中
部地區 6069.97 公頃，占總工業區面積的 25.87%；南部地區 7637.37 公頃，占
總工業區面積的 32.55%；東部地區 679.73 公頃，占總工業區面積的 2.90%〔註
8〕。臺灣工業用地供給大多集中於西部地區，東部宜蘭、花蓮、臺東三縣與
離島澎湖縣的總工業區面積與其它縣市相較，均占全臺灣地區極小的比例。
西部地區則有向北（臺北縣、桃園縣）、中（臺中縣、彰化縣）、南（臺南縣、
高雄縣）三地集中的趨勢。

表 5.2-9：臺灣各縣市的工業（光復後～1981 年）

單位：家

各 縣 市	人造絲纖維廠	棉紡廠	絲織工業	毛巾業	製藥業	水泥廠	橡膠製品廠	合計
臺北市、縣	4	13	115	4	216	—	189	541
臺南市、縣	4	14	12	2	129	—	33	194
高雄市、縣	3	—	2	—	72	5	43	125
臺中市、縣	—	23	8	7	89	—	160	287
新竹市、縣	2	13	5	7	22	3	16	68
花蓮市、縣	—	—	—	—	1	2	—	3
基隆市	1	—	—	—	12	—	—	13
桃園縣	10	31	51	4	64	2	60	222
苗栗縣	2	4	13	2	11	1	6	39
彰化縣	1	23	3	7	76	—	54	164
雲林縣	—	1	5	11	24	—	9	50
南投縣	—	2	—	—	11	—	6	19
屏東縣	—	—	—	—	31	—	6	37
嘉義縣	—	—	—	—	50	1	11	62
宜蘭縣	—	1	—	2	13	4	4	24
臺東縣	—	—	2	—	1	—	—	3

資料來源：《重修臺灣省通志》，《經濟志·工業篇》，臺灣省文獻委員會，1998 年，有
關工業各縣市分佈的數據整理。

〔註 7〕「行政院」經濟建設委員會都市及住宅發展處，《臺灣地區都市與區域發展之
研究——都市成長及空間結構之變遷》，1985 年，第 62 頁。
〔註 8〕《都市及區域發展統計彙編》，「行政院」經濟建設委員會住宅及都市發展處
編印，1980 年，第 15 頁。

　　表 5.2-9 利用《重修臺灣省通志》中《經濟志‧工業篇》有關工業在各縣市分佈數據的粗略整理，對該書未詳細列舉其地點的工廠企業則沒有統計。儘管統計不全面，但此表大致可以看出光復後到 20 世紀 80 年代臺灣的一些工業佈局狀況。從中可以看出，設置工廠數量較多的縣市主要包括臺北縣和臺北市、臺中縣和臺中市、桃園縣、臺南縣和臺南市、彰化縣、高雄縣和高雄市等。

　　臺灣的石化工業因生產規模與投資金額均較大，各廠間的生產聯繫較密切，為便於原料儲運，這類工廠多集中在同一地區，形成石化中心。臺灣石化中間原料工廠、中油公司乙烷裂解及輕油裂解工場位置分別密集設在臺灣北部的頭份及南部的仁武、大社、林園等四個石化工業區。臺灣的陶瓷生產中心集中在鶯歌地區，附近地區聚集了陶瓷生產所需的各種原料、燃料、陶瓷機械等。據 1976 年臺灣區陶瓷公會統計資料，參加臺灣區陶瓷業同業公會的會員者有 305 家，其中鶯歌地區 196 家，淡水地區 10 家，北投地區 13 家，桃園地區 11 家，新竹地區 15 家，苗栗地區 40 家，臺北及其它地區 20 家。鶯歌地區陶瓷工廠最多，參加陶瓷公會者約占 64%〔註9〕。

　　1976 年臺灣經建會住宅及都市發展處選出 2 萬以上人口集居地（城鎮或鄉）65 個，並進一步列舉出其各個城鎮或鄉的製造業、商業、服務業的場所、員工數。從中也可以大致看出當時臺灣製造業的空間分佈。

　　下表 5.2-10 列有 65 個 2 萬以上城鎮人口集居的城鎮或鄉，製造業每千人占總人口比例（‰）超過臺灣地區平均值的城鎮（鄉）從高到低主要有：潭子鄉（610.9）、新莊市（457.5）、龜山鄉（440.2）、樹林鎮（404.3）、五股鄉（379.9）、八德鄉（361.6）、永康鄉（347.6）、鶯歌鎮（319.8）、楊梅鎮（295.6）、竹南鎮（291.9）、桃園市（275.2）、淡水鎮（243.1）、三重市（235.5）、中壢市（234.9）、平鎮鄉（232.8）、中和市（229.2）、佳里鎮（228.8）、大雅鄉（223.4）、小港鄉（220.8）、彰化市（219.2）、沙鹿鎮（213.8）、豐原市（207.5）、新店市（191.2）、頭份鎮（190.3）、大甲鎮（190.1）、汐止鎮（188.4）、新竹市（186.7）、蘆州鄉（167.6）、後里鄉（166.6）、員林鎮（159.2）、高雄市（157.1）、苗栗市（148.6）、清水鎮（148.2）、臺中市（147.1）、湖口鄉（139.7）、板橋市（139.6）、大溪鎮（136.8）、竹東鎮（136.5）、鹿港鎮（116.6）、臺南市（115.9）。這些城

〔註9〕《重修臺灣省通志》，《經濟志‧工業篇》，臺灣省文獻委員會，1998 年，第 1145～1146 頁。

鎮一般都設有工業加工區或開發區等，主要分佈在臺北、桃園、新竹、苗栗、彰化等縣，大多分佈在臺灣的北、中、南部地區。

表 5.2-10：臺灣主要城鎮的製造業、商業、服務業的場所數、
員工數（1976 年）

城 鎮	製 造 業			商 業			服 務 業		
	場所單位數（個）	員工數（人）	每千人占總人口比例（‰）	場所單位數（個）	員工數（人）	每千人占總人口比例（‰）	場所單位數（個）	員工數（人）	每千人占總人口比例（‰）
臺灣地區	72237	1892996	114.7	267022	818778	49.6	72020	334531	20.3
臺北市	6815	192966	92.4	53895	307973	147.4	11930	109388	52.4
高雄市	2553	160176	157.1	21056	69750	68.4	5578	30359	29.8
臺南市	5539	62282	115.9	10072	30901	57.5	2739	11921	22.2
臺中市	5136	82515	147.1	12243	39468	70.3	4016	18784	33.5
基隆市	537	25610	74.8	4848	14114	41.2	1539	9485	27.7
三重市	4268	67076	235.5	4589	13199	46.3	1275	4643	16.3
板橋市	1302	39414	139.6	3928	10957	38.8	977	3866	13.7
永和市	205	5553	37.0	1783	6279	41.8	482	2251	15.0
中和市	592	35194	229.9	1374	3624	23.7	388	1372	9.0
新莊市	1289	48019	457.5	1429	4715	44.9	364	1451	13.8
新店市	341	27143	191.2	1514	4453	31.4	438	2101	14.8
鶯歌鎮	432	11380	319.8	451	989	27.8	98	225	6.3
樹林鎮	593	23720	404.3	826	2017	34.4	240	730	12.4
淡水鎮	223	13869	243.1	1012	2179	38.2	248	1576	27.6
汐止鎮	197	10503	188.4	790	1846	33.1	116	516	9.3
盧州鄉	358	5739	167.6	374	1046	30.5	97	352	10.3
五股鄉	422	11151	379.9	273	645	22.0	84	208	7.1
宜蘭市	321	5727	73.8	1795	3951	50.9	525	3273	42.2
蘇澳鎮	219	4231	78.2	973	1912	35.4	272	1147	21.2
羅東鎮	256	5048	88.3	1504	4447	77.8	551	3629	63.5
桃園市	868	42907	275.2	3254	9311	59.8	1028	4424	28.4
中壢市	673	40344	234.9	2989	7064	41.1	806	3129	18.2
大溪鎮	138	8419	136.8	940	2164	35.2	210	469	7.6
楊梅鎮	294	22521	295.6	910	1993	26.2	257	1125	14.8
八德鄉	214	19285	361.6	640	1340	25.1	146	454	8.5

續表 5.2-10：臺灣主要城鎮製造業、商業、服務業的場所數、
員工數（1976 年）

城 鎮	製 造 業			商 業			服 務 業		
	場所單位數（個）	員工數（人）	每千人占總人口比例（‰）	場所單位數（個）	員工數（人）	每千人占總人口比例（‰）	場所單位數（個）	員工數（人）	每千人占總人口比例（‰）
龍潭鄉	126	2742	56.4	540	1323	27.2	176	364	7.5
平鎮鄉	274	15737	232.8	654	1386	20.5	175	425	6.3
龜山鄉	385	25734	440.2	783	1655	28.3	202	632	10.8
新竹市	1953	43027	186.7	4081	11507	49.9	1445	5580	24.2
竹東鎮	235	8992	136.5	1107	2369	36.0	365	1581	24.0
湖口鄉	141	6073	139.7	558	1121	25.8	205	488	11.2
苗栗鎮	360	11697	148.6	1489	3067	39.0	379	1617	20.5
竹南鎮	506	14170	291.9	846	1870	38.5	231	815	16.8
頭份鎮	348	11758	190.3	1041	1941	31.4	268	839	13.6
豐原市	1776	24478	207.5	2168	5028	42.6	565	2228	18.9
大甲鎮	382	11668	190.1	982	2268	37.0	256	835	13.6
沙鹿鎮	468	10161	213.8	814	1678	35.3	192	776	16.3
清水鎮	426	10797	148.2	851	1722	23.6	213	589	8.1
後里鄉	221	7543	166.6	458	1167	25.8	105	205	4.5
大雅鄉	282	7599	223.4	398	730	21.5	113	269	7.9
潭子鄉	338	22080	610.9	368	707	19.6	93	312	8.6
彰化市	2479	35593	219.2	3128	7701	47.4	876	3187	19.6
員林鎮	745	14997	159.2	1949	4360	46.3	635	2223	23.6
鹿港鎮	875	8132	116.6	922	1860	26.7	235	673	9.7
斗六鎮	341	8382	106.8	513	2941	37.5	456	1470	18.7
虎尾鎮	268	6477	99.4	1180	2508	38.5	357	1273	19.5
北港鄉	232	3290	58.0	1250	2702	47.7	286	931	16.4
嘉義市	1454	17919	70.9	5119	13608	53.9	1603	6434	25.5
朴子鎮	229	2490	51.0	1032	2240	45.8	272	834	17.1
屏東市	380	12417	69.3	3193	7710	43.1	1331	5395	30.1
潮州鎮	145	2776	56.0	1174	2389	48.2	382	1492	30.1
鳳山市	322	8542	50.1	2739	5718	33.6	818	3603	21.2
岡山鎮	183	6239	84.4	1077	2471	33.4	386	1195	16.2

小港鄉	109	13407	220.8	612	1687	27.8	200	597	9.8
林園鄉	85	2551	50.3	573	800	15.8	181	413	8.1
橋頭鄉	91	3267	110.2	375	663	22.4	150	377	12.7
花蓮市	191	3882	37.9	2563	8059	78.7	758	4049	39.5
臺東市	254	3858	34.4	2246	5167	46.1	771	2543	22.7
佳里鎮	192	10704	228.8	813	1338	28.6	273	750	16.0
永康鄉	870	22954	347.6	827	1640	24.8	283	842	12.7
麻豆鎮	141	4748	98.4	773	1617	33.5	202	723	15.0
新營鎮	183	6240	93.8	1462	2986	44.9	460	2223	33.4
草屯鎮	292	9744	127.2	1281	2990	39.0	385	1330	17.4
埔里鎮	169	4290	53.8	1438	3333	41.8	343	1279	16.0
南投鎮	150	5100	65.5	1263	2515	32.3	356	1322	17.0

資料來源：《都市及區域發展統計彙編》，「行政院」經濟建設委員會住宅及都市發展處編印，1980年，第140～157頁。

四、旅遊中心城鎮

旅遊是社會經濟發展到一定階段的產物。臺灣四面環海，四季如春，美景如詩如畫，有著「美麗寶島」之稱，臺灣各地美麗的自然風景和文化歷史古迹交融相映，共同構成了具有濃厚自然、人文特色的旅遊區、旅遊城鎮、旅遊點系統。

臺灣的旅遊資源豐厚。按其特色，可分為人文景觀與自然景觀兩大類。臺灣的先住民與移居臺灣的大批漢族同胞，在共同開發臺灣的歷史過程中，不僅創造了燦爛的物質文明，還留下眾多人文景觀和民俗風情。臺灣「山高、林密、瀑多、岸奇」，無論是高山、峽谷、丘陵、臺地，還是平原、盆地、海濱、離島，從東到西，從南到北，分佈著眾多可供人們遊覽觀賞的自然景觀。臺灣四周的海濱，海岸地貌各具特色，海岸林木植物與藍天碧海相映成趣。20世紀60年代臺灣在其附屬島嶼如蘭嶼、綠島、琉球嶼、和平島、澎湖列島等建立了離島風景區，這些島嶼或鄰近臺灣本島，或遠離本島，公害污染少，環境優美，加上各自特有的自然或原生態的景觀，已經成為吸引遊人的熱點地區。

旅遊觀光產業是無煙囪產業，其發展可以帶動交通、餐飲、旅館、土特產、百貨等系列產業的發展。臺灣省自20世紀50年代發展旅遊業始，就制定了「發展觀光業三年計劃綱要」，以後陸續制定了「風景名勝地區管理辦法」、「發展觀光條例」，以及「觀光資源開發計劃」等法規、政策，而且也比

較注重對各類旅遊資源的綜合協調與開發，在修建一些公路等基礎設施時，有計劃地開闢沿線旅遊資源。如臺灣在修築東西橫貫公路、北部橫貫公路、南部橫貫公路，以及北海岸、東海岸公路等時，沿線也修築了一些水庫、滑雪場，開闢了山地觀光農場、果園、森林公園，或海水浴場、海濱公園等，公路沿途成為風景怡人的觀光走廊和各具特色的風景線。

依據旅遊資源的特點與分佈，臺灣大致分為北部、中部、南部、東部四大旅遊區域。北部旅遊區以臺北市為中心，包括周圍廣大區域，具有豐富的自然景觀和人文景觀資源。中部旅遊區從海濱至海拔 3000 多米的高峰間，這裏有山嶽、峽谷、斷崖、河流、湖泊、平原、盆地等，地形多變、景觀自然美麗。南部旅遊區包括臺南、高雄、屏東等地，集熱帶風光和名勝古迹於一地。東部旅遊區包括臺東、花蓮，以其自然的原生態風貌著稱。如臺灣的旅遊中心之一的臺北市，著名古迹眾多，有臺北城僅存的一座城門樓臺北府城北門；三大名剎保安宮、長沙街、清水岩，香火鼎盛。此外，臺北市還有劍潭寺、霞海城隍廟、金龍寺、圓覺寺、樟山寺、法藏寺、善光寺、情人廟、關渡宮、指南宮等近代和現代修築的著名廟宇。西北部的「陽明山大型自然公園」，具有觀光旅遊、生態保護和學術研究等多種功能。臺北市的紀念堂館眾多，其中最重要的是孫中山先生紀念館。臺北市作為臺灣省的陸路交通和航空中心，有著極為便捷的交通到達全省各地著名的風景區，其各種服務設施齊全。1990 年時臺灣觀光旅館有 97 家，其中臺北市有 52 家。

臺灣眾多各具特色的人文和自然景觀，吸引了眾多遊客前往。據統計，僅 1983 年 3 月到臺觀光的旅客人數有 108,190 人及歸國華僑 23,425 人，合計 131,615 人，上一年的同月增加 12,576 人，增長率為 10.6%，3 月平均每天到達旅客為 4245 人〔註 10〕。據臺灣觀光局統計年報，1989 年臺灣入境旅客人數是 2004126 人，1994 年臺灣入境旅客人數是 2,127,249 人，2000 年時臺灣入境旅客人數是 2624037 人，遊客數量不斷增加。隨著更多遊客的到來，以及臺灣更多旅遊點的開闢和設置，旅遊城市將會不斷發展。

第三節　光復後臺灣城鎮體系的等級規模結構

城鎮體系，在某種意義上就是一定地域範圍內的大、中、小不同規模的

〔註 10〕　「交通部」編印，《「中華民國」交通統計月報》，第 178 期，第 172 頁。

經濟集聚點，其形成和發展是一個歷史的動態過程。反映到一定地域城鎮群的規模組合、區域地位上，就具有一定的等級規模結構特徵。地域城鎮體系的等級規模結構，即是體系內上下不同層次、大小不等規模城鎮在質和量方面的組合形式〔註11〕。城鎮能夠達到一定的等級或規模，與其所處的地理位置、經濟發展狀況等密切相關。臺灣城鎮體系經過長期的發展，已經形成了一套自上而下的各級行政管理中心。光復後隨著行政區劃的日趨穩定，臺灣城鎮體系的層次明顯有三個行政層級，即省（「院轄市」）、縣（省轄市）、鄉（縣轄市、鎮）三級。

一、臺灣城鎮體系的等級規模關係

世界各國的國情千差萬別，劃分城市等級的標準也不盡相同，但一般都是以城市人口的多少為主要依據的。我國現行的城市等級劃分標準也是以城市人口的規模為主要依據的，共分為特大城市（大於100萬），大城市（50～100萬），中等城市（20～50萬）和小城市（20萬以下）四個等級〔註12〕。

表 5.3-1：臺灣城鎮行政等級結構（1994年底）

等級系統	城 市 名 稱	數 量
「院轄市」	臺北市、高雄市	2
省轄市	新竹市、臺中市、臺南市、基隆市、嘉義市	5
縣轄市	臺北縣：板橋市（1972）、三重市（1961）、新莊市（1980）、中和市（1979）、永和市（1979）、新店市（1982）、土城市（1993） 宜蘭縣：宜蘭市 桃園縣：桃園市（1977）、中壢市（1967）、平鎮市（1992）、 新竹縣：竹北市（1989） 苗栗縣：苗栗市（1982）、 臺中縣：豐原市（1976）、大里市（1993）、 彰化縣：彰化市 雲林縣：斗六市（1981）、	27

〔註11〕 顧朝林著：《中國城市體系──歷史・現狀・展望》，商務印書館，1996年，第227頁。

〔註12〕 顧朝林著：《中國城市體系──歷史・現狀・展望》，商務出版社，1996年，第229頁。

縣轄市	南投縣：南投市（1980）、 嘉義縣：太保市（1992）、朴子市（1992）、 臺南縣：新營市（1982）、永康市（1993） 高雄縣：鳳山市（1978）、 屏東縣：屏東市、 花蓮縣：花蓮市、 臺東縣：臺東市（1976）、 澎湖縣：馬公市（1982）	
鎮	臺北縣：樹林鎮、鶯歌鎮、三峽鎮、淡水鎮、汐止鎮、瑞芳鎮 宜蘭縣：頭城鎮、羅東鎮、蘇澳鎮、 桃園縣：大溪鎮、楊梅鎮 新竹縣：新埔鎮、竹東鎮、關西鎮、 苗栗縣：頭份鎮、竹南鎮、後龍鎮、通霄鎮、苑裏鎮、卓蘭鎮 臺中縣：東勢鎮、大甲鎮、清水鎮、梧棲鎮、沙鹿鎮、 彰化縣：和美鎮、鹿港鎮、溪湖鎮、員林鎮、二林鎮、北斗鎮、 　　　　田中鎮 雲林縣：西螺鎮、虎尾鎮、斗南鎮、土庫鎮、北港鎮 南投縣：草屯鎮、集集鎮、埔里鎮、竹山鎮、 嘉義縣：布袋鎮、大林鎮 臺南縣：白河鎮、鹽水鎮、學甲鎮、麻豆鎮、佳里鎮、善化鎮、 　　　　新化鎮、 高雄縣：岡山鎮、旗山鎮、美濃鎮 屏東縣：潮州鎮、東港鎮、恒春鎮 花蓮縣：鳳林鎮、玉里鎮 臺東縣：成功鎮、關山鎮	60

注：1. 臺南縣的永康鄉 1993 年升格爲永康市（1993），書中仍爲永康鄉。

　　2. 資料來源：畢福臣編著：《臺灣城市與縣鄉鎮總覽》，中國統計出版社，1997
　　　 年版，整理。

　　臺灣地區的城市以法定的行政區域爲準，人口數量爲輔。人口聚居地劃
分爲市、鎮、鄉三類，市又分爲「院轄市」（直轄市）、省轄市和縣轄市。此
種以行政區域劃分爲主，人口數量爲輔界定城鎮的方式儘管有其不足，但是
通過確定的行政區域範圍研究城市比較有利於長期的對比研究。鑒於研究的
需要，根據臺灣的實際情況，將臺灣城鎮的等級劃分標準分爲 100 萬以上、
50～100 萬、20～50 萬、10～20 萬、5～10 萬、5 萬以下 6 個級別。

　　到 1994 年底臺灣地區有臺北市、高雄市兩個「院轄市」；基隆、新竹、
嘉義、臺中、臺南 5 個省轄市；臺北、宜蘭、桃園、新竹、苗栗、臺中、彰

化、南投、雲林、嘉義、臺南、高雄、屏東、花蓮、臺東、澎湖 16 個縣；16 個縣下轄 27 個縣轄市，60 個鎮，222 個鄉〔註13〕。城鎮體系的層次系統與規模系列具有內在的客觀規律性，運用分級分類的統計方法得下表：

表 5.3-2：城鎮行政層次系統與等級規模系列對照表

城鎮層次系統		類　別	等　級　規　模					
			100 萬以上	50 萬～100 萬	20 萬～50 萬	10 萬～20 萬	5 萬～10 萬	5 萬以下
省	「院轄市」	城市數	2	—	—	—	—	—
		百分比%	50.0	—	—	—	—	—
縣	省轄市	城市數	—	2	3	—	—	—
		百分比%	—	66.7	23.1	—	—	—
鎮	縣轄市	城市數	—	1	10	9	6	1
		百分比%	—	33.3	76.9	69.2	16.2	3.8
	鎮	城鎮數	—	—	—	4	31	25
		百分比%	—	—	—	30.8	83.8	96.2
合　計			2	3	13	13	37	26

資料來源：
1. 「行政院」經濟建設委員會住宅及都市發展處，《都市及區域發展統計彙編》，1995 年，第 188～192 頁。
2. 5 萬人口以下的數據來自畢福臣編著：《臺灣城市與縣鄉鎮總覽》，中國統計出版社，1997 年。

　　由表 5.3-2 可知，臺灣城鎮行政級別與城鎮的等級規模基本上呈正相關關係。第一層次，省級（「院轄市」），它們在臺灣城鎮體系中城市人口規模位居第一級（100 萬以上）；第二層次，縣級（省轄市）5 個是臺灣的次級城市，是臺灣的某區域的中心城市，人口規模在 20～100 萬；第三層次，縣級城市，包括縣轄市和鎮，縣轄市之中 25 個人口在 10 萬～50 萬之間，還有一個板橋市人口在 50 多萬，一個朴子市人口不足 5 萬。有 31 個鎮人口在 5 萬～10 萬間，25 個人口不足 5 萬，另外 4 個鎮人口在 10 萬～20 萬間。臺灣城鎮體系的層次系統與等級規模系列的關係，層次愈高，規模愈大，數量愈少；反之亦然。在城鎮數量等級規模分佈圖上大致是一個以眾多鎮為底座、臺北市為塔尖的「金字塔」形狀。

〔註13〕畢福臣編著：《臺灣城市與縣鄉鎮總覽》，中國統計出版社，1997 年，第 48 頁。

二、臺灣城鎮等級規模分佈特徵

　　一定地域城鎮體系發展，實際上是地域城鎮化的客觀反映。不同地區、不同城鎮化水下的城鎮體系，城市等級規模分佈特徵不同。

表 5.3-3：臺灣各級規模城鎮的數量及人口比例（1961 年～1991 年）

年次	類　別	100萬以上	50萬～100萬	20萬～50萬	10萬～20萬	5萬～10萬	2.5萬～5萬	2.5萬以下	總計
1961	城鎮個數	－	1	3	6	24	125	165	324
	占城鎮總數比例%	－	0.31	0.93	1.85	7.41	38.58	50.93	100
	總人口數（千人）	－	923	1141	918	1443	4343	2380	11148
	占總人口比例%	－	8.28	10.24	8.23	12.94	38.96	21.35	100
1971	城鎮個數	1	1	3	10	42	135	126	318
	占城鎮總數比例%	0.31	0.31	0.94	3.14	13.21	42.45	39.62	100
	總人口數（千人）	1805	850	1264	1569	2714	4839	1794	14835
	占總人口比例%	12.17	5.73	8.52	10.58	18.29	32.62	12.09	100
1981	城鎮個數	2	2	5	14	51	116	127	317
	占城鎮總數比例%	0.63	0.63	1.58	4.42	16.09	36.59	40.06	100
	總人口數（千人）	3498	1202	1636	2373	3393	4271	1762	18135
	占總人口比例%	19.29	6.63	9.02	13.09	18.71	23.55	9.72	100
1991	城鎮個數	2	3	8	17	58	98	130	316
	占城鎮總數比例%	0.63	0.95	2.53	5.38	18.35	31.01	41.14	100
	總人口數（千人）	4114	2007	2580	2702	3963	3495	1695	20556
	占總人口比例%	20.01	9.76	12.55	13.14	19.28	17.00	8.25	100

資料來源：陳東升、周素卿著：《臺灣全志》，《社會志‧都市發展篇》，「國史館」臺灣文獻館，2006 年，第 38 頁，計算。

　　從表 5.3-3 看出，1991 年臺灣城鎮總的數量與 1971 年相比變化不大，除了 2.5 萬～5 萬人口的城鎮數量減少外，其餘各個級別的城鎮數量都有增加。而且 1991 年臺灣城鎮人口數卻比 1971 年高出 5721 千人，反映出臺灣城市化的快速發展。到 1991 年臺灣城鎮總數 316 個，其中 100 萬人口以上城鎮的 2 個，占城鎮總數的 0.63%；50 萬～100 萬人口城鎮 3 個，占城鎮總數的 0.95%；20 萬～50 萬人口城鎮 8 個，占城鎮總數的 2.53%；10 萬～20 萬人口城鎮 17 個占城鎮總數的 5.38%；5 萬～10 萬人口城鎮 58 個，占城鎮總數的 18.35%；2.5 萬～5 萬人口城鎮 98 個，占城鎮總數的 31.01%；2.5 萬人口以下城鎮 130 個，占城鎮總數的 41.14%。

　　如果按中國大陸的特大城市（大於 100 萬）、大城市（50～100 萬）、中等城市（20～50 萬）和小城市（20 萬以下）四個等級標準來劃分這些城鎮，那麼臺灣特大城市、大城市、中等城市、小城市之間的比例結構大致為 1：1.5：4：151.5，呈正金字塔型分佈特徵。但是，從各個級別的城鎮人口分析，100 萬人口以上城市人口占總人口的比例是 20.01%，50 萬～100 萬人口的城市人口占總人口的比例是 9.76%，20 萬～50 萬人口的城市人口占總人口的比例是 12.55%，20 萬人口以下城市人口占總人口的比例是 57.67%，其等級規模分佈大致呈一個啞鈴型。從中也可以看出臺灣城鎮基本以中小型城鎮為主，其城鎮數量以及人口所佔比例均高於其他各級規模的城鎮。

圖 5.3-1：臺灣城鎮數量等級規模分佈（1991 年）

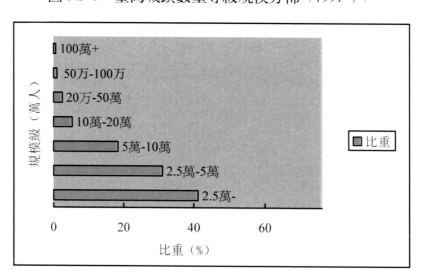

如果把臺灣1991年的城鎮數量的規模分佈圖形代表比重的柱體做居中處理，可以清晰地看出是一個尖小底座大的正「金字塔型」。處在塔尖高位序的城市數量最少，隨著位序的下降城鎮數量逐級增多，直至塔的底層作為基礎的是數量眾多的小城鎮。

圖 5.3-2：臺灣城鎮人口等級規模分佈（1991年）

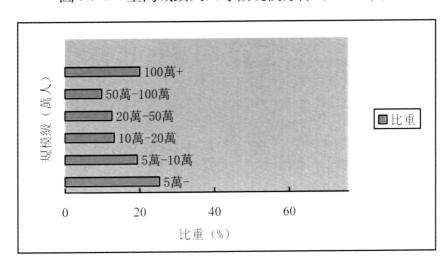

如果將 1991 年臺灣 5 萬以上城鎮人口數量的規模分佈圖形代表比重的柱體做居中處理，則臺灣城鎮人口規模分佈大致呈一「啞鈴型」。處在塔尖高位序的城市人口和塔的底層的眾多的 5 萬人口以下的小城鎮人口數量較多，而位於金字塔中間位序的各級城市人口少於塔尖和塔底的城市人口數量，呈現出啞鈴型。

三、臺灣城鎮首位度分析

為了探究臺灣地區城鎮規模分佈，通過計算得出臺灣不同時間的城市首位度、四城市指數、十一城市指數。

表 5.3-5：臺灣地區按人口規模順序排列的主要城鎮

單位（人）

序號	1949		1962		1975		1985		1994	
	城鎮	人口	城鎮	人口	城鎮	人口	城鎮	人口	城鎮	人口
1	臺北市	483945	臺北市	979081	臺北市	2043318	臺北市	2507620	臺北市	2653578

2	高雄市	247487	高雄市	515153	高雄市	998919	高雄市	1302849	高雄市	1416248
3	臺南市	219475	臺南市	362668	臺中市	546838	臺中市	674936	臺中市	832654
4	臺中市	192889	臺中市	320158	臺南市	523568	臺南市	639888	臺南市	702658
5	新竹市	157086	基隆市	248799	基隆市	341383	板橋市	479748	板橋市	539115
6	嘉義市	155833	嘉義市	191074	三重市	275155	三重市	353957	中和市	387123
7	基隆市	139820	新竹市	160583	嘉義市	250997	基隆市	351524	三重市	382880
8	屏東市	132551	屏東市	130563	板橋市	241952	中和市	324930	基隆市	364520
9	彰化市	70276	三重市	123928	新竹市	225998	新竹市	304010	新竹市	338140
10	鹿港鎮	48053	彰化市	106275	屏東市	175313	鳳山市	267022	新莊市	328758
11	瑞芳鎮	47136	中壢鎮	83518	中壢市	163681	嘉義市	253573	鳳山市	301374
12	豐原鎮	46768	豐原鎮	74114	鳳山市	160763	中壢市	237271	中壢市	295825
13	員林鎮	44440	桃園鎮	70833	彰化市	157319	永和市	232519	桃園市	260680
14	宜蘭市	44056	花蓮市	68644	桃園市	148458	新莊市	232438	嘉義市	260368
15	清水鎮	43858	士林鎮	67592	永和鎮	138399	桃園市	204700	新店市	248822
16	埔里鎮	42909	板橋鎮	67107	新店鎮	130858	彰化市	201103	永和市	241104
17	桃園鎮	41942	埔里鎮	66453	中和鄉	130835	屏東市	200441	彰化市	222722
18	斗六鎮	41702	鳳山鎮	65268	豐原市	113818	新店市	190579	屏東市	214782
19	中壢鎮	40640	瑞芳鎮	63700	臺東鎮	111801	豐原市	139747	土城市	171629
20	草屯鎮	40197	南投鎮	63021	花蓮市	101309	平鎮鄉	126348	永康市	166359
	城市首位度：1.96 四城市指數：0.73 十一城市指數：0.69		城市首位度：1.90 四城市指數：0.82 十一城市指數：0.87		城市首位度：2.05 四城市指數：0.99 十一城市指數：1.09		城市首位度：1.92 四城市指數：0.96 十一城市指數：1.01		城市首位度：1.87 四城市指數：0.90 十一城市指數：0.95	

資料來源：

1. 陳正祥、孫得雄、蔡曉畊著：《臺灣的人口》，南天書局出版，1997 年，第 91～99 頁。
2. 林鈞祥，《臺灣都市人口之研究》，《臺灣銀行季刊》，第 17 卷第 3 期，臺灣銀行經濟研究室，第 197～200 頁。
3. 「行政院」經濟建設委員會住宅及都市發展處，《都市及區域發展統計彙編》，1975、1985、1995 年。

　　通過計算比較 1949 年、1962 年、1975 年、1985 年、1994 年臺灣的城市首位度、四城市指數、十一城市指數，可以看出 1949 年臺灣城市首位度為 1.96，四城市指數為 0.73，十一城市指數為 0.69，首位度接近 2，四城市指數和十一城市指數小於 1，城市規模分佈屬於序列大小分佈，但是第一大城市臺北市的人口與第二大城市高雄相比還是高出較多；1962 年臺灣城市首位度為 1.90，四城市指數為 0.82，十一城市指數為 0.87，儘管四城市指數和十一城市指數有升高，但是其首位度小於 2，四城市指數和十一城市指數仍小於 1，城

市規模分佈仍屬於序列大小分佈；而 1975 年臺灣城市首位度為 2.05，四城市指數為 0.99，十一城市指數為 1.09，此時首位度大於 2，四城市指數接近 1，十一城市指數超過 1，說明此時期城市有集中化趨向，這與臺灣此階段臺北市的發展速度較快有關；1985 年臺灣城市首位度為 1.92，四城市指數為 0.96，十一城市指數為 1.01，儘管其數值都有所下降，但是其首位度仍接近 2，四城市指數接近 1，十一城市指數超過 1，說明此時期城市集中化趨向放緩甚至下降，這應與臺北市發展速度放緩，各個縣轄市的發展稍快有關；到 1994 年臺灣城市首位度為 1.87，四城市指數為 0.90，十一城市指數為 0.95，其各項數值仍繼續下降，首位度小於 2，四城市指數和十一城市指數小於 1，說明此時期城市規模分佈屬於序列大小分佈。

　　一般而言，一個國家或區域內的城市，在經濟起飛前，城市規模分佈往往呈序列大小分佈，隨著經濟的發展，各種資源向大城市集中，城市規模分佈容易產生首位度分佈。但是，隨著時間的推移，交通信息等技術的發展，城市的首位分佈會再次被打破，呈現出序列大小分佈。也就是說，城市的規模分佈往往是與一定區域的經濟發展水平相一致的。臺灣 1975 年出現城市首位度現象應與此時臺北市的發展速度較快相關。到 1985 年城市集中化趨向放緩，1994 年城市規模分佈屬於序列大小分佈，恰好與臺灣經濟發展一致。

第四節　光復後臺灣城鎮體系的地域空間結構

　　城鎮體系的「地域空間結構」，概言之，是指體系內各個城鎮在空間上的分佈、聯繫及其組合狀態。從本質上講，它是一個國家或一定地域範圍內經濟和社會物質實體──城鎮的空間組合形式，也是地域經濟結構、社會結構和自然環境（包括自然條件和自然資源）對地域中心的空間作用結果〔註14〕。臺灣各區域間的歷史社會狀況、地理環境不同，經濟的發展不平衡，其城鎮的空間分佈、排列、組合也有地域差異和不平衡的特徵。

一、臺灣城鎮網分佈西密東疏

　　由於歷史、地理和社會、經濟發展多種因素的影響，臺灣城鎮的空間分佈形態一直呈現西密東疏的格局。

〔註14〕顧朝林著：《中國城市體系──歷史‧現狀‧展望》，商務印書館，1996 年，第 201 頁。

　　臺灣地區區域的劃分，依照臺灣「行政院」經濟建設委員會的建議，依地形、氣候、天然資源、人口分佈、產業結構和經濟發展型態等特徵爲依據，將具有相同特徵的地區劃歸一區。開始原本劃分七個區域，即北部區域、宜蘭區域、新苗區域、中部區域、雲嘉區域、南部區域、東部區域。後來基於特徵相似的考慮，宜蘭區域和新苗區域的新竹縣劃入北部區域。新苗區域的苗栗縣和雲嘉區域的雲林縣劃入中部區域，雲嘉區域的嘉義縣劃入南部區域。從 20 世紀 70 年代以後，臺灣地區分北部、中部、南部及東部四區域。以主要縣市行政界限來說，北部區域包括臺北市、基隆市、臺北縣、桃園縣、新竹縣、宜蘭縣；中部區域包括臺中市、苗栗縣、臺中縣、彰化縣、南投縣、雲林縣；南部區域包括高雄市、臺南市、嘉義縣、高雄縣、臺南縣、屏東縣、澎湖縣；東部區域則是臺東縣和花蓮縣。

　　1978 年底，臺灣地區行政區域有 1 個直轄市，4 個省轄市，13 個縣轄市、69 個鎮，231 個鄉。到 1994 年底臺灣地區有 2 個直轄市，5 個省轄市 16 個縣，27 個縣轄市，60 個鎮，222 個鄉。從下表 5.4-1 可以看出，1978 年底臺灣地區城鎮數 87 個，其中市（包括「院轄市」、省轄市和縣轄市）有 18 個，鎮有 69 個，每千平方公里有 0.50 個市，1.92 個鎮。其中北部市的數量是 8 個，每千平方公里有 1.09 個市；中部市的數量是 3 個，每千平方公里有 0.29 個；南部市的數量是 5 個，每千平方公里有 0.50 個；東部市的數量是 2 個，每千平方公里有 0.25 個。可見，北部每千平方公里市的數量最多；東部每千平方公里市的數量最少，僅 0.25 個。在 16 個縣中，每千平方公里市的數最多的是桃園縣，每千平方公里市的數量 1.64 個；其次是臺北縣每千平方公里市的數量 0.97 個，彰化縣每千平方公里市的數量 0.93 個，比較接近 1，其餘的縣每千平方公里的市的數量都遠低於 1 個，而苗栗縣、南投縣、雲林縣、臺南縣、澎湖縣到 1978 年底沒有設市，因而其市的數量和密度均爲 0。

表 5.4-1：臺灣地區城鎮網密度（1978 年底、1994 年底）

縣區名	1978 年						1994 年					
	市網密度		鎮網密度		城鎮網密度		市網密度		鎮網密度		城鎮網密度	
	市（個）	個/千平方公里	鎮（個）	個/千平方公里	城鎮（個）	個/千平方公里	市（個）	個/千平方公里	鎮（個）	個/千平方公里	城鎮（個）	個/千平方公里
臺灣地區	18	0.50	69	1.92	87	2.42	34	0.94	60	1.67	94	2.6

北部地區	8	1.09	17	2.31	25	3.40	15	2.04	14	1.91	29	3.95
臺北縣	2	0.97	9	4.39	11	5.36	7	3.41	6	2.92	13	6.33
桃園縣	2	1.64	2	1.64	4	3.28	3	2.46	2	1.64	5	4.10
新竹縣	1	0.65	3	1.96	4	2.61	1	0.70	3	2.10	4	2.80
宜蘭縣	1	0.47	3	1.40	4	1.87	1	0.47	3	1.40	4	1.87
中部地區	3	0.29	30	2.86	33	3.14	7	0.67	27	2.57	34	3.24
苗栗縣	0	0	7	3.85	7	3.85	1	0.55	6	3.30	7	3.85
臺中縣	1	0.49	5	2.44	6	2.92	2	0.97	5	2.44	7	3.41
彰化縣	1	0.93	7	6.52	8	7.45	1	0.93	7	6.52	8	7.45
南投縣	0	0	5	1.22	5	1.22	1	0.24	4	0.97	5	1.21
雲林縣	0	0	6	4.65	6	4.65	1	0.77	5	3.87	6	4.65
南部地區	5	0.50	18	1.80	23	2.30	10	1.00	15	1.50	25	2.50
嘉義縣	1	0.51	3	1.54	4	2.05	2	1.05	2	1.05	4	2.10
臺南縣	0	0	8	3.97	8	3.97	2	0.93	7	3.47	9	4.46
高雄縣	1	0.35	3	1.06	4	1.41	1	0.36	3	1.07	4	1.43
屏東縣	1	0.36	3	1.08	4	1.44	1	0.36	3	1.08	4	1.44
澎湖縣	0	0	1	7.88	1	7.88	1	7.88	0	0	1	7.88
東部地區	2	0.25	4	0.49	6	0.74	2	0.25	4	0.49	6	0.74
花蓮縣	1	0.22	2	0.43	3	0.65	1	0.22	2	0.43	3	0.65
臺東縣	1	0.28	2	0.57	3	0.85	1	0.28	2	0.57	3	0.85

資料來源：「行政院」經濟建設委員會住宅及都市發展處，《都市及區域發展統計彙
編》，1979 年、1995 年，相關數據計算。

　　到 1978 年底臺灣鎮的數量有 69 個，每千平方公里有 1.92 個鎮。其中北
部鎮的數量是 17 個，每千平方公里有 2.31 個鎮；中部鎮的數量是 30 個，每
千平方公里有 2.86 個鎮；南部鎮的數量是 18 個，每千平方公里有 1.80 個鎮；
東部鎮的數量是 4 個，每千平方公里有 0.49 個鎮。可見，中部每千平方公里
鎮的數量最多；北部每千平方公里鎮的數量次之；東部每千平方公里鎮的數
量最少。在 16 個縣之中，每千平方公里鎮的數最多的是澎湖縣，每千平方
公里鎮的數量 7.88 個（但是澎湖當時僅 1 個鎮，這應與澎湖面積不大有關），
次之的是彰化縣，每千平方公里鎮的數量爲 6.52，每千平方公里鎮的數量超
過 3 個的還有臺北縣、苗栗縣、雲林縣、臺南縣；每千平方公里鎮的數量不

足 1 個的是臺東地區的花蓮縣、臺東縣。

　　如果從臺灣城鎮網密度看，臺灣地區 1978 年每千平方公里城鎮的數量是 2.42 個，其中北部城鎮的數量是 25 個，每千平方公里有 3.40 個城鎮；中部城鎮數量是 33 個，每千平方公里有 3.14 個城鎮；南部城鎮數量是 23 個，每千平方公里有 2.30 個城鎮；東部城鎮數量是 6 個，每千平方公里有 0.74 個城鎮。可見，臺灣城鎮網分佈是北部地區每千平方公里城鎮的數量最多，中部次之，東部最少，呈現北密南疏、西密東疏之分佈。

　　1994 年底臺灣地區城鎮數共 94 個，其中市（包括「院轄市」、省轄市和縣轄市）34 個。其中北部市的數量是 15 個，每千平方公里有 2.04 個市；中部市的數量是 7 個，每千平方公里有 0.67 個市；南部市的數量是 10 個，每千平方公里有 1.00 個市；東部市的數量是 2 個，每千平方公里有 0.25 個市。可見，北部每千平方公里市的數量最多；南部每千平方公里市的數量次之；東部每千平方公里市的數量最少。在 16 個縣之中，每千平方公里城市的數最多的是澎湖縣（但是澎湖縣面積小，實質僅 1 個馬公市），其次是臺北縣每千平方公里市的數量是 3.41 個，桃園縣每千平方公里市的數量是 2.46 個，嘉義縣每千平方公里市的數量是 1.05 個。其餘的每千平方公里的市的數量都不足 1 個。最少的是花蓮縣，其每千平方公里市的數量僅僅 0.22 個。

　　1994 年底臺灣鎮數量 60 個，每千平方公里有 1.67 個鎮。其中北部鎮的數量 14 個，每千平方公里有 1.91 個鎮；中部鎮的數量是 27 個，每千平方公里有 2.57 個鎮；南部鎮的數量是 15 個，每千平方公里有 1.50 個鎮；東部鎮的數量是 4 個，每千平方公里有 0.49 個鎮。可見，中部每千平方公里鎮的數量最多；北部每千平方公里鎮的數量次之；東部每千平方公里鎮的數量最少。在 16 個縣之中，每千平方公里鎮數最多的是彰化縣，每千平方公里鎮的數量是 6.52 個。每千平方公里鎮的數量超過 3 個的還有雲林縣、臺南縣、苗栗縣；每千平方公里鎮的數量在 1～3 之間的有臺北縣、臺中縣、新竹縣、屏東縣、高雄縣、嘉義縣、桃園縣、宜蘭縣；其餘的花蓮縣、臺東縣、南投縣每千平方公里鎮的數量均不足 1 個鎮；而澎湖縣則沒有設鎮。

　　從臺灣城鎮網密度看，臺灣地區 1994 年每千平方公里城鎮的數量是 2.6 個，其中北部城鎮的數量是 29 個，每千平方公里有 3.95 個城鎮；中部城鎮的數量是 34 個，每千平方公里有 3.24 個城鎮；南部城鎮的數量是 25 個，每千平方公里有 2.50 個城鎮；東部城鎮的數量是 6 個，每千平方公里有 0.74 個城

鎮。可見，臺灣城鎮網分佈是北部地區城鎮數量最多，中部次之，東部最少，呈現北密南疏、西密東疏之分佈。

從 1978 年和 1994 年兩年的城鎮網密度對比來看，儘管前後都是呈現北密南疏、西密東疏的狀況，不過也可以看出明顯的區域特徵。臺灣的城鎮數量從 1978 年的 87 個增加到 1994 年的 94 個，增加了 7 個城鎮；北部地區由 25 個增加到 29 個，增加了 4 個城鎮；中部地區由 33 個增加到 34 個，增加了 1 個城鎮；南部地區由 23 個增加到 25 個，增加了 2 個城鎮；東部地區的城鎮數量則沒有發生變化。北部地區城鎮增加的數量占到總增加數量的 57.14%，占總數的一半還多。從中可見當時北部地區城鎮增加速度之快，北部地區既是政治、經濟、文化發展的重心，也是人口主要集聚之地。

二、臺灣城鎮分佈與人口分佈基本一致

由於地理、環境、歷史等原因，臺灣地區的人口一般集中在臺灣西部沿海地帶，而臺灣東部的人口則較少，臺灣的城鎮分佈也與其人口在地理上的分佈狀況一致，東西兩部分極不平衡。

表 5.4-2：臺灣地區各區域人口數量變化

年度	北　部		中　部		南　部		東　部		臺灣地區總　人　口
	人口	占總人口比例%	人口	占總人口比例%	人口	占總人口比例%	人口	占總人口比例%	
1961	3476079	31.2	3410853	30.6	3786212	34.0	478386	4.3	11151530
1966	4092588	31.4	3836561	29.5	4513738	34.7	578328	4.4	13021215
1971	5147071	34.7	4149539	28.0	4909967	33.1	628817	4.2	14835394
1976	6140567	37.2	4429552	26.8	5298696	32.1	639375	3.9	16508190
1981	7160907	39.5	4702022	25.9	5633949	31.1	638630	3.5	18135508
1986	8006040	41.2	4949451	25.4	5867302	30.2	631817	3.2	19454610
1991	8728448	42.5	5159201	25.1	6059816	29.5	609377	3.0	20556842
1994	8966471	42.44	5351972	25.33	6194384	29.32	612965	2.90	21125792

資料來源：
1. 1961 年～1966 年數據孫清山，《臺灣三十年來都市成長模式》，《東海社會科學學報》，1985 年，第四期，第 11 頁。
2. 1971 年～1991 年數據「行政院」經濟建設委員會住宅及都市發展處，《都市及區域發展統計彙編》，1971、1976、1981、1986、1991、1994 年，第 1 頁。

　　從表 5.4-2 的臺灣各區域人口數量的變化看，臺灣地區的人口主要居住在西部地區，1961 年北部、中部、南部三區域各約占臺灣 1/3 的人口，東部區域的人口僅占全臺灣地區人口的 4.3%，只是南部區域人口比例略高於其它區域，占 34%。然而，隨著臺灣的經濟社會發展，臺灣北部區域的人口增加速度較快，自 1961 年後，中部、南部、東部區域每年平均人口增長率皆低於臺灣地區的平均增長率，而北部區域卻總是高出平均值許多。臺灣西部區域人口均衡現象慢慢發生變化，北部區域漸漸成為聚居人口最多的區域，1981 年北部區域所佔人口比例已經提高到 39.5%，南部區域人口占全臺人口的比例降為 31.1%。從 1986 年到 1991 年除北部地區之外，其他各個區域人口占總人口的比例均有下降，特別是東部區域的人口數由 1986 年的 631,817 人，下降到 1991 年的 609,377 人，減少了 22,440 人，平均每年減少 4,488 人。東部區域的人口數在 1994 年僅僅占到臺灣人口總數的 3.0%，而整個西部區域的人口卻占到人口總數的 97%。

　　以 1994 年底臺灣地區各個區域的人口數量為標準，北部地區人口 8,966,471 人，占總人口的 42.44%；中部地區人口 5,351,972 人，占總人口的 25.33%；南部地區人口 6,194,384 人，占總人口的 29.32%；東部地區人口 612,965 人，占總人口的 2.90%。也就是說 42%以上的人口居住在臺灣的北部地區，1/4 以上的人口居住在中部地區，近 1/3 的人口居住在南部地區，而東部地區只有不到 3%的人居住，這就使人口密度最高的北、中、南部地區和東部地區之間，相差極為懸殊。

　　從下表 5.4-3 可以看出，臺灣整個區域人口密度看，差異較大。人口最為集中之地是「院轄市」和省轄市，其中臺北市一直穩居首位。從 1975 年的每平方公里 7,509 人，發展到 1990 年的 10,007 人，但是到 1994 年其每平方公里人數降為 9,763 人，反映出臺灣城市郊區化的趨勢。而東部地區的花蓮縣和臺東縣每平方公里人數 1975 年時為 79 人，此後逐漸下降，到 1994 年時僅僅 75 人，成為臺灣人口的流出地之一。

　　從各個區域的人口密度看，北部區域人口最為密集，從 1975 年每平方公里 794 人，增加到 1994 年的 1220 人，比南部地區每平方公里的 619 人多出 601 人，接近一倍；比中部地區每平方公里的 509 人多出 711 人，接近是中部地區每平方公里人數的 2.40 倍；是東部地區每平方公里人數的 16.3 倍。與之相對應，北部地區城鎮 29 個，占城鎮總數的 30.85%；中部部地區城鎮

34 個，占城鎮總數的 36.17%；南部地區城鎮 25 個，占城鎮總數的 26.60%；
東部地區城鎮 6 個，占城鎮總數的 6.38%。儘管北部地區比中部地區城鎮總
量少，但是北部地區市的數量有 15 個，中部僅 7 個，因此北部的人口數量
較中部多，市的數量比中部多出一倍還強。臺灣城鎮分佈與人口分佈基本一
致。

表 5.4-3：臺灣地區各區域人口密度變化（1975 年～1994 年）

單位：人/每平方公里

縣　　區	1975 年	1980 年	1985 年	1990 年	1994 年
臺灣地區	449	495	535	566	587
北部地區	794	948	1069	1174	1220
臺北市	7509	8159	9213	10007	9763
基隆市	2571	2597	2648	2658	2746
新竹市	—	—	2920	3116	3248
臺北縣	794	1101	1298	1485	1589
桃園縣	706	862	992	1110	1215
新竹縣	403	419	257	262	281
宜蘭縣	200	207	210	211	217
中部地區	416	441	468	486	509
臺中市	3347	3631	4130	4661	5095
苗栗縣	296	298	302	301	307
臺中縣	420	494	557	613	673
彰化縣	1034	1806	1138	1159	1193
南投縣	126	128	130	131	133
雲林縣	621	617	613	584	584
南部地區	523	557	585	602	619
高雄市	8786	7713	8482	9070	9220
臺南市	2982	3324	3643	3890	4000
嘉義市	—		4224	4291	4337
嘉義縣	431	421	300	290	297
臺南縣	468	478	496	509	530
高雄縣	333	358	386	401	422

屏東縣	309	320	325	322	328
澎湖縣	904	844	806	756	730
東部地區	79	78	78	75	75
花蓮縣	75	76	78	76	77
臺東縣	83	80	79	73	72

資料來源:「行政院」經濟建設委員會住宅及都市發展處,《都市及區域發展統計彙
　　　　編》,1975 年、1981 年、1986 年、1991 年、1995 年,第 1 頁。

三、臺灣城鎮的地理分佈

　　城鎮體系的分佈特徵,一方面是各個地區社會、經濟、人口、歷史等人
文因素綜合作用的結果,另一方面又受到區域地理條件的影響。不同的區域
地理條件為各自的城鎮提供了不同的平臺,因而,城鎮體系的地域空間結構
亦具有不同的地理分佈特徵。

　　臺灣陸地面積不大,多高山和丘陵,平原和盆地小且少,海域廣闊。受
地理環境的制約,在臺灣城鎮發展過程中,存在明顯的空間集聚現象。據統
計臺灣城市大都設置在海拔較低的平原、盆地,海拔在 4 米~25 米之間;部
分設置在海拔 20 米~100 米的臺地。即或是全臺最高的城市——新店,海拔
高度也不過 400 米〔註15〕。到 1994 年臺灣 94 個城鎮之中,臺灣東部僅占 6
個,這就是說,臺灣近 94%的城鎮集中於西部沿海。

　　從下圖 5.4-1 可以看出,臺灣絕大多數的城鎮都分佈在臺灣西部區域。
1950 年,臺灣本島 50000 人口以上的城鎮數量僅 8 個,即臺北、臺南、基隆、
新竹、臺中、嘉義、高雄、彰化,當時尚未出現 50 萬人口以上的城鎮,這
些城鎮全部分佈在臺灣西部平原上。20 世紀 70 年代,臺灣本島 50000 人口
以上的城市已經增加到 19 個,而且出現了人口在 500,000 以上的城市高雄和
臺北,兩個城市分別位於臺灣島南北兩端,臺北市是最主要的政治、經濟與
文化的城市,而高雄市則是工業生產和海洋運輸的城市。其次是臺中市與臺
南市,位於高雄市和臺北市之間,再次是新竹市、嘉義市、基隆市,分列在
「臺中與臺北」、「臺中與臺南之間」和「臺北北部」。臺灣東部增加了花蓮
市和臺東市兩個城市,臺北附近出現了 6 個人口在 50,000 以上的城市,即板

〔註15〕傅玉能:《近 50 年來臺灣地區城市和城市體系的發展》,《經濟地理》,2006
　　　　年,第 244 頁。

橋、桃園、永和、中壢、三重、基隆，顯現出城市在臺北附近的集中傾向。1990 年臺灣本島 50,000 人口以上的城鎮有 58 個，其中 56 個分佈在臺灣西部平原，而且這些城鎮又多密集在北部，臺北市附近出現了鶯歌、三峽、淡水、汐止、瑞芳、大溪、楊梅、永和、中和、新莊、新店、樹林、桃園、三重、中壢、板橋等 16 個城鎮，這裏的城鎮基本連成一片，中部地區的城鎮則趨向臺中市、彰化市集中，南部也形成一都市密集地區，而臺灣東部地區是城鎮最為稀疏之地。

圖 5.4-1：臺灣主要城鎮空間變遷（1950 年～1990 年）

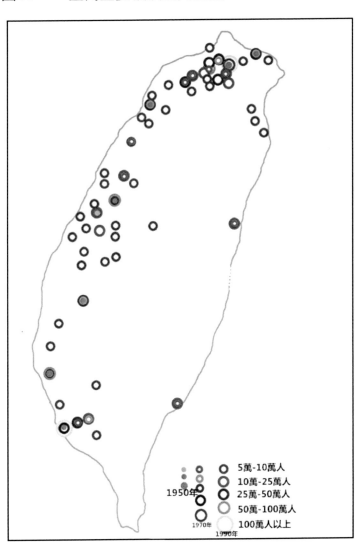

第五節　光復後臺灣城鎮體系的網絡系統結構

　　由於土地、資源、人口等原因，一個國家或地區中的社會經濟活動不可能都集中於某一地，現實之中的經濟活動要通過城鎮內外的各種聯繫，形成分工協作、聯繫緊密的網絡，正是通過這種網絡聯繫，建構了城鎮體系的網絡系統結構。城鎮體系的聯繫網絡在城鎮體系內部呈現多種形態，我國城鎮體系內城鎮間的聯繫，主要有自然、經濟、技術、社會和行政管理五種基本類型，各種類型又具有不同的城鎮聯繫形式。

表 5.5-1：城鎮聯繫的基本形式

類　　型		形　　式
自然聯繫		自然綜合體，地理單元，河流水系及流域，生態相互關係，灌溉系統
經濟聯繫	基礎設施貿易聯繫	鐵路網、公路網、水運網、航空網、管道運輸網，能源供應網，商品供應網，衛生醫療網，教育訓練進修網，工作通勤流，市場網絡，部門及區際物資流；內外貿易網等
	產業聯繫	生產聯繫（包括「產前」、「產後」和「橫向」聯繫），原材料及半成品流
	資金聯繫	財政金融網，資金流，收入流
技術聯繫		技術擴散形式（集聚型和分散型），電訊系統等
社會聯繫		人口遷徙及移民流（臨時和永久性），旅行與旅遊流，居民原籍關係，親屬關係，風俗、禮節和宗教信仰，社團組織及其相互關係
行政管理聯繫		行政機構隸屬關係，政府預算過程及其實施程序，議案－批准－監督管理機構組織，日常政策制定－執行－監督管理機構組織等

資料來源：顧朝林著：《中國城市體系——歷史・現狀・展望》，商務印書館，1996 年版，第 276 頁。

　　城鎮體系內的網絡系統，主要是指社會再生產過程中，圍繞不同層次經濟中心（城市或鎮），通過城鎮間聯繫開展經濟活動所形成的城市間、城市與區域之間「點、線、面」結合的網狀有機聯繫系統〔註16〕。這些網絡系統，主要有行政管理網絡、交通運輸網絡、生產協作網絡、商品流通網絡、信息

〔註16〕顧朝林著：《中國城市體系——歷史・現狀・展望》，商務印書館，1996 年，第 277 頁。

傳輸網絡和橫向經濟聯繫網絡等多種。在此主要分析行政管理網絡、交通運輸網絡和商品流通網絡。

一、行政管理網絡系統

國家行政區劃是為了便於行使國家政治職能和行政管理，把全國的地域劃分為多級行政區域，並設置相應的行政機構，實施行政管理，形成國家的行政管理系統。一般而言，這些行政機構的設置多是在城鎮內進行的，這也就形成了城鎮體系的行政管理網絡。

臺灣的行政區劃分有三個行政層級，省（「院轄市」）、縣（省轄市）、鄉（縣轄市、鎮）。城鎮體系的行政管理網絡與之相對應，也形成省會（「院轄市」）──縣城（省轄市）──鎮（縣級市）三級行政管理系統，即「院轄市」──區──里；省轄市──區──里；縣轄市──里、鎮──里城鎮體系行政管理網絡。

二、交通運輸網絡系統

交通運輸是溝通城鄉生產、流通的先決條件，是維持經濟安定，實現貨暢其流的重要因素。在城鎮體系內，以中心城市為核心，城鎮為節點，通過交通線的聯繫，形成了城鎮體系的交通運輸網絡。臺灣光復後，當局除了鐵路建設外，更積極進行公路的新建與改善，不斷修訂公路規劃，擬定規劃公路網建設。特別是經過十項建設和十二項建設計劃，更加促使交通建設現代化，作為節點的城鎮數量不斷增加，節點間的聯繫也進一步加強。

臺灣省公路到 1982 年共計 17,199 公里，包括臺北市公路 92.3 公里，高雄市公路 91.2 公里（1945 年公路總計 17092.3 公里）。其中省道 3919.6 公里，縣道 2295.9 公里，鄉道 10406.9 公里，專用道 393.1 公里，比 1945 年增長了 106.7 公里，且道路質量大為提升〔註 17〕。鐵路 2894.4 公里，臺灣公路和鐵路交通線密度從 1945 年的每百平方公里 50.03 公里提高到 55.815 公里，這並不包括如水運、航空等其他運輸方式。而我國大陸到 1985 年綜合運輸網長度 139.26 萬公里，比 1949 年增長了近 8 倍，其中鐵路增長 2.4 倍，公路增長 11.68 倍，內河增長 1.48 倍，航空增長 21.2 倍，並新發展了管道運輸，

〔註 17〕陳俊編著：《臺灣道路發展史》（上），交通部運輸研究所，1987 年，第 401 頁。

交通線密度從每百平方公里 1.9 公里提高到 14.5 公里〔註 18〕。二者比較，可見臺灣交通網密度之高。再加上臺灣的水運、航空、管道等運輸網絡，臺灣形成了一個以縱橫交錯的鐵路、公路、水運、航空、管道等各種運輸方式線路相結合，遍佈全島的綜合運輸網絡系統。

三、商品流通網絡系統

商品流通在時間、空間上可以溝通商品的有無，調節物資的多寡，是聯繫城鄉生產和消費，聯繫各地區乃至全國、世界的不可缺少的經濟橋梁和紐帶。

日據時期，臺灣地區的商業，除了農村一些簡單交易活動外，其餘較大宗貨品的流通，多屬於殖民政策性的產物。20 世紀 50 年代之後，臺灣通過實施一系列經濟建設計劃以及各項農業、工業建設等，生產快速增長，再加上美援進口物資的補充，島內物資供應逐漸充裕，商業亦隨之繁榮發展。

一般而言，經濟愈發達，分工愈精細，中間性產品越豐富，商業活動愈複雜，商業的經營形態越多樣化。商品的流通網絡已不僅僅是生產者與消費者的單純關係，而是一種多重關係的組合。

正如下圖 5.5-2 臺灣商品流通網絡所示，城市商品批發流通網絡：由批發商經過中間流轉到零售商。介於生產者與零售者之間批發商，使商品能夠有效的流通。零售商按照其經營的商品、銷售金額或雇員人數來區分，大致可分小型零售商、大型零售商。小型零售商，大多獨資經營；大型零售商包括百貨公司、連鎖商店、超級市場、郵購商店等。

臺灣地區從事商業流通組織，大致分為公司組織、非公司組織、攤販三種。公司組織者又可分為無限公司，有限公司、兩合公司、股份有限公司、兩合股份公司；非公司組織可分為合夥經營與獨資經營；臺灣的攤販 20 世紀 60 年代較多，有固定攤販、流動攤販以及不登記的擔販或推車小販等。其經營範圍包括食品類、各種飲食、文教康樂用品類、五金電料、家庭日用器具類、日用雜貨、魚、肉、蔬菜、水果、點心、冷飲、百貨、毛巾、布匹、成衣、眼鏡、自來水筆、燃料類、醫療儀器用品類，農、工、礦業用機械及零件、舊鐵、廢物等。其中經營食品類及飲食、飲料的最多。有的稱此攤販為

〔註 18〕顧朝林著：《中國城市體系——歷史・現狀・展望》，商務印書館，1996 年，第 281 頁。

「露店」，「尤以入夜以後之露店、攤販生意，萬商雲集於各隅，燈光燦爛，五彩繽紛，消費者及顧客爭趨購買，絡繹不絕」〔註19〕。

圖 5.5-2：臺灣商品流通網絡

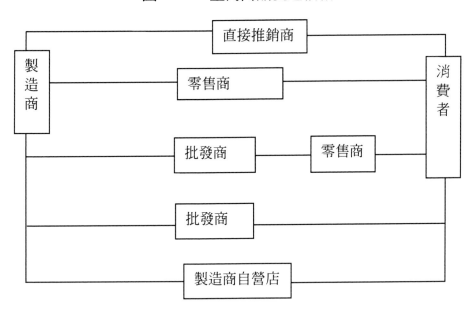

在臺灣的城鄉商品流通網絡之中，大城市在流通領域中居於主導地位。臺灣批發業也多集中於大城市，1954 年臺北市竟佔了八成多，到 1971 年，臺灣地區的批發業有 13,900 家，臺北市占 7980 家，約占 57%。而零售業則分散於各個縣市，大致與人口數成正比。儘管到 20 世紀 70 年代以後，批發業在大城市的比重已逐漸降低，批發商漸趨分散到全臺各地。但是大城市在流通領域中仍居於中樞的地位；鎮則是城鄉流通網絡的末梢，是聯結城市和鄉村的紐帶和橋梁。

第六節　光復後臺灣城鎮體系特徵

眾所週知，工業化是近代城鎮形成、發展的核心動力。在工業化過程中，工業的集聚性不僅直接推動著城鎮的發展，而且通過產業連鎖反應間接地推動了城鎮規模的擴大。臺灣光復後，隨著工業化進程、城市化速度加快，城

〔註19〕 《臺灣省通志》，卷四，《經濟志・商業篇》，臺灣省文獻委員會，1970 年，第273 頁。

市職能更加綜合化，等級規模及其城市空間佈局也發生了較大變化。

一、各級規模城鎮的發展變化

　　區域內城鎮的增長與當地政治經濟環境有著密切的互動關係。隨著臺灣經濟增長逐步進入快車道，在臺灣城市規劃及相關政策的引導下，中小城鎮成爲分流大城市人口的重要渠道。因而，臺灣城市呈現出相對均衡的發展態勢，首要型的城市規模分佈模式並不存在。不過，在臺灣城市化工程中，各個等級規模城市的增長幅度不一，大城市位序變化平緩、中小城市變化劇烈。

　　臺灣光復後到 60 年代前，經濟基本處於啓動與恢復階段，此時臺灣經濟傳統農業佔優勢，工業和服務業人口比重相對穩定，城市化進程相對緩慢。20 世紀 60 年代中期，臺灣農業經濟的主導地位漸爲工業經濟所代替。20 世紀 70 年代的兩次石油危機，資本密集型及技術密集型產業逐漸興起，資本密集型的重化工業逐步取代勞動密集型的輕工業，成爲產業主導。臺灣光復後的經濟發展歷程中，其區域內的產業結構先後經歷了農業主導型——初級進口替代工業主導型——出口加工工業主導型——重化工工業主導型——技術密集型工業及服務業主導型等產業形態。一般而言，在農業主導型的產業結構下，勞動力更多地被吸附在土地上，區域內人口遷移的規模比較小；隨著工業化進程的發展和勞動生產力的提高，工農業收益差異的拉大，以及非農產業就業機會的增多，推動和吸引著鄉村農業部門人口往城鎮地區移動，農業人口的比率逐年降低，城鎮人口比率不斷提升。1949 年臺灣居住在 5 萬人口以上的城鎮人口僅爲 24.33%，到 1981 年居住在五萬人以上城鎮的人口比例已經提高到 66.37%，1991 年居住在五萬人以上城鎮的人口比例又進一步增長到 74.75%，也就是說臺灣已經有 3/4 的民眾住在五萬人以上的城鎮地區。之後，臺灣城鎮化的發展進入了平緩期，城鎮人口的比例增長趨緩。

表 5.6-1：臺灣各級規模城鎮的人口數及占總人口比例

（1951 年～1991 年）

各級規模城鎮	1951 年		1961 年		1971 年		1981 年		1991 年	
	城鎮人口數（千人）	占總人口 %	城鎮人口數（千人）	占總人口 %	城鎮人口數（千人）	占總人口 %	城鎮人口數（千人）	占總人口 %	城鎮人口數（千人）	占總人口 %
總人口數	7868	－	11151	－	14853	－	18136	－	20557	－

5 萬人以上	2039	24.33	4425	39.68	8202	55.29	12102	66.73	15366	74.75
100 萬人以上	－	－	－	－	1805	12.17	3498	19.29	4114	20.01
50 萬～100 萬	－	－	923	8.28	850	5.73	1202	6.63	2007	9.76
25 萬～50 萬	－	6.54	1141	10.23	1264	8.52	1636	9.02	2580	12.55
10 萬～25 萬	－	16.83	918	8.23	1569	10.58	2373	13.08	2702	13.14
5 萬～10 萬	－	0.95	1443	12.94	2714	18.29	3393	18.71	3963	19.28
2.5 萬～5 萬	－	37.50	4343	38.95	4839	32.62	4271	23.55	3495	17.00
低於 2.5 萬	－	－	2380	21.34	1794	12.09	1762	9.72	1695	8.25

資料來源：

1. 孫清山，《臺灣卅年都市成長模式》，《東海社會科學學報》，第 4 期，1985 年，第 7 頁。
2. 「行政院」經濟建設委員會住宅及都市發展處，《都市及區域發展統計彙編》，1992 年。
3. 陳東升、周素卿著：《臺灣全志》，卷九，《社會志‧都市發展篇》，「國史館」臺灣文獻館，2006 年，第 38 頁。

從表 5.6-1 可以看出，1961 年儘管臺灣總人口數已經達到 1,115 萬人，但是當時並沒有出現超過 100 萬人的第一級大城市，四百多萬人口基本均衡地分佈在 5 萬人口以上的各級規模城市。1971 年居住在百萬人口規模城市的人數達到 180 多萬，1981 年又急增到近 350 萬人，增長了 47.55%。而從 1981 年到 1991 年居住在百萬人口規模城市的人數僅從 350 萬人增加到 411 多萬，增長了 17.61%。因而 20 世紀 70 年代應該是 100 萬以上人口的城市，即第一級的城市成長最快的時期。50 萬到 100 萬人口的第二級城市，1971 人口總數從 85 萬人到 1981 年增加到 120 多萬，增長了 41.41%，而從 1982 年到 1991 年間，則從 120 多萬增加到 200 多萬，增長了 66.97%，增長了 2/3 之多。1971 年至 1991 年間 50 萬到 100 萬的第二級城市一直處於快速增長時期。25 萬到 50 萬人口的第三級城市，1961 年到 1971 年人口總數從 110 多增加到 126 多，僅增長了 10.78%；1971 年到 1981 年人口總數從 126 多增加到 163 多，增長了 29.43%；1981 年到 1991 年人口總數從 163 多

增加到 258 萬，增長了 57.70%。可見，25 萬到 50 萬人口的第三級城市從 1961
年人口數量一直在增長，但是 20 世紀 80 年代增長速度最快。10 萬到 25 萬
規模的第四級城市，1961 年到 1971 年人口數從 91 萬多增加到近 160 萬，增
長了 70.92%；1971 年到 1981 年人口數從 160 萬增加到 237 萬多，增長了
51.24%；1981 年到 1991 年人口數從 237 萬多增加到 270 萬，僅增長了
13.86%。可見，10 萬到 25 萬規模的第四級城市從 1961 年到 1991 年人口一
直在增長，但是 1981 年後，人口增長速度緩慢。5 萬到 10 萬規模的第五級
城市，1961 年到 1971 年人口數從 144 萬多增加到 271 萬多，增長了 88.08%；
1971 年到 1981 年人口數從 271 萬增加到 339 萬多，增長了 25.02%；1981
年到 1991 年人口數從 339 萬多增加到 396 萬多，僅增長了 16.80%。可見，5
萬到 10 萬規模的第五級城市從 1961 年到 1991 年人口一直在增長，但是 1981
年後人口增長速度減慢。總之，臺灣各級規模城市的人口在 20 世紀 70、80
年代基本都處於快速增長期，但是到 90 年代以後增長速度都趨於緩慢。

　　從下表 5.6-2 的 1949 年～1994 年臺灣地區主要城鎮人口規模排列位序分
析，第一和第二城市的位序一直非常穩定，沒有發生位序的變化。第三和第
四城市的位序則是 20 世紀 70 年代臺中市超越臺南市後，臺中市一直位於臺
灣第三大城市之列，臺南則位居第四。人口規模位序變化比較劇烈的一般是
臺北市周圍的幾個縣轄市，如板橋市，在 60 年代以前臺灣前 20 名大城市中
尚沒有其名次，但到 1975 年時位居第八大城市，1985 年以後就穩居在臺灣第
五大城市之列。中和市 1975 年時還是位居 17 的中和鄉，到 1985 年成為第八
大城市，1994 年再進入第六大城市之列。但是像基隆市、新竹市、桃園市、
鳳山市、嘉義市等城市的位序在不同時段則有所上下不同的變動。總起來說，
臺灣光復後的主要城市人口的規模位序，前四位臺北、高雄、臺中、臺南位
序相對變化不大，但是臺北市周圍的一些縣轄市位序提升較快，而諸如桃園
市、鳳山市、嘉義市等的位序卻變動不定。這恰恰與這些城市的經濟發展、
臺灣人口遷徙相關。

表 5.6-2：臺灣地區按人口規模順序排列的主要城鎮

單位（人）

序號	1949 年		1962 年		1975 年		1985 年		1994 年	
	城鎮	人口	城鎮	人口	城鎮	人口	城鎮	人口	城鎮	人口
1	臺北市	483945	臺北市	979081	臺北市	2043318	臺北市	2507620	臺北市	2653578

2	高雄市	247487	高雄市	515153	高雄市	998919	高雄市	1302849	高雄市	1416248
3	臺南市	219475	臺南市	362668	臺中市	546838	臺中市	674936	臺中市	832654
4	臺中市	192889	臺中市	320158	臺南市	523568	臺南市	639888	臺南市	702658
5	新竹市	157086	基隆市	248799	基隆市	341383	板橋市	479748	板橋市	539115
6	嘉義市	155833	嘉義市	191074	三重市	275155	三重市	353957	中和市	387123
7	基隆市	139820	新竹市	160583	嘉義市	250997	基隆市	351524	三重市	382880
8	屏東市	132551	屏東市	130563	板橋市	241952	中和市	324930	基隆市	364520
9	彰化市	70276	三重市	123928	新竹市	225998	新竹市	304010	新竹市	338140
10	鹿港鎮	48053	彰化市	106275	屏東市	175313	鳳山市	267022	新莊市	328758
11	瑞芳鎮	47136	中壢鎮	83518	中壢市	163681	嘉義市	253573	鳳山市	301374
12	豐原鎮	46768	豐原鎮	74114	鳳山市	160763	中壢市	237271	中壢市	295825
13	員林鎮	44440	桃園鎮	70833	彰化市	157319	永和市	232519	桃園市	260680
14	宜蘭市	44056	花蓮市	68644	桃園市	148458	新莊市	232438	嘉義市	260368
15	清水鎮	43858	士林鎮	67592	永和鎮	138399	桃園市	204700	新店市	248822
16	埔里鎮	42909	板橋鎮	67107	新店鎮	130858	彰化市	201103	永和市	241104
17	桃園鎮	41942	埔里鎮	66453	中和鄉	130835	屏東市	200441	彰化市	222722
18	斗六鎮	41702	鳳山鎮	65268	豐原市	113818	新店市	190579	屏東市	214782
19	中壢鎮	40640	瑞芳鎮	63700	臺東鎮	111801	豐原市	139747	土城市	171629
20	草屯鎮	40197	南投鎮	63021	花蓮市	101309	平鎮鄉	126348	永康市	166359

資料來源：

1. 陳正祥、孫得雄、蔡曉畊著：《臺灣的人口》，南天書局出版，1997 年，第 91～99 頁。
2. 林鈞祥：《臺灣都市人口之研究》，《臺灣銀行季刊》，第 17 卷第 3 期，臺灣銀行經濟研究室，1966 年，第 197～200 頁。
3. 「行政院」經濟建設委員會住宅及都市發展處，《都市及區域發展統計彙編》，1975、1985、1994 年。

二、城市空間的蔓延——都會區的產生

　　都會區的產生是區域經濟社會發展到一定階段的產物，是城市化發展到較高階段的結果，是具有影響力的中心城市與郊區城鎮之間共同組成的關係緊密的人口密集區。光復後，臺灣城鎮空間分佈的一大特色就是臺灣幾個大城市的發展，逐漸超出其各自法定的行政地域界線，在其周圍形成環繞其中心城市的多個次核心城市及衛星城鎮與郊區，整個區域在社會經濟功能上整合成一個複雜的都會網絡系統，都會區顯現成形。

（一）人口遷移與城市化

人口的遷移現象比較複雜，其原因涉及到原居住地、目的地以及遷移者的動機等，包括社會、文化、政治、經濟、心理和環境等因素。臺灣內政部人口政策委員會在 1982 年以臺灣縣市間戶籍遷入登記人口為研究對象，進行了《臺灣四大都會區人口遷移與社會調適之研究》，分析出遷移者的「遷移動機以因工作關係而遷移者占 46.2%為最多，幾達一半，其中又以開業或擴展事業，為尋找職業及工作地點變動等項所佔比例較大，分別為 13.8%、12.3%及 12.0%」〔註 20〕。可見，工作關係方面的動機是人口遷移的最主要因素。

一般而言，城市人口增長有三個要素，即人口遷移、人口的自然增加、城鎮地區擴大。「在開發中國家大約有 40%的都市成長是由人口遷移和行政區的調整所產生的，而都市居民的人口自然增加則占 60%。有些快速成長的都市，其人口遷移對都市成長所佔的比例高達三分之二」〔註 21〕。臺灣地區的人口遷移基本上是省內人口的遷徙，因為就整個地區的人口現象來說，臺灣地區是閉鎖式的，國際移民的數量相當有限〔註 22〕。

光復以後，20 世紀 50 年代臺灣地區推行土地改革，實施「三七五減租」、「公地放領」及「耕者有其田」等措施，奠定臺灣農業發展的基礎。自 1952 年至 1984 年農業生產指數增加 300.3〔註 23〕。農業的發展，農產品供給的增加，以及隨著戰後生活安定，公共衛生及醫藥的科學發達，死亡率的下降等，促進了人口的快速增長，在推動臺灣經濟發展的同時，也推進了臺灣城鎮化的進程。20 世紀 50 年代以前，臺灣經濟基本處於啟動與恢復階段，農業占 GDP 比重一直在 30%以上，土地吸附了大量勞動力，省內人口遷移數量相對較少。自實施第一期四年經濟建設計劃之後，臺灣的經濟發展重心轉向工業。60 年代中期臺灣工業產值開始超過農業產值，自此邁入工業經濟時代，其產業結構和就業結構也發生了變化。

〔註 20〕「內政部」人口政策委員會：《臺灣四大都會區人口遷移與社會調適之研究》，1986 年，第 65 頁。

〔註 21〕廖正宏著：《人口遷移》，三民書局，1995 年，第 202 頁。

〔註 22〕廖正宏著：《人口遷移》，三民書局，1995 年，第 204 頁。

〔註 23〕「行政院」經濟建設委員會都市及住宅發展處，《臺灣地區都市與區域發展之研究——都市成長及空間結構之變遷》，1985 年，第 60 頁。

表 5.6-3：臺灣農業人口比率變動

年份	總　人　口	農　業　人　口	農　業　人　口　比　率 %
1946	6,090,860	3,522,880	57.84
1956	9,390,381	4,698,532	50.04
1966	12,992,763	5,806,298	44.69
1976	16,508,190	5,756,719	34.87
1986	19,454,610	4,291,641	22.06
1989	20,107,440	3,670,507	18.25

資料來源：吳田泉，《臺灣農業史》，轉引自陳東升、周素卿著：《臺灣全志》，卷九，
　　　　《社會志・都市發展篇》，「國史館」臺灣文獻館，2006 年，第 54 頁。

　　從表 5.6-3 可以看出，1946 年的農業人口有 352 萬人，占總人口數的
57.84%，到 1966 年農業人口有 580 萬人，占總人口數的 44.69%。到 1989 年
儘管人口總數仍在增加，但是其農業人口總數也在下降，農業人口占總人口
數的比例是 18.25%，與 1966 年的 44.69%比較，降幅明顯。

表 5.6-4：臺灣歷年各產業的就業人口比重

單位：%

年　份	各　產　業　就　業　人　口　比　重		
	第一產業	第二產業	第三產業
1952	56.10	16.90	27.00
1955	53.60	18.90	28.33
1960	49.00	21.00	30.54
1965	44.82	22.37	32.43
1970	36.74	28.30	34.97
1975	29.92	35.52	34.56
1980	20.20	41.09	38.26
1985	17.50	42.70	41.10
1990	12.80	40.00	46.30
1995	10.60	38.70	50.70

資料來源：陳東升、周素卿著：《臺灣全志》，卷九，《社會志・都市發展篇》，「國史
　　　　館」臺灣文獻館，2006 年，第 55 頁。

　　從表 5.6-4 臺灣就業人口產業結構分配狀況分析，1952 年時臺灣第一產
業的就業人數占 56.10%，第二產業僅 16.90%；隨著臺灣經濟建設計劃的實

施，到 1975 年時，臺灣第一產業的就業人口已經低於第二產業和第三產業的就業人口。此後，臺灣農業就業人口的比例越來越低，而在第二、三產業就業的人口比例越來越高。表 5.6-3 和表 5.6-4 對比可以看出，儘管臺灣的總人口從 1976 年的 16508190 人，增加到 1986 年的 20107440 人，增長了 21.80%，但是農業的就業人口數量卻在逐年減少，這說明大量的農業人口轉移到二三產業中。

1960 年至 1970 年，農業勞動力每年的外流比例由 2.18%提高到 6.81%。在此期間，鄉村人口淨遷出率高達 17.4%，年均約有 10 萬人由農村遷往城市。在臺灣農業勞動力轉移史上，1968 年是一個轉折點。從此，農村歷年外遷人數均超過自然增長的數量，農業勞動力絕對減少〔註24〕。此後，農業勞動力仍快速向工業部門轉移。至 1984 年，臺灣農業就業人口年平均降低 3.56%，成為戰後農業勞動力轉移速度最快的地區之一〔註 25〕。大量農業人口的轉移，極大地促進了城鎮數量和規模的擴大，城鎮化水平的提高。

表 5.6-5：5 萬人口以上各級規模城鎮變化

單位：個、百分比%

各級規模城鎮	1951 年		1961 年		1971 年		1981 年		1991 年	
	城鎮總數	城鎮人口占比例%	城鎮總數	城鎮人口占比例%	城鎮總數	城鎮人口占比例%	城鎮總數	城鎮人口占比例%	城鎮總數	城鎮人口占比例%
	—	25.92	34	39.68	57	55.29	74	66.73	88	74.75
100 萬人以上	—	—	—	—	1	12.17	2	19.29	2	20.01
50 萬～100 萬	—	—	1	8.28	1	5.73	2	6.63	3	9.76
25 萬～50 萬	—	—	3	10.23	3	8.52	5	9.02	8	12.55
10 萬～25 萬	—	—	6	8.23	10	10.58	14	13.08	17	13.14
5 萬～10 萬	—	—	24	12.94	42	18.29	51	18.71	58	19.28

資料來源：陳東升、周素卿著：《臺灣全志》，卷九，《社會志·都市發展篇》，「國史館」臺灣文獻館，2006 年，第 38 頁。

〔註24〕黃寶祚著：《勞工問題》，第 58 頁，轉引自黃餘安：《臺灣勞動力流動方式及成因分析》，《學術界》，2005 年 5 期，第 221 頁。
〔註25〕黃餘安：《臺灣勞動力流動方式及成因分析》，《學術界》，2005 年 5 期，第 221 頁。

從表 5.6-5 的 5 萬人口以上各級規模的城鎮數目中可以看出，在農業人口持續轉移的背景下，5 萬人口以上的城鎮數目不斷增加，從 1961 年的 34 個增加到 1981 年的 74 個、1991 年的 88 個，5 萬人口以上的城鎮占總人口的比例從 1951 年的 25.92%增加到 1991 年的 74.75%。特別是臺灣的三大城市的城市化水平更高。1981 年臺北市總人口是 2,270,983 人，非農業人口占總人口的比例爲 98.5%，臺中市總人口 607,238 人，非農業人口占總人口的比例爲 90.7%，高雄市總人口是 1,227,454 人，非農業人口占總人口的比例爲爲 97.2%〔註 26〕，反映出三大城市的城市化水平之高。

（二）工業化與城市的空間集聚

一般認爲，工業化與城市化存在一種互動傳導的內在機制，工業化促進城市化，城市化反過來推動工業化，兩者相互促進，產業結構不斷調整，城市空間形態不斷演變。錢納里（Hollis B.Chenery，1975）認爲，工業化推動了現代城市化進程，因爲城市具有較高的經濟效益和社會效益，規模經濟和集聚經濟的驅動促使各種產業向城市地域集聚。正如馬克思、恩格斯所說：「因爲這裏有鐵路、有運河、有公路；可以挑選的熟練的工人愈來愈多……這裏有顧客雲集的市場和交易所，這裏跟原料市場和成品銷售市場有直接的聯繫，這就決定了大工廠城市驚人迅速地成長」〔註 27〕。《大英百科全書》提供了工業革命以來歐美主要發達國家城市化的發展指數：「城市是工業革命的搖籃。反過來，工業化又極大地刺激了城市的發展。例如從工業化的先驅國家英國來看，這個國家在 1801 年時五千人以上的城鎮只有 106 個，其全部人口只占全國人口的 26%（有些資料的統計甚至比這個數還要低）。半個世紀後，到 1851 年時，全國城鎮數目達到 265 個，城鎮人口所佔比率上陞到 54%。1891 年時，城鎮數目增至 622 個，人口占到 68%。進入本世紀前後，歐洲大部分都開始了工業化和城市化的進程。至 1920 年，全歐人口中（除蘇聯外）城市人口已達 32%，1970 年達 64%，人口最稠密的地區是萊茵河流域和英國中部地帶的工業區。最能說明問題的現象是，1920 年至 1970 年全歐洲人口增長了 42%（由 3.25 億增至 4.62 億），這五十年中它的城市人口卻躍增了 182%（從 1.04 億增至 2.93 億）。美國情況也大體相仿：

〔註 26〕「行政院」經濟建設委員會住宅及都市發展處，《都市及區域發展統計彙編》，1982 年，第 150 頁。
〔註 27〕《馬克思恩格斯全集》，第二卷，人民出版社，1957 年，第 303 頁。

1800 年城市人口只占 6.1%，1970 年則占 73.5%。」〔註 28〕可見，在工業化過程中，城市化速度之快。

臺灣光復後，走了一條快速的工業化之路。起初鑒於當時的經濟社會狀況，臺灣當局制定了「以農業培養工業，以工業發展農業」，實施進口替代的發展戰略，大力發展投資少、技術相對簡易的勞動密集型的農產品加工業。農產品及其加工品在總出口中的比重逐漸提高，甚至一度成為創匯主力。隨著其他如包裝、運輸、銷售等配套產業的興起和發展，一些村鎮有的成為該區域的發展中心，有的發展成長為新的城鎮，原有城鎮的規模也進一步擴大。1951 年臺灣居住在五萬人口以上城鎮的人數占當時人口總數的 21.3%，到 1961年臺灣居住在五萬人以上城鎮的人口比例已經提高到 39.68%。

但是，因臺灣島內市場狹小，到 20 世紀 60 年代進口替代工業產品的市場很快趨於飽和。臺灣當局抓住當時國際分工調整的機遇，建立起了以出口為導向的勞動力密集型工業，實施出口導向的發展戰略，進行稅收、外匯和出口政策等的改革，設立出口加工區和保稅倉庫等，大力發展加工出口工業。這些政策措施極大地促進了臺灣產品的外銷與經濟發展，1960 年到 1973 年臺灣出口額從 4.6 億美元增加到 40.5 億美元，年均增長 10.1%，工業生產年均增長 19.4%〔註 29〕，為臺灣經濟的起飛奠定了基礎。隨著工業生產的增長，到20 世紀 60 年代實施第三期四年計劃期間，工業產值開始超過農業產值，被稱之為「臺灣經濟劃時代的蛻變」〔註 30〕。

表 5.6-6：臺灣三大產業在產業結構中的比重

單位：%

年份	總額	工業	農業	服務業	年份	總額	工業	農業	服務業
1952	100.00	18.0	35.9	46.1	1967	100.00	30.8	23.8	45.4
1953	100.00	17.7	38.3	44.0	1968	100.00	32.5	22.0	45.5
1954	100.00	22.2	31.7	46.1	1969	100.00	34.6	18.8	46.6
1955	100.00	21.1	32.9	46.0	1970	100.00	34.7	17.9	47.4
1956	100.00	22.4	31.6	46.0	1971	100.00	36.9	14.9	48.2

〔註28〕北京社會科學研究所城市研究室選編：《國外城市科學文選》，貴州人民出版社，1984 年，第 1213 頁。

〔註29〕賀濤等著：《臺灣經濟發展軌跡》，中國經濟出版社，2009 年，第 6 頁。

〔註30〕袁穎生著：《光復前後的臺灣經濟》，聯經出版事業公司，1998 年，第 284 頁。

1957	100.00	23.9	31.7	44.4	1972	100.00	40.4	14.1	45.5
1958	100.00	23.9	31.0	45.1	1973	100.00	43.8	14.1	42.1
1959	100.00	25.7	30.4	43.9	1974	100.00	41.2	14.5	44.3
1960	100.00	24.9	32.8	42.3	1975	100.00	39.2	14.9	45.9
1961	100.00	25.0	31.4	43.6	1976	100.00	42.7	13.4	43.9
1962	100.00	25.7	29.2	45.1	1977	100.00	43.7	12.5	43.8
1963	100.00	28.2	26.7	45.1	1978	100.00	45.5	11.3	43.2
1964	100.00	28.9	28.2	42.9	1979	100.00	45.7	10.4	43.9
1965	100.00	28.6	27.3	44.1	1980	100.00	45.3	9.3	45.4
1966	100.00	28.8	26.2	45.0	1981	100.00	45.2	8.7	46.1

資料來源：《重修臺灣省通志》，卷四，《經濟志・工業篇》，臺灣省文獻委員會，1998年，第5～6頁。

　　由表 5.6-6 可見，到 1963 年臺灣農業比重在三大產業中占 26.7%，工業比重在三大產業中占 28.9%，工業在產業結構中的比重開始超過農業，成為重要的轉折點。此後，農業在三大產業中的比重不斷降低，到 1981 年已經降為 8.7%。服務業比重則變化不大，這也在一定程度上反映出臺灣工業發展之快。1964 年臺灣國內生產毛額已達一千零十九億六千六百萬元，農業占 24.51%，工業占 30.37%；而國內生產淨額為八百二十億六千萬元，農業占 28.53%，工業則占 28.91%，農工業淨生產接近平衡〔註31〕。至此，臺灣宣告脫離農業經濟時代，由農業經濟邁入工業經濟。

　　臺灣經濟在歷經快速發展後，至 20 世紀 70 年代初期原有的交通運輸及電力等基本設施漸漸成為經濟發展的瓶頸，特別是 70 年代的第一次石油危機對能源缺乏的臺灣經濟影響較大。臺灣當局開始進行經濟發展戰略的再次調整，提出發展技術程度高、附加價值高、能源密集度低、污染程度低、市場潛力大的資本密集型工業，積極鼓勵和引導發展高科技產業，實現從勞動密集型為主的輕工業到以資本密集型為主的重化工業的轉變。實施出口導向和第二次進口替代並舉的發展策略，宣佈實施十項和十二項建設計劃。十項建設使臺灣建立了發達的交通和港口運輸系統，以及現代化的鋼鐵與石油化學工業，初步形成了重工業與輕工業配套的工業體系，改變了原本以勞動力密集工業為主的工業結構。1952 年輕工業所佔的比重為 75.2%，而重工業僅占 24.8%，到了 1977 年重工業所佔比重，首次超過輕工業，1981 年重工業所佔

〔註31〕袁穎生著：《光復前後的臺灣經濟》，聯經出版事業公司，1998年，第285頁。

比重已提高至 57.6%，而輕工業比重則降爲 42.4%。臺灣的產業結構由過去輕工業爲主逐漸轉變爲重化工業爲主〔註32〕。臺灣經濟也步上了一個新的臺階，人均 GNP 由 1972 年 519 美元增加到 1980 年 2312 美元〔註33〕。隨後，臺灣當局又決定實施十二項建設。十二項建設緩解了由於經濟高速發展而帶來的交通、能源、住宅、服務設施等緊張狀況，在一定程度上促進了臺灣產業結構的調整和升級，使臺灣輕、重工業比重進一步變化並趨向平衡，到 1984 年臺灣輕重工業所佔比重分別是 45.2%和 54.8%〔註34〕。

從臺灣經濟發展過程中可以看出，臺灣的工業發展與經濟增長正相關，工業增長率愈高的年份，經濟增長率亦愈高；反之，則愈低。20 世紀 50 年代臺灣省的工業增長率較低，平均爲 13.4%，而經濟增長率亦較低，平均約爲 7.7%；到 60 年代臺灣省工業平均年增長率提高爲 16.5%，而經濟平均年增長率亦隨之提高爲 9.7%；至 70 年代臺灣省工業平均年增長率降低爲 13.8%，而經濟平均年增長率則爲 9.8%。經濟增長率與工業增長率之相關係數爲 0.81，顯示兩者之間具有高度相關，亦即工業增長率之快慢對經濟成長具有絕對的相關性〔註35〕。到 1986 年臺灣省的工業比重上陞到 47.11%的歷史最高值，農業比重下降到 5.5%，工業的發展帶動了整體經濟的振興，同年人均 GDP 達到 4071 美元，比 1952 年的 196 美元增加近 20 倍，成爲新興工業化地區和亞洲「四小龍」之一。

臺灣的工業在空間使用上，往往以工業區的方式讓工廠聚集在一起創業。臺灣地區工業密度平均每公頃約在 81 人至 109 人之間，當然各製造業間的工業區密度差距很大，最低者爲石油煉製業，每公頃爲 15 至 20 人；最高者爲金屬製造業及紡織業，前者每公頃爲 201 人至 405 人，後者每公頃爲 209 人至 301 人，而服務業對基礎產業之此例爲 0.24，其意義即指 100 個製造業機會可提供 24 個服務業的工作機會，同時再兼顧扶養率在 65%至 55%之間，估計每一公頃工業區之開發，可提供約 200 人之生計〔註36〕。工業區

〔註32〕《重修臺灣省通志》，卷四，《經濟志・工業篇》，臺灣省文獻委員會，1998年，第 7 頁。

〔註33〕賀濤等著：《臺灣經濟發展軌跡》，中國經濟出版社，2009 年，第 67 頁。

〔註34〕賀濤等著：《臺灣經濟發展軌跡》，中國經濟出版社，2009 年，第 67 頁。

〔註35〕《重修臺灣省通志》，卷四，《經濟志・工業篇》，臺灣省文獻委員會，1998年，第 77 頁。

〔註36〕「行政院」經濟建設委員會都市及住宅發展處，《臺灣地區都市與區域發展之研究——都市成長及空間結構之變遷》，1985 年，第 62 頁。

的開發，提供了大量工作機會。眾多的就業機會，吸引大量人口前往工業區就業。廠商大多比較重視工業區交通的便利性，注重工業區能否與城鎮綜合功能相銜接，因而工業區多集中於大城市與交通主要幹線附近。1988年臺灣經建會曾經在相關報告中反思工業區政策，分析「因未訂有適當的配合措施，以致工業發展仍沿襲過去既有的發展趨勢，朝向交通運輸條件佳、資源所在地等地區集中以獲取較大的聚集利益。因之，臺北、高雄、臺中都會區及其周圍地區工業密集發展的情況依然存在」〔註37〕。

從下表5.6-7臺灣經濟發展時期人口成長率看，1966年後人口社會成長率逐漸成爲各類型城鎮人口增加的重要因素，但是在1980年後，100萬人口以上的城市社會成長率呈現負值，而10萬～50萬人口的城市仍然維持比較高的社會成長率。也就是說，人口遷移的目標在1980年後，主要是10萬～50萬人口的城市，這些城市主要位於大城市的周邊，特別是在臺北、臺中、高雄三大都會區附近，存在明顯的空間集聚。

表5.6-7：臺灣各級規模城鎮人口增長率（1956年～1990年）

人　口　數	類　　別	1956年	1966年	1980年	1990年
100萬以上	總成長率%	－	3.79	157	0.88
	自然成長率%	－	2.34	1.70	1.07
	社會成長率%	－	1.45	-0.1	-0.1
50萬～100萬	總成長率%	5.93	5.29	1.66	1.55
	自然成長率%	3.43	2.69	1.82	1.19
	社會成長率%	2.50	2.60	-0.1	0.36
10萬～50萬	總成長率%	4.24	3.94	3.74	2.28
	自然成長率%	3.71	2.50	1.96	1.15
	社會成長率%	0.53	1.44	1.78	1.12
5萬～10萬	總成長率%	3.84	2.55	1.80	1.63
	自然成長率%	3.63	2.53	1.23	1.15
	社會成長率%	0.21	0.03	0.57	0.48
0～5萬	總成長率%	2.74	2.16	0.76	-0.0
	自然成長率%	3.62	2.69	2.25	1.08
	社會成長率%	-0.8	-0.5	-1.4	-1.11

〔註37〕　「行政院」經建會，《土地法之立法沿革及理由》，轉引自盛九元、胡雲華著：《臺灣的都市化與經濟發展》，九州出版社，2009年，第29頁。

資料來源：陳東升、周素卿著：《臺灣全志》，卷九，《社會志‧都市發展篇》，「國史館」臺灣文獻館，2006 年，第 46 頁。

表 5.6-8：臺灣地區主要城鎮人口平均年增率（1947 年～1990 年）

單位：%

地　　區	1947年～1950年	1950年～1955年	1955年～1960年	1960年～1965年	1965年～1970年	1970年～1975年	1975年～1980年	1980年～1985年	1985年～1990年
臺灣地區人口數	5.15	3.74	3.52	3.19	3.05	1.93	1.97	1.58	1.12
臺北市	23.53	6.73	5.17	5.01	4.79	2.92	1.68	2.46	1.64
高雄市	16.18	5.66	5.85	4.96	6.80	3.82	3.77	1.62	1.35
基隆市	13.49	5.21	4.57	3.49	3.09	1.05	0.20	0.38	0.08
臺中市	10.63	3.72	4.48	4.09	4.23	4.06	1.65	2.61	0.08
臺南市	7.85	4.46	4.19	3.44	3.05	1.97	2.20	1.85	1.32
新竹市	-6.85	3.93	4.09	3.37	3.38	1.67	1.29	4.76	1.31
嘉義市	-0.31	3.91	3.77	2.88	2.99	1.01	0.08	0.12	0.32
三重市	11.05	12.80	10.58	7.89	8.28	3.15	3.51	1.60	1.22
板橋市	5.48	5.58	9.16	4.64	9.35	16.11	10.77	3.52	2.35
宜蘭市	6.52	2.54	2.28	1.94	2.77	1.10	1.43	0.72	0.72
桃園市	5.24	4.87	4.04	4.03	6.43	7.00	3.84	2.69	3.34
中壢市	8.48	5.34	5.17	5.55	5.73	4.72	4.88	2.70	2.60
彰化市	3.36	3.72	3.79	3.38	3.11	2.77	2.88	2.09	1.37
鳳山市	15.71	4.72	6.33	3.68	7.26	9.50	6.29	4.13	1.72
屏東市	-10.86	5.52	4.00	3.27	2.90	1.22	1.29	1.36	1.01
花蓮市	9.87	5.34	4.91	3.40	4.10	1.76	0.27	0.48	0.45
豐原市	4.99	3.80	3.25	3.42	3.92	2.75	2.16	1.99	1.65
臺東市	8.56	7.70	4.92	4.89	2.49	7.82	-0.15	0.05	-0.55
新莊	-7.40	3.43	3.77	5.15	10.94	10.47	15.54	5.48	5.18
新店	5.37	9.54	5.55	5.74	5.22	6.70	4.93	2.75	3.42
永和	—	20.77	20.77	10.00	7.45	9.15	8.21	2.52	1.44
瑞芳	2.37	2.75	3.61	2.75	1.43	-0.33	—	—	-2.21
羅東	6.61	5.01	2.72	2.89	2.85	1.94	0.62	1.67	0.81
蘇澳	6.92	4.39	4.81	3.25	2.38	0.50	0.61	-0.56	-1.05
大溪	-0.48	2.28	3.88	1.92	2.09	2.31	2.25	1.85	0.77
楊梅	2.60	3.21	3.97	3.56	4.30	1.30	1.26	2.02	1.69

竹東	—	6.26	4.58	3.19	2.60	1.66	1.35	1.00	0.71
苗栗	5.64	4.39	3.48	3.01	4.56	2.29	0.91	0.92	0.78
頭份	2.05	2.58	3.02	3.23	3.59	2.92	2.07	1.84	1.49
東勢	3.65	2.84	4.02	2.76	2.26	0.63	—	—	-0.08
大甲	2.51	2.86	1.97	2.38	1.93	1.43	1.42	1.20	1.38
清水	3.68	2.40	1.20	1.92	2.55	1.31	1.15	1.02	0.57
鹿港	1.72	2.25	1.59	1.53	1.22	0.67	1.00	1.12	0.51
和美	3.12	2.52	2.23	2.20	1.58	1.35	—	—	1.24
員林	5.63	2.32	2.59	2.87	3.06	2.49	2.25	1.84	1.54
二林	3.74	2.96	2.69	2.60	0.42	0.51	—	—	-0.71
南投	4.22	3.45	5.58	2.72	2.25	0.30	1.53	1.82	1.18
埔里	6.16	2.94	3.63	2.26	1.46	0.60	0.71	0.62	0.43
草屯	4.01	3.23	3.25	2.58	1.86	1.17	1.40	1.24	0.97
竹山	4.12	2.29	2.31	2.28	2.00	0.97	—	—	-0.27
斗六	5.76	3.37	3.31	2.41	2.03	0.78	0.92	1.46	0.54
虎尾	6.46	3.14	-1.06	5.67	1.66	0.32	0.69	0.27	-0.13
西螺	1.33	2.16	5.63	-1.97	1.28	0.18	—	—	-0.29
北港	4.08	3.14	2.47	1.45	1.24	-0.05	-0.80	-0.51	-1.11
朴子	2.36	2.66	2.31	4.82	1.05	-0.50	-0.79	—	—
新營	5.97	4.50	3.94	2.58	1.60	0.10	0.12	0.66	0.62
麻豆	3.58	1.83	1.91	1.11	0.35	-0.71	-0.63	—	—
岡山	17.10	3.10	3.29	2.91	2.52	1.91	1.31	0.81	0.76
旗山	3.89	3.70	3.14	2.99	1.90	0.22	—	—	—
美濃	3.27	3.31	2.13	2.33	1.69	-0.14	—	—	-0.66
馬公	6.65	2.34	3.54	3.26	3.19	-0.34	-0.48	-0.23	-0.58
中和	—	—	—	—	—	—	14.87	4.42	2.87

資料來源：

1. 唐富藏，《臺灣地區都市化問題與政策之研究》，「行政院」研究考覈委員會編印，
　　1982 年，第 38～39 頁。
2. 1975、1980、1985、1990 數據來自「行政院」經濟建設委員會住宅及都市發展處，
　　《都市及區域發展統計彙編》，1975、1980、1985、1990 年人口數據計算。

　　因數據收集困難，表 5.6-8 臺灣地區主要城鎮人口平均年增率中的主要
城鎮採納了唐富藏教授選用的「行政院」國際經濟合作發展委員會都市發展
處的《臺灣都市化研究》中選取的城鎮，以這些城鎮的人口平均年增率反映
臺灣城鎮變遷狀況。從表 5.6-8 可以看出，自 20 世紀 70 年代以後，臺灣的
「院轄市」和省轄市人口平均年增長率呈下降趨勢，而縣轄市 60 年代後人

口的增長則呈上陞趨勢，成爲人口遷移的主要接受地區，直到 80 年代後上陞趨勢減緩。特別是臺北、臺中、高雄三大都會區周圍的城鎮人口平均增長率較高。如臺北市附近板橋、三重、桃園、中壢、永和、新店、新莊，臺中附近的彰化、豐原，及高雄附近的鳳山等城鎮增長較快。如板橋市 1960 年～1965 年人口平均年增率 4.64%，而到 1970 年～1975 年人口平均年增率達到 16.11%；三重市 1950 年～1955 年人口平均年增率達到 12.80%，儘管此後人口年均增長率下降，但是直到 80 年代以後人口平均年增率才降爲不足 2%；永和在 50 年代人口平均年增率竟達 20.77%之多，成爲當時人口年均增長率最高的地區；新莊在 1965～1980 年間的人口年均增長率也達到 10%多。臺中市附近的彰化市，自臺灣光復後到 80 年代前其人口平均年增長一般在 3%左右。豐原的人口平均年增長在 70 年代前一般在 4%左右，此後增長速度減慢。鳳山市的人口在光復以後一直處於穩定增長狀態，1965 年到 1980 年人口平均年增長率都在 6%以上，到 80 年代後才趨於減緩。其他的鎮如頭份、員林等人口增長也較快。這些人口增長較快的城鎮大多分佈在工業較爲密集發展的臺北市西南郊區、臺中市及高雄市附近，也顯現出人口和城鎮在都會區及其工業密集發展地域的空間集聚趨向。

（三）三大都會區的出現

人口的集聚促使城市地域範圍的不斷擴張，城市化水平不斷提高。城市化的結果，必然導致城市人口的增長和城市用地的擴展，從而引起城市空間的蔓延，城市的空間發展逐漸超越城市法定的行政地域界限，整個區域在社會經濟功能上整合成一個複雜的都會網絡系統，並以都會爲中心，周圍環繞數個次核心城市及衛星都市與郊區。

「都市區」一詞來源於英文「Metropolitan Area」，也譯爲大都市區。美國是最早採用都市區概念的國家。1910 年，美國人口普查局首次採用「大都市區」（Metropolitan District）這一概念進行人口統計。歐美各國從 20 世紀初就陸續制定了劃定標準。1910 年美國首先定義了都市區概念（Metropolitan District，即 MD），規定都市區內有一個至少 20 萬人口的城市。此後，隨著城市的不斷發展，這一概念作了多次的修訂補充，1950 年提出「標準大都市區」（Standard Metropolitan Area，略爲 SMA），1960 年人口普查中使用了標準大都市統計區（Standard Metropolitan Statistical Area，略爲 SMAS）。其基本定義爲，每個都市區應有一個人口 5 萬以上的中心城市，或者是包括總人

口達 5 萬人以上的兩個相連的縣；鄰接縣的人口密度在每平方英里 150 人以上，勞動力的 75% 以上從事非農業活動，並且 15% 以上向中心城市通勤。與美國的標準大都市統計區類似，英國有 SMLA（Standard Metropolitan Labor Areas），加拿大有 CMA（Census Metropolitan Area），日本有 REC（Regional Economic Cluster）和 FUC（Functional Urban Core）等〔註38〕。

目前，各國對都會區的劃定方法也不盡不同，但都包括兩個部分：即一定規模的中心城市和與中心城市有緊密社會經濟聯繫的外圍地域。臺灣「行政院」主計處劃定都會區的主要標準如下：

1. 都會區的總人口數至少須在三十萬以上。

2. 都會區內的中心都市，須具備下列三項條件：

（1）人口至少須在二十萬以上。

（2）居民百分之七十以上是居住在都市化地區內。

（3）就業居民須有百分之七十以上是在本地工作。

3. 衛星城鎮：在一個都會區內，中心都市界限之外的市、鎮、鄉稱為衛星城鎮。凡合於下列條件之一者，始可劃定為衛星城鎮。

（1）區內之就業居民至少有百分之十通勤至中心都市工作者；

（2）區內就業居民通勤至中心都市未達百分之十，但在百分之五以上，且其居民有百分之四十以上是住在都會區內之最大都市化地區者〔註39〕。

隨著臺灣人口向臺北、高雄、臺中等中心城市集中，這些城市的交通、環境等問題逐漸出現，城市用地緊張，房價上陞等，致使城市生產生活成本提高，城市用地開始向郊區擴展，而隨著公共交通設施的完善、交通的便捷，一些民眾開始遷居至城市的周邊地區，城市空間向外蔓延，甚至超越城市法定的行政地域界限，周邊區域逐漸與中心城市形成社會經濟聯繫日益緊密的一體化區域，在社會經濟功能上整合成一個複雜的都會網絡系統。臺灣「行政院」主計處研究提出，到 20 世紀 80 年代以後，臺灣基本上形成了臺北都會區、臺中都會區及高雄都會區，中壢、新竹、嘉義三個次都會區〔註40〕。

一般而言，在城市工商業尚未發達之時，城市的就業機會不多，城鎮人

〔註38〕顧朝林等著：《中國城市地理》，商務印書館，1999 年，第 338～339 頁。

〔註39〕《臺灣地區都市與區域發展之研究——都市成長及空間結構之變遷》，「行政院」經濟建設委員會都市及住宅發展處，1985 年，第 31 頁。

〔註40〕孫清山：《臺灣三十年來都市成長模式》，《東海社會科學學報》，1985 年第 4 期，第 10 頁。

口增加以自然增加為主。隨著城鎮工商業的快速發展，就業機會增加，會吸引大量的鄉村人口移入，此時城鎮的人口增加主要是社會人口的增加。此後由於市郊工商業漸漸發展和市中心漸趨飽和，城市生產和生活成本日漸提高，人口遷入到城鎮的速度逐漸放緩，城鎮的人口增長再次表現為以自然增長為主。由下表 5.6-9 臺北市、高雄市人口的增加（1951 年～1981 年）可以看出，1951 年～1966 年臺北市人口自然增長率高於其社會增長率，從 1966 年～1971 年臺北市的社會增長率高於自然增長率，1971 年～1981 年臺北市人口的自然增長率再次高於社會增長率；而高雄市從 1951 年～1966 年人口自然增長率高於社會增長率，從 1966 年～1971 年人口的社會增長率都高於自然增長率，此後社會增長率再次低於自然增長率，反映出臺北市和高雄市遷入人口的變化。

表 5.6-9：臺北市、高雄市人口的增長（1951 年～1981 年）

單位：千人

市 名	類 別		1951 年～1956 年	1956 年～1961 年	1961 年～1966 年	1966 年～1971 年	1971 年～1976 年	1976 年～1981 年
臺北市	人口增加數	人數	186	188	238	666	249	182
		%	33.1	25.1	25.4	56.7	13.5	8.7
	自然增加數	人數	117	128	136	170	179	181
		%	20.8	17.1	14.5	14.5	9.7	8.7
	社會增加數	人數	69	60	102	496	70	1
		%	12.3	8.0	10.9	42.2	3.8	0.0
高雄市	人口增加數	人數	86	120	141	240	148	207
		%	30.2	32.3	28.7	38.0	17.0	20.3
	自然增加數	人數	67	76	85	94	101	108
		%	23.5	20.5	17.3	14.8	11.6	10.6
	社會增加數	人數	19	44	56	146	47	99
		%	6.7	11.9	11.4	23.1	5.4	9.7

資料來源：廖正宏著：《人口遷移》，三民書局，1995 年版，第 207 頁。

隨著人口進一步集中於大城市，城市中心往往產生集聚不經濟（如環境問題、地價上漲問題、勞動力成本上陞等），一部分經濟活動和人口分散到周圍地區。臺北市在經濟發展初期，人口多集聚在市中心。隨著市中心人口密

度過高，各種機會（包括就業、住宅）等相對減少，生活成本不斷上陞，市中心的人口增長漸趨緩慢，並逐漸向臺北市周圍的衛星鄉鎮擴散。

表 5.6-10：臺北市都會區人口的增長

單位：人、%

類　別	人　口　數			1956～1976 年 人口增加		1976～1982 年 人口增加	
	1956 年	1976 年	1982 年	絕對數	百分比	絕對數	百分比
都會區	1244134	3447958	4346015	2203824	177.1	898057	26.05
舊市區	246889	216904	178936	-29985	-12.2	-37968	-17.51
舊市區外圍	501621	1278129	1333470	776580	154.8	55341	4.33
新市區	159246	594255	815235	435009	273.2	220980	37.19
衛星市鎮	336378	1358670	2018374	1022292	303.9	659704	48.50

注：資料來源廖正宏著：《人口遷移》，三民書局，1995 年版，第 208 頁。
1. 舊市區：龍山區、城中區、建成區、延平區。
2. 舊市區外圍：松山區、大安區、古亭區、雙園區、大同區、中山區。
3. 新市區：內湖區、南港區、景美區、木柵區、士林區、北投區。
4. 衛星市鎮：包括臺北縣的板橋市、三重市，新莊鎮、新店鎮、泰山鄉、汐止鎮、淡水鎮。

　　表 5.6-10 的數據反映出臺北市舊市區人口自 1956 年到 1976 年，不但沒有增加反而減少 12.2%，而其衛星市鎮在同一期間內則有快速的人口增長，高達 303.9%，同樣從 1976 年至 1982 年，衛星市鎮人口增長的速度也達到 48.5%。如板橋鎮，1962 年才 6.7 萬多人，1979 年已超過基隆市，達到 37.8 萬人，成為臺灣第五大城市。1979 年臺灣二十大城市中，有三重、板橋、中壢、永和、新店、中和、新莊、基隆、桃園等城市位於臺北市周圍約 50 公里以內的地區。到 20 世紀 80 年代末，臺北市周圍縣份已達 60% 以上的城市化水平，尤其是臺北縣已超過 95%，臺北大都市會區日漸成型並壯大。

　　臺中市是一個內陸城市，對外聯繫多依賴陸路運輸系統。隨著日據時期縱貫鐵路的修築便利了城際間的交流，加速了人口遷移及貨物運輸，臺中市的人口逐漸增加。1970 年以後，隨著臺灣經濟的轉型，以及潭子加工出口區的設立，臺中地區的工業逐漸發展起來。1956 年臺中市的就業人口中，農林漁牧業占 42.14%，1966 年為 23.97%，1980 年再降至 12.43%。而製造業的就業比重逐漸提高，1971 年在製造業中就業的員工數占工商業全體員工數的

55.15%，1981 年為 58.99%，1986 年升至 62.03%〔註41〕。在臺中產業的發展上，工業是其重要的推動力。工業的發展所提供的就業機會增加，促使城市人口一直穩定增長，1975 年後臺中取代臺南市成為臺灣第三大城市。1956 年至 1966 年臺中市的年平均人口增長率是 4.1%，從 1966 年至 1976 年則維持在 3.7%。此後增長率稍減，1976 年至 1981 年為 3.3%，1981 年至 1986 年又減至 3.1%。但與同期臺灣人口增加每年不到 2% 的情況相比，臺中地區仍顯示出其對人口移入的吸引力。1971 年臺中市人口的社會增加率是 0.83%，而 1980 年是 1.19%，至 1987 年則為 1.94%……若是以舊市區為中心城市，以其它區和鄉為都會的外圍，臺中中心城市的人口分量在六十年代以後漸漸減低，之前大都維持在 48% 左右，1976 年只 46%，1980 年為 42%，1986 年已不到 38%〔註42〕。20 世紀 80 年代末，臺中市周圍縣份已達 50% 以上的城市化水平，臺中縣則已超過 75%，臺中大都市會區已漸漸發展壯大。

1930 年，高雄只有 6 萬多人。1950 年後人口開始迅速增加。隨著高雄港擴建、加工出口區及臨海工業區工程的建設、楠梓加工區的興建等，高雄的就業機會大為增加，吸引了大批人員進入。1951 年高雄市的人口是 285000 人，到 1981 年底為 1227000 人，短短的三十年之間人口增加率為 330%。而同期臺灣地區之人口才增加 1.3 倍〔註43〕。在此過程中，隨著高雄經濟的發展，其人口增長最快的地區逐漸從市中心轉移至邊緣地帶。1955 年高雄市人口主要集中於中心地區（鹽埕、前金、新興），內城市地區（苓雅、旗津、鼓山）次之，外圍城市地區（前鎮、三民、左營與楠梓）人口最少。距離市中心愈近，人口密度愈高，愈遠則人口密度愈低。到 1979 年，高雄市的人口分佈情形恰與 1955 年相反，城市外圍地區的人口比中心地區的人口多，增加率也快。1955 年中心地區的人口占高雄市人口的 35%，內都市區占 28%，外圍地區占 37%（小港除外），但是到 1979 年，這三個地區所佔的人口比例分別為 16%、29%、55%，三個地區在二十五年間的人口增加率分別為 43%、221%、362%，新舊市區人口消長分化的現象極為明顯〔註44〕。憑藉得天獨厚的海港優勢和強大的工業建設，高雄市在發達的陸、海、空交通

〔註41〕章英華著：《臺灣都市的內部結構：社會生態的與歷史的探討》，巨流圖書公司，1995 年，第 104～107 頁。
〔註42〕章英華著：《臺灣都市的內部結構：社會生態的與歷史的探討》，巨流圖書公司，1995 年，第 96～99 頁。
〔註43〕廖正宏著：《人口遷移》，三民書局，1995 年，第 208 頁。
〔註44〕廖正宏著：《人口遷移》，三民書局，1995 年，第 209 頁。

的支撐之下，1970 年後逐漸成為臺灣最大的工業城市。20 世紀 80 年代末，高雄市周圍縣份已達 65%以上的城市化水平，尤其是高雄縣已超過 75%，高雄大都市區漸漸成長壯大。

三、臺灣西部沿海都市帶的出現

隨著城市化程度的提高，城市數量的增多、地域範圍的擴大，城市間的地域邊界相互蔓延，以至於形成了連成一片的城市區域，這就是平常所說的大都市帶。大都市帶（Megalopolis）或大都市連綿帶是城市化過程中一種特殊的地域空間組織形式，「大都市連綿帶由大都市區組合而成，在這種組合中，各個大都市區在大都市連綿帶中承擔著不同的功能，其中每個城市各具獨立性和特色，而整個大都市連綿帶保持著整體功能的完整性，是多種城市職能作用的複合體」〔註 45〕。大都市帶的出現標誌著大都市區的發展進入了一個更高的層次〔註 46〕。

大都市帶（Megalopolis）最早是由法國地理學家戈特曼（Jean Gottmann）命名的。戈特曼通過對美國東北沿海地帶城市化區域的研究發現，這個城市化區域具有高度密集性的構成要素（高密度的人口分佈；高度稠密的城鎮間的基礎設施聯繫網絡和流通網絡；城市帶的中心城市都沿軸線分佈，並形成連綿、密集的城市走廊和城市區域）；結構組合體特徵（城市帶被描述和理解成一個巨大的社會經濟組合體）；並具有高度的連續性和很強的內部相互作用的多中心的星雲狀（Nebulous）結構，即城帶的外形是模糊的；此外，從大都市帶內部的地域空間結構看，其內部是由各具特色、不同功能且聯繫較為緊密的都市區集聚而成的。這種聚集體的空間形態呈現出馬賽克結構（Mosaic）〔註 47〕。

根據戈特曼的研究，從地域空間結構看，一個成熟的大都市帶的發展過程要經歷四個階段：城市離散階段、城市體系形成階段、城市向心體系階段（都市區階段）和大都市帶發展階段。城市離散發展階段：除個別中心城市（門戶或樞紐城市）的經濟職能外向化迅速發展外，其餘城市獨立發展，相互間聯繫十分薄弱，城市的市區由小到大逐漸向四周擴展，形成向心環帶的

〔註 45〕王旭著：《美國城市化的歷史解讀》，嶽麓書社，2003 年，第 20 頁。

〔註 46〕王旭著：《美國城市史》，中國社會科學出版社，2000 年，第 176 頁。

〔註 47〕上海證大研究所，《長江邊的中國——大上海國際都市圈建設與國圖家發展戰略》，學林出版社，2003 年，第 469 頁。

地域結構；城市體系形成階段：隨著城市逐漸膨脹，外緣的向心內聚傾向減弱，衛星城市逐級出現，區域城市化水平迅速提高；城市向心體系階段：隨著中心城市規模的不斷擴大以及交通、郵電、通訊條件的迅速改進，市區沿交通線蔓延，中心城市的向心作用繼續發揮並促使其達到相當規模；大都市帶的發展階段：都市區的郊區化及沿交通線的軸向延伸，形成多核心的大都市帶。從地理分佈上看，都市帶一般具有良好的地理位置和自然條件，優越的地理位置為大都市帶的形成提供了便捷的交通和廣袤的腹地；良好的自然條件既為陸路交通和水路航行提供便利，也為農業生產的發展奠定了良好的基礎，並為工業化和城市化的發展準備了良好的區位條件。

表 5.6-11：臺灣地區各區域間比較（2010 年）

			臺灣地區	北部地區	中部地區	南部地區	東部地區
開發完成的工業區	工業區	數量（處）	66	22	19	22	3
		%	－	33.33	28.79	33.33	4.55
	面積	數量（公頃）	11036	3383	2554	4910	189
		%	－	30.65	23.14	44.49	1.71
公路	長度	數量（公里）	20809.770	4264.104	7536.655	7122.911	1886.200
	密度	－		0.575	0.580	0.753	0.742	0.232
教育	人數	數量（千人）	19062	8496	4725	5371	470
	高中	數量	1862	911	406	504	42
		%	9.8	10.7	8.6	9.4	8.9
	大專及以上	數量（千人）	7006	3596	1496	1799	116
		%	36.8	42.3	31.7	33.5	24.5
就業	初級行業	數量（千人）	550	42	247	221	39
		占就業人口%	5.2	0.9	9.3	7.5	15.3
	次級行業	數量（千人）	3769	1606	1050	1054	59
		占就業人口%	35.9	34.5	39.7	35.9	23.3
	三級行業	數量（千人）	6174	3007	1349	1662	157
		占就業人口%	58.8	64.6	51.0	56.6	61.5
人口	人口數	數量（人）	23054815	10291178	5760817	6433342	569478
	人口密度	人口密度	640	1400	548	643	70
人口增長	總增加	人數	38765	58900	-2774	-13378	-3983
		增加率	0.17	0.57	-0.05	-0.21	-0.70
	自然增加	人數	21063	21817	4686	-4700	-1312
		增加率	0.09	0.21	0.08	-0.07	-0.23
	社會增加	人數	18274	37083	-7460	-8678	-2671
		增加率	0.08	0.36	-0.13	-0.13	0.47

注：1. 教育為 15 歲以上人口的教育程度
　　2. 社會增加＝總增加－自然增加
　　3. 資料來源：《都市及區域發展統計彙編》，「行政院」經濟建設委員會都市及住宅發展處，2011 年，整理。

　　當然，大都市帶是工業社會和後工業社會中產生的一種特殊的城市地域空間組織形式，其形成和發展的根本驅動力是第二產業、第三產業的發展，當然也離不開其形成和發展的地理、區位、交通等基礎條件，不過其發展和成熟需要一個較長的歷史過程。臺灣本島的平地主要分佈在西部。東部較大的平地有蘭陽平原和臺東縱谷。因自然地理條件的限制，臺灣的城市主要分佈在臺灣西部沿海，這裏地勢相對平坦，區位優越，交通、通訊網絡綿密，城鎮眾多，臺北、臺中、高雄都會區形成，具有形成大都市帶的優勢。

　　從表 5.6-11 臺灣地區各區域比較中可以看出，臺灣西部城鎮的數量、人口規模、人口密度、教育程度、產業發展都遠遠高於東部。64 個 5 萬人口以上的城鎮中，東部僅有 2 個。臺灣人口密集地區分別為北部的臺北——桃園——新竹城市帶、中部的臺中——彰化城市帶以及南部的臺南——高雄城市帶。在這些城市帶中，北部地區無論人口規模還是人口密度均為最高。2008 年臺北縣市人口合計為 6,456,653 人，占總人口比重 28.14%；高雄縣市與臺中縣市分別為 2,769,054 人和 2,624,072 人，占總人口比重 12.07% 和 11.44%，三大都會區占總人口比重超過 51.65%。如果加上桃園縣市（2,355,742 人）、新竹縣市（908,644 人）與臺南縣市（1,873,005 人），則該比重更是超過 74.04%〔註 48〕。從臺北到高雄有一條鐵路、兩條高速公路南北貫通，這裏是一片人口密集、工業服務業發達、交通便捷的城市帶。臺灣的人口、城鎮、經濟發達區基本集中在這條城市帶上。

　　下圖 5.6-1 是臺灣 20 世紀 90 年代初城鎮分佈圖，可以看出在臺灣西部沿海平原大大小小的城鎮密集分佈。隨著臺灣公路、鐵路等交通網絡的發展，以臺北、臺中、高雄為核心城市的都會區以及中壢、新竹、嘉義三個次都會區依託臺灣西部便捷的交通走廊，逐漸沿軸線發展成為南北走向的城市群體空間模式——臺灣西部沿海都市帶。

〔註 48〕《都市及區域發展統計彙編》，「行政院」經濟建設委員會都市及住宅發展處，2010 年，第 158 頁。

圖 5.6-1：臺灣西部沿海都市帶

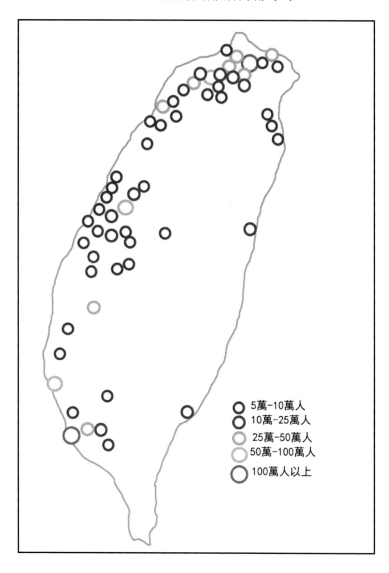

5萬-10萬人
10萬-25萬人
25萬-50萬人
50萬-100萬人
100萬人以上

第七節　光復後臺灣城鎮化道路探析

　　光復後，臺灣在快速工業化的帶動下，其城鎮數量和城鎮人口一直保持快速增長，並走出了一條高速、高質的城市化發展道路。在臺灣快速城市化發展歷程中，臺灣基本上走了一條以中小城鎮爲主的發展道路。到 1991 年臺灣 50 萬～100 萬以上人口的城市有 5 個，即臺北、高雄、臺中、臺南和板橋；2.5 萬～50 萬人口的城市 181 個。

表 5.7-1：臺灣地區城鎮人口增長

年　份	臺灣地區	「院轄市」省轄市 1	縣轄市 2	67 個鎮	227 個鄉
1961 年底人口（千人）	11,149	2,541	1,364	2,686	4,559
1981 年底人口（千人）	18,136	4,945	3,430	3,532	5,898
年平均成長率（‰）	31.3	47.3	75.7	15.8	14.7

注：1. 不包括新竹市和嘉義市。
　　2. 包括新竹市和嘉義市。
　　3. 數據來源：盛九元、胡雲華著《臺灣都市化與經濟發展》，九州出版社，2009年，第 124 頁。

　　從表 5.7-1 可以看出，臺灣地區縣轄市人口增長最快。而臺灣的縣轄市除板橋市外基本上是人口在 50 萬以下的城市。由於臺灣的中小城市發展較快較好，各級城市有序發展，人口基本分散在各級城市，有效地避免了「大城市病」等社會經濟問題。臺灣的城鎮化道路的形成，除了其人口總量相對較小，廣闊平坦的地形不多，面積相對不大之外，還有重要的一點，即其在快速的工業化過程中，基本上實現了工業化與城市化的同步協調發展，這也與臺灣當局採取了一些有利於人口分散的政策、措施密切相關。

一、臺灣工業化與城市化進程同步

　　世界各國的工業化與城市化關係大致有以下幾種模式：一是同步城市化，即城市發展及其人口遷入有著堅實的產業基礎，城市化、工業化、經濟社會發展三者基本協調；二是過度城市化，即城市產業薄弱或農村衰敗，鄉村人口過快地向城市遷移，以至於超過城市社會經濟發展的需要和城市基礎設施的承載力，大量人口缺乏就業機會，城市住房緊張，交通擁擠，犯罪增加。如《1998～1999 年世界發展報告》稱，1997 年巴西、阿根廷、墨西哥的城鎮人口比重分別為 80%、89% 和 74%，其平均水平超過美國的城市化水平 77% 和日本的城市化 78%，同一年這三個國家的人均 GDP 最高的阿根廷為 8570 美元，最低的墨西哥僅有 3680 美元，後者僅及日本人均 GDP 的 9.7%〔註 49〕。三是滯後城市化，由於人口遷移的限制或產業佈局的分散，導致城市化進程滯後於工業化進程和經濟發展水平。這三種模式，唯有同步城市

〔註 49〕黃晉太著：《二元工業化與城市化》，中國經濟出版社，2006 年，第 201 頁。

化實現了城市化、工業化和經濟社會的協調發展，伴生的社會經濟問題較少。臺灣在其工業化過程中，就基本實現了工業化與城市化同步協調發展。

　　農業是工業化和城市化的基礎。20世紀50年代臺灣經濟尚是傳統的「米糖經濟」，1952年農業產值占臺灣生產總值的36%，農業就業人口占總就業人口的56%，農產品輸出占出口總值的95%〔註50〕。50年代初，臺灣的第一次土改，採取「公地放領」，「三七五減租」，「耕者有其田」等主要措施。通過土改，提高了獲得自有耕地的農民生產積極性，而且有部分農業剩餘資本轉向工商企業，為社會經濟的進一步發展奠定了基礎。此後，臺灣還實施「以農業培養工業，以工業支持農業」的發展戰略，修復農田水利，引進和推廣良種，改進耕作技術等，優先發展農業。1952年～1960年臺灣農作物播種面積增加8萬公頃，農作物複種指數增加10.5%，農業固定資本形成增加2.9倍，農業總產值增長2.5倍，年平均增長率5.3%，糧食開始自給有餘。這一時期被稱為「農業的黃金時代」〔註51〕。農業的發展，為城鎮人口提供了充足的食物，為非農產業提出了豐富的原料，成為臺灣城鎮發展的有力支撐。

　　1953年後，臺灣當局實施第一期四年經濟建設計劃，採取「替代進口工業」的發展戰略，優先發展減少進口或增加出口的民生工業，鼓勵民營企業辦廠，發展民族工業等，重點生產滿足島內市場需要的日用工業品，發展了一些投資少，技術相對簡易的勞動密集型的農產品加工業。

表 5.7-2：臺灣工業主要產品結構（1954 年）

工業類型	企業數（個）	比重（%）	資本額（百萬元新臺幣）	比重（%）
農產品加工業	24126	60.7	2660	66.3
石油、化學製品	1769	4.5	515	12.8
小五金工業	5010	12.6	693	17.2
機械製造維修	5216	13.1	72	1.8
其它	3627	9.1	78	1.9
合計	39748	100	4018	100

資料來源：劉進慶等著，《臺灣之經濟》，轉引自單玉麗、劉克輝著：《臺灣工業化過程中的現代農業發展》，知識產權出版社，2009 年，第 33 頁。

〔註50〕劉克輝等編著：《臺灣農業發展概論》，廈門大學出版社，1997 年，第 1 頁。
〔註51〕單玉麗、劉克輝著：《臺灣工業化過程中的現代化農業發展》，知識產權出版社，2009 年，第 72 頁。

表 5.7-2 中可以看出，1954 年臺灣近 4 萬家工業企業和 40 多億工業資本中，農產品加工業的企業數和資本額分別占 60.7%和 66.3%，石油及化學製品分別占 4.5%和 12.8%，可見，當時農產品加工業比重之高，農產品及其加工品在總出口中甚至一度成爲創匯主力。

20 世紀 60 年代，因臺灣島內市場狹小，進口替代工業產品的市場很快趨於飽和。一些工業品如紡織服裝生產已達到極限，在 1959 年的 2593 家大型企業生產的 126 種商品中，有 54 種商品生產開工不足 50%。而當時美國、日本等國的產業結構正在逐步由勞動密集型向資本技術密集型過渡，臺灣地區廉價的勞動力資源，吸引了大量外來投資。臺灣當局抓住機遇建立起以出口爲導向的勞動密集型工業，大力發展紡織品、電子、傢具、塑膠等產業，出口加工企業遍佈城鄉，一些先期流入城市的打工者回家創業，臺灣農村地區「客廳即工廠」的農戶生產方式成型，勞動密集型的中小製造企業蓬勃興起。60 年代中期臺灣工業產值開始超過農業產值，漸漸步入工業化發展的快車道。從表 5.1-1 可知，1949 年臺灣人口規模在 2.5 萬～10 萬人口之間的城鎮有 87 個，其人口數占當時總人口的 38.45%；到 1961 年人口規模在 2.5 萬～10 萬人口之間的城鎮有 149 個，其人口數占當時總人口的 51.89%；到 1971 年人口規模在 2.5 萬～10 萬人口之間的城鎮有 177 個，其人口數占當時總人口的 50.91%。表 5.1-2 各級規模城鎮人口增長率之中，也可以看出從 1961 年到 1966 年間，人口 5 萬～10 萬的城鎮人口年平均增長率最高，高達 9.40%，而 2.5 萬到 5 萬人口的城鎮人口年平均增長率次之，達到 2.13%，而 10 萬～25 萬的城鎮人口年均增長率僅爲 0.24%，其他級別的城鎮人口年均增長率爲負，這在一定程度上也可見當時小城鎮增加之快。不過 20 世紀 60 年代中期以後，這類城鎮增長的速度放緩。

隨著臺灣經濟的快速發展，20 世紀 70 年代初期原有的交通運輸及電力等基本設施漸漸成爲經濟發展的瓶頸，特別是 70 年代的第一次石油危機對缺乏能源的臺灣經濟影響較大。臺灣當局再次調整經濟發展戰略，積極鼓勵和引導發展高科技產業，實現從勞動密集型爲主的輕工業到以資本密集型爲主的重化工業的轉變，製造業在大城市集聚發展，臺灣的中等城市隨之快速發展。從表 5.1-2 臺灣各級規模人口增長率可以清楚地看出，1966 年～1971 年臺灣 10 萬～25 萬人口城市的人口增長率最高，達到 10.48%；1971 年～1966 年儘管其人口增長率有所下降，還是高達 4.38%；而到 1976 年～1981 年，25 萬～50 萬人口城市人口增長率爲 6.84%，在這個時間段人口增長最快。表 5.7-1 中

從 1961 年到 1981 年臺灣各地區成長最迅速的是縣轄市，其人口數由 1364 千人增加到 3430 千人，增長了 151.5%。這些城市大部分位於大都會區的外圍，是中心大城市的衛星城鎮，如臺北縣的板橋、三重、中和、永和、新店、新莊、臺中縣的豐原以及高雄縣的鳳山等市。

20 世紀 80 年代後，臺灣注重工業和服務業平衡發展，注重服務業向高科技方向發展，服務業吸引了大量從其它行業釋放出來的勞動力，成為城市化的主要動力。80 年代後，臺灣逐漸進入經濟與城市化成熟期，產業發展分化，商業集聚於大城市，而原有的工業逐步向周邊衛星市鎮轉移，這導致了大城市周圍的中小城市人口新一輪的快速發展。表 5.1-2 中，1981 年～1986 年間 25 萬～50 萬人口城市人口增長率為 7.38%，在這個階段人口增長最快。到 80 年代中期以後臺灣基本完成了工業化進程，逐步邁向後工業社會〔註 52〕。與此同時，臺灣人口的就業結構到 1990 年第一產業僅占就業人口的 12.8%，第二產業占 40.9%，第三產業占 46.3%〔註 53〕。整體來說，臺灣的城鎮化從 60 年代開始進入快速發展期，90 年代已經進入穩定期，住在城鎮地區人口已經超過 3/4。到 90 年代，臺灣都市化程度已經達到最高峰點〔註 54〕。臺灣可以說是高度城鎮化的地區，不過都市體系並沒有呈現臺北市獨大的現象，城市居民並沒有明顯集中在最大的城市，而是比較均衡地分佈在不同等級的城市。

表 5.7-3：臺灣城市化與工業化關係測度表

年份	城市化率%（U）	工業化率%（I）	IU（I/U）
1965	49.81	22.3	0.45
1970	52.58	27.9	0.53
1975	65.4	34.9	0.53
1980	70.3	42.5	0.6
1985	78.3	41.0	0.52
1990	78.9	40.8	0.52

注：1. 城市化率：1965 年和 1970 年引自唐富藏著：《臺灣地區都市問題與政策之

〔註 52〕李非著：《臺灣經濟發展通論》，九州出版社，2004 年，第 2 頁。

〔註 53〕「行政院」經濟建設委員會住宅及都市發展處，《都市及區域發展統計彙編》，1991 年，第 175 頁。

〔註 54〕陳東升、周素卿著：《臺灣全志》卷九，《社會志‧都市發展篇》，「國史館」臺灣文獻館，2006 年，第 37 頁。

　　研究》，「行政院研究發展考覈委員會」編印，1982 年，第 37 頁；1980、1985、1990 年數據引自「行政院經濟建設委員會住宅及都市發展處」，《都市及區域發展統計彙編》，1981 年、1988 年和 1995 年，第 154 頁、144 頁、194 頁。

2. 工業化率引自單玉麗、劉克輝著：《臺灣工業化過程中的現代化農業發展》，知識產權出版社，2009 年，第 42 頁。

3. 城市化率＝城市人口／總人口。臺灣的城市人口等於總人口減去農戶人口。而農戶人口指的是各農戶所包括的全體家眷人數，一農戶中有任公職或其它行業者都計入農戶人口內。工業化率＝工業就業人口/總就業人口。

　　世界銀行在《1981 年世界發展報告》中提出了反映亞洲國家和地區工業化與城市化關係的計量模型：$U=0.052+1.882I$。式中 U 表示城市化率，I 表示工業化率（工業就業人數占總就業人數的比重）。在其它條件不變的情況下，I 變化 1%，U 隨之變化 1.882%，定義 $IU=I/U$。參考世界經濟和城市化的發展過程及經驗，當城市化與工業化的發展比較適度、二者關係呈耦合聯動協調發展狀態時，IU 大致為 0.5 左右。若 IU 顯著小於 0.5，說明城市不僅集中了從事非農產業的人口，而且也集中了相當數量的農業人口，這反映了城市化發展超前工業發展。若 IU 顯著大於 0.5，則反映了大量從事非農產業的勞動力仍然分散在農村地區，說明城市化滯後工業發展[註55]。

　　因資料收集困難，權且把不同來源的數據放到一起，從中大致分析臺灣工業化與城市化的聯動協調。從表 5.7-3 可以看出，臺灣除了在 1965 年和 1980 年之外，其 IU 基本在 0.5 左右，說明臺灣的城市化與工業化的發展基本一致，基本上沒有出現城市化超前或滯後的狀況，勞動力在產業之間轉移的同時，也逐漸實現了地域上的轉移，工業化與城市化基本上是同步的。據臺灣學者廖正宏研究，從 1965 年到 1983 年之間，臺灣全省勞動力增加 89.7%，總量為 350 萬人，但是失業率仍維持相當平穩，約 3.0% 左右[註56]。大量的鄉村人口被快速而穩定地轉變成城市人口，成為促進經濟發展的人力資源。

　　工業化是城市化的根本動力，臺灣經濟的轉型升級為新增勞動人口和農業轉移人口提供了較多的就業崗位，迅速增多的人口不僅沒有造成嚴重的社會問題，反而成為城市化順利推進的寶貴資源。

〔註55〕李林傑，王金玲：《對工業化和城市化關係量化測度的思考》，《人口學刊》，2007 年第 4 期，第 33 頁。

〔註56〕廖正宏著：《人口遷移》，三民書局，1995 年，第 204 頁。

二、促進城市均衡發展的政策措施

臺灣當局曾實施了一系列既有利於推動地方建設，又能促進人口均衡分佈、加快中小城市經濟發展的政策措施，對構築其均衡的城市體系也起了重要作用。這些政策涵蓋了交通設施建設、工業區建設以及城鄉區域發展等領域。

（一）交通設施及公用事業建設

臺灣的城鎮發展與交通網絡的發展一直有高度關聯性。早期臺灣的交通多以水運爲主，日據時期的交通則變爲鐵路爲主，光復後臺灣的交通運輸進入公路和鐵路並行階段。1953 年西部省道臺一線全線通行汽車，其後臺灣當局不斷修訂公路規劃，提高公路標準，推動公路網建設，先後興建了南北縱貫高速公路、東西橫貫公路、延長南北高速公路、擴張連結屏東和鵝鑾鼻間的道路等重要公路。1978 年西部高速公路通車，北部第二條高速公路和中正高速公路也於 90 年代相繼竣工投入使用。1991 年形成了環島鐵路網，同時積極整建基隆、高雄兩港，擴建花蓮港及蘇澳港，興建臺中港，並修建了中正國際機場、高雄國際機場、臺北機場、花蓮機場及臺南、臺中、臺東、嘉義、蘭嶼、綠島、小琉球等機場。

從交通網絡體系看，臺灣已經形成了臺北、高雄兩個全島性主要交通樞紐，以及臺中、花蓮、嘉義、臺南等區域性交通樞紐。四通八達的陸海空立體交通網絡，把臺灣島各區域緊密聯繫起來，形成了聯繫城鄉的高效交通運輸網絡，尤其是「從門到門」的便捷汽車交通，不僅極大地提高了出行的效率，而且便利了中心城市的人口、資本和技術向城市郊區的流動，也在一定程度上促進了人口的空間分散化。

（二）城鄉協調發展

在城市化快速發展的同時，臺灣十分注意農村的發展與建設，大力改進農村居住環境，減少農戶和非農戶的收入差異，尤其從 20 世紀 70 年代起在農村實行了一系列再開發項目，包括強化農村發展基礎，調整農業生產結構、提高農民收入，建設農村地區基礎設施，發展農村的公用事業等，對縮小城鄉差距起到了一定作用。

在工業化初期，臺灣實施「以農業培植工業」的方針，農業承擔著保障糧食供給、爲工業發展提供資本和原料等的重任，當局爲農業制定的政策大多集中在生產和供給層面之上。20 世紀 60 年代末，隨著工業經濟的快速增長，

傳統農業低下的生產率、生產效益與快速發展的工業間的差距越來越大，農村勞動力大量流入城市，工農業矛盾凸顯。臺灣當局反思農業發展面臨的問題，研究扶持農業發展、均衡工農業關係的農業政策。1969 年頒佈了「農村政策檢討綱要」，1970 年頒佈了「現階段農村經濟建設綱領」，這被認爲是臺灣現代農業政策的里程碑和轉折點。此後，在經濟發展的各個階段，當局都把農業政策列入「公共政策」範疇，堅定地實施「以工業支持農業」的方針，並不斷根據經濟發展階段調整農業政策，如將 20 世紀 50 年代初實行的「增加生產、滿足供應」調整爲「提高農業經營效益，增加農民福利」；從「以農補工」調整爲「以工補農」；從扶持自耕農政策轉向鼓勵擴大農業經營規模政策等〔註 57〕，目標都是爲了推動農業發展，提高農業經營效益，增加農民收入。

　　20 世紀 70 年代開始，臺灣積極推出農業綜合調整方案，以縣、鄉爲單位，按不同區域條件，積極鼓勵農民調整農業生產結構，並逐漸形成了「一鄉一品」、「一縣一品」相對集中、優勢明顯的區域化生產格局。如南部屏東縣以熱帶果樹爲主，盛產木瓜、蓮霧和淡水水產；中部雲林、彰化等縣市擴大蔬菜種植面積，形成臺灣最大的有機蔬菜生產、交易集散地；阿里山的茶葉、山茶、集集鎮的香蕉集中產區、信義鄉的青梅生產等等，每個縣、鄉基本上都有自己獨特優勢的農產品。除此之外，70 年代臺灣還出現觀光果園。農戶開放成熟期的果園，遊客在觀賞美景的同時，還能享受採摘、品嘗、購買之樂。後來，茶園、茶園、花園、牧場、漁場等相繼對遊客開放。80 年代後，多種遊樂內容的集採摘、垂釣、露營、燒烤等休閒活動的休閒農業進一步發展。1983 年臺灣農政部門制定了「發展農業示範計劃」，觀光農業逐漸走向正規化和程序化。1990 年，臺灣「農委會」設立了「發展休閒農業計劃」，並從技術、補助、輔導、宣傳等方面加大對休閒農業的支持。1994 年又出臺「發展都市農業先驅計劃」，積極輔導各地辦理示範性的生活體驗性市民農園，由農戶提供土地給市民耕種，把農業生產、休閒、教育與娛樂等功能有機地結合起來。儘管臺灣農村還存在諸多問題，但是這些措施再加上其組織和功能齊全的農會組織、科技水平較高的農業，發達的農產品加工業，健全的運銷體系等，對增加農民收入和就業機會，均衡城鄉差距等都起到了積極的作用。

〔註57〕劉克輝等：《臺灣農業發展概論》，廈門大學出版社，1997 年，第 69～70 頁。

表 5.7-4：臺灣農民與非農民收入比較

年　份	農民收入（元）	非農民收入（元）	農民收入占非農民收入的百分比（%）
1970	5350	8894	60.2
1975	14274	21285	67.7
1980	36752	55360	66.4
1985	54558	79031	69.0
1990	91031	131469	69.2
1995	162622	213438	76.2

資料來源：臺灣《農業統計要覽》，轉引自單玉麗、劉克輝著：《臺灣工業化過程中的現代化農業發展》，知識產權出版社，2009 年，第 199 頁。

從表 5.7-4 可以看出，1970 年至 1995 年，農民與非農民人均可支配收入的比例（即農民收入占非農家收入的百分數）從 60.2% 上陞到 76.2%，其收入差距大幅縮小。

爲改善生活條件，促進工業發展，20 世紀 50 年代以來，當局一直將水、電、通訊等公用事業作爲優先發展項目。1970 年以前，臺灣的圖書館、博物館、劇院、大學、醫院大多集中在臺北和高雄，70 年代以後臺灣當局實施規劃，促使文化娛樂和教育設施更均衡地分佈於各級城市。如要求臺灣每個市縣都要建立一個文化中心（包括一座圖書館、博物館和音樂廳的文化中心），新學院和大學只能建在中部和南部地區，同時積極建設全臺醫療保健網，每個生活區都配備合適的衛生醫療機構，建立完善獨立齊備的醫療保健系統，醫療衛生設施的分佈更爲均衡。這些社會事業改進計劃項目的實施，改善了農村的生產生活條件，一定程度上也起到了激發農村活力、分散人口的作用。

農戶收入的提高、農村生活環境的改善以及公用社會事業的改進等措施，一定程度上弱化了農村對於人口遷移的推力，對疏導人口過度集中起到了一定的作用，也使人口分佈和經濟活動更爲均衡，有助於不同規模的城市均衡發展。

（三）工業區建設

臺灣工業發展過程中實施了產業集群發展戰略，工廠企業大多採取工業區的佈局方式，從而能夠聚集在一起創業。根據學者陳東升、周素卿著《臺灣全志》，臺灣的工業區建設分爲五個階段。第一階段（1960 年～1971 年），

配合初期出口導向的經濟發展目標，工業用地主要位於臺灣北部和南部，最主要的形式就是加工出口區。1966 年正式設立了高雄加工出口區，1970 年設立了楠梓加工出口區，1971 年在臺中市設立了潭子加工出口區。臺北市雖然沒有設立加工出口區，但在 60 年代就已經設立了工業區。這些工業區的設立，加速了三大城市的發展。第二階段（1972 年～1973 年），為了促進農村發展、提高農民收入，新開發工業區多集中在中南部的農村或地方市鎮附近。其主要目的是促進農村地區工業發展，延緩農村人口向城市流動趨勢，不過成效並不顯著。第三階段（1974 年～1981 年），為促進當地經濟發展，工業區大致平均分佈於各個縣市。第四階段（1982 年～1991 年）主要分佈在臺灣西部的臺北都會區、臺中都會區與高雄都會區。目標是工業升級引進高級工業技術和人才，從事產品的研究和發展，建立技術密集工業，主要以科學園區和高科技產業園區為主，分佈地點是在科技產業人力資源比較豐富的新竹地區，或是產業基礎雄厚的臺北縣、臺中與高雄地區。新竹科技工業園是臺灣設立的第一個科學園區，發展以半導體為主的高科技產業，不但帶動了臺灣產業結構的轉型，也促進新竹地區的發展。第五個階段（1992 年以後），隨著臺灣產業向資本與技術密集的方向轉型，臺灣積極規劃實施臺中、臺南、南科、竹南等科學園建設。

下圖 5.7-1 可以看出，到 20 世紀 90 年代臺灣工業區密集分佈在臺灣島西部平原。從 70 年代開始，工業區的選址更突出其對人口分佈和經濟活動的導向作用，臺灣各個縣市都設有開發工業區，提供廠商生產製造的場所，特別是在臺灣高速公路附近更是密集分佈。儘管這些工業區不一定每一個都能成功運營，但是各個縣市園區的設立，畢竟提供了發展工業生產、創造就業的機會，人口不會大規模地向主要大都市聚集。因而，臺灣工業園區的設立，一方面推動了臺灣經濟的發展以及產業結構的轉型，另一方面對平衡區域發展，縮小城鄉差距也起到了一定的作用，「工業區的普遍設立，促使臺灣都市體系比較均衡的發展」〔註58〕。

〔註58〕陳東升、周素卿著：《臺灣全志》，卷九，《社會志‧都市發展篇》，「國史館」
　　　　臺灣文獻館，2006 年，第 58 頁。

圖 5.7-1：臺灣工業區開發時間及區位分佈

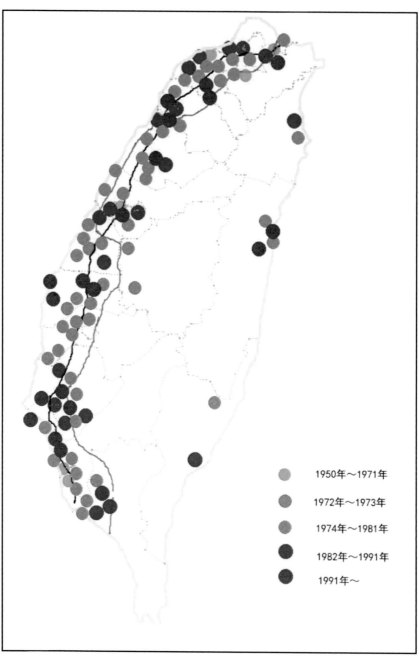

	1950年～1971年
	1972年～1973年
	1974年～1981年
	1982年～1991年
	1991年～

資料來源：陳東升、周素卿著《臺灣全志》，卷九，《社會志‧都市發展篇》，
「國史館」臺灣文獻館，2006年，第57頁。

三、臺灣城市規劃體系建立和完善

　　城市的建設和發展是一項龐大的系統工程，城市規劃對城市建設有著重要的導向作用，是引導和控制一個區域內城鄉建設和發展的基本依據和手段。中國城市規劃的先聲可以追溯到先秦的《考工記》，但近代城市規劃學科的發展還是源自近代的歐洲。尤其是英國，隨著工業革命帶來的工業化大生產、大量人口向城市集聚，城市化加速導致了一系列城市問題，如城市規模急劇膨脹、城市交通擁堵、住房緊張、生態惡化等問題出現，人們逐漸認識到城市規劃的重要。1909 年英國頒佈第一部《城市規劃法》，20 世紀 20～30 年代區域規劃得到重視，40 年代編制了著名的大倫敦規劃，1946 年頒佈《新城規劃法》，1947 年修訂《城市規劃法》爲《城鄉規劃法》，將城鄉規劃定爲包括國土規劃、區域規劃、城市規劃和鄉村規劃等諸多領域〔註 59〕。

　　臺灣城市規劃，在清代就已經開始。如臺北城的街道計劃，早在建城之時，當時的知府陳星聚就曾勸導富戶在城內建屋，並規定房屋每幢寬 1 丈 8 尺，進深 24 丈。劉銘傳任臺灣巡撫時，發動富商林維源、李春生等在臺北投資建築建昌、千秋兩條商業街，並招徠江浙商人成立興市公司，從事街道規劃、碼頭擴建、興建民房、開辦商店等。日據時期，殖民政府在臺灣實施「市區改正」計劃，並總結其「市區改正」的經驗，進而升至法制，由總督府發佈實施。1937 年 4 月實施生效的《臺灣都市計劃法令》及其相關法規，確立了臺灣近代都市計劃法制體系〔註 60〕。光復後臺灣在經濟起飛、城市化進程加速之時，城市規劃體系也得到了發展。

　　1945 年臺灣光復，引入了國民政府 1939 年在全國頒行的《都市計劃法》，並繼續參用 1936 年日本人所頒行的《臺灣都市計劃令》及其施行細則。爲了適應臺灣光復後農地改革及迅速發展的工業化與都市化的需要，1964 年首次修訂公佈《都市計劃法》，明確都市計劃（即大陸的「城市規劃」）的種類包括：市鎮計劃、鄉街計劃、特定區計劃及區域計劃，區域計劃爲都市計劃的內容之一。但是，隨著工業區的設立，一些工業區的設置常常會涉及超越一些城市行政界線的規劃，因而 1973 年臺灣第二次修正公佈《都市計劃法》時，就刪除都市計劃包括區域計劃有關條文，1974 年另行公佈實施《區域計劃

〔註 59〕顧朝林主編：《概念規劃——理論·方法·實例》，中國建築出版社，2005 年，第二版前言。

〔註 60〕黃武達等：《日治時代臺灣近代都市計劃法制之創設》，《都市與計劃》，二十四卷第二期，第 102 頁。

法》，區域計劃正式成爲都市計劃的上位指導計劃。這個時期各城市形成區域分工體系，但是尙缺乏以全臺灣地區爲層級的最高計劃指導，一直無法落實臺灣地區整體空間秩序的理想，這也促成日後《臺灣地區綜合開發計劃》的確立〔註61〕。

20世紀70年代以後，臺灣地區經濟快速發展，但是由於當時對人口與產業活動分佈缺乏有計劃的安排，各項物質設施缺乏區位與時序的計劃，以致人口與產業活動集中於南北兩端，區域間發展差距加大；都市用地、工業用地與農業用地間的競爭造成土地使用不當；公共建設未能及時配合經濟發展的需要，降低經濟發展的成就；公害的產生導致生活環境惡化等弊端〔註62〕。因此，臺灣當局 1979 年批准實施《臺灣地區綜合開發計劃》，目標是合理分佈人口和經濟佈局、改善生活和工作環境、合理使用和保護自然資源。

70年代，針對當時臺灣地區人口與產業向南北兩端集中、公共建設不適應經濟發展需要、天然資源未能得到適當的保護與開發等情形，將臺灣地區劃爲七個區域，即北區區域、宜蘭區域、新苗區域、中區區域、雲嘉區域、南區區域、東部區域並公佈其區域規劃。到80年代時，將臺灣的區域劃分調整爲北、中、南、東四大區域並公佈其區域計劃。並對各個區域的主要產業活動進行規劃，引導其產業的發展。如：

1. 北部區域（包括臺北市、基隆縣、新竹市、臺北縣、桃園縣、新竹縣、宜蘭縣）：主要發展都市型工業、國際貿易、農業、運輸、地方資源型工業。

2. 中部區域（包括苗栗縣、臺中市、臺中縣、彰化縣、南投縣、雲林縣、金門縣）：主要發展都市型工業、農業、運輸、地方資源型工業。

3. 南部地區（包括高雄市、臺南市、嘉義市、嘉義縣、臺南縣、高雄縣、屏東縣、澎湖縣）：主要發展重化工業、都市型工業、農業、運輸、地方資源型工業。

4. 東部區域（包括花蓮縣、臺東縣）：主要發展農業、地方資源型工業。

20世紀80年代以後，各縣市紛紛制定綜合發展計劃，臺灣地區每一縣市均納入某一區域計劃的範圍內，《縣市綜合發展計劃》加入空間計劃體系中。

〔註61〕莊翰華等：《臺灣地區空間規劃體系的形成與演變》，《城市與區域規劃研究》，2009 年 3 期，第 171 頁。
〔註62〕莊翰華等：《臺灣地區空間規劃體系的形成與演變》，《城市與區域規劃研究》，2009 年 3 期，第 171 頁。

臺灣地域性的計劃體系發展成為《臺灣地區綜合開發計劃》、《區域計劃》、《縣市綜合發展計劃》、《都市計劃》四個層次。

表 5.7-5：《臺灣地區綜合開發計劃》目標與開發策略

計劃目標	人口與經濟活動之合理分佈	1・區域間經濟發展之促進 2・區域內都市體系之建立 3・運輸與通訊系統之有效配合
	生活與工作環境之改善	1・都市與鄉村之均衡發展 2・住宅與公共設施之適當供應 3・公害之防治 4・遊憩設施與都市景觀之改進
	資源之保育與開發	1・水資源之保育、開發與合理分配 2・土地資源之保育與適當開發 3・自然及史迹之保全
策略	（1）根據各區域之發展背景與特性，尋求資源之最佳利用，並採取各種政策性措施，消除發展阻力，俾各區域有均等發展之機會，使原向南、北部集中之人口往中部移動，西部人口往東部移動。 （2）透過快速運輸及通信系統之建設，加強區域間之社會、經濟影響，以提高區域開發之波及效果。 （3）發展快速地區，應依其既有發展條件，繼續謀求發展，惟對其產業活動，應防止過度集中，尤以北部與南部所形成之大都會區，須加過度控制，鼓勵新設之大專院校、政府機構、大型醫療設施及工、商金融機構等分散至其它地區，以免造成聚集不經濟、社會成本增加，及產生污染、擁擠等弊害。 （4）發展緩慢地區，應採取據點發展策略，建立成長中心，以促進其成長。必要時，並應採取各種獎勵措施以及公共投資政策，提高其發展條件，促進其發展速度，對東部地區之開發，尤應予以加強。 （5）特殊問題地區、包括濱海貧困地區、山地未開發地區及離島等，宜採取社會福利措施，提高居民所得水準，並提供生活所需基本公共設施，以改善其生活環境。 （6）直接與生產部門有關，應加強投資效益較大產業之開發。 （7）間接與生產部門有關，包括運輸系統、能源及水源開發等；增進公共福祉之開發部門，包括都市、農村及住宅建設等，應採取大規模開發及重點開發政策，以提高開發效果。 （8）為提高糧食自給率，保持農作物生產所需之耕地面積。 （9）工業區位之選擇，應以海埔地、鹽地及生產較低之農地為優先。 （10）天然資源如水、土地、森林、風景區等之開發，應遵循保育與開發並生之原則，以保持自然生態之平衡。 （11）各區域各部門之開發，應考慮經濟、社會及文化建設之兼籌並顧。

資料來源：「經建會」，《都市規劃綱要》，轉引自盛九元、胡雲華著《臺灣都市化與經濟發展》，九州出版社，2009 年，第 134 頁。

　　爲了提高居住環境和生活品質以及都市建設的國際形象，1996 年重新修訂「國土綜合開發計劃」，制定《國土綜合發展計劃法（草案）》，各「院轄市」、縣（市）主管機關也在綜合發展計劃公告實施後制定《城鄉計劃》等。到 1995 年臺灣都市計劃區占總面積的 12.2%，都市計劃區人口占總人口 76.6%，實施都市計劃區數 440 處〔註 63〕。

　　臺灣光復後的 50、60 年代，臺灣的都市發展在很大程度上服從於所謂「反攻大陸」的軍事需要，各地均強調設置完整的「防空避難」場所，且在具體實施過程中避免建設高大的建築群，民眾難以參與到建設規劃當中〔註 64〕。20 世紀 60 年代以後，民眾對於都市發展的參與方式有所改善。一般而言，都市計劃草案完成後，往往通過公開展覽並舉辦說明會，由民眾提出意見作爲審議都市計劃的參考。特別是隨著民主意識的覺醒、環保意識的增強，公眾更多地參與到規劃決策中，臺灣的都市規劃更多地形成當局與民間直接的互動達到規劃共識。公眾的參與促進了城市規劃的社會化，城市規劃從專業技術領域逐漸轉向社會政治領域，都市規劃一方面能根據經濟發展的實際需要進行調整，另一方面又能考慮到民眾對居住以及社會文化生活的需要，從而能最大程度地實現社會與經濟目標，提升人們生產、生活的品質。

　　總之，臺灣在光復後，基本走出了一條中小城市密集發展之路，雖然城鄉之間也有比較明顯的差距，也曾出現了人口向城市集聚、城市規模膨脹的現象，但總起來看，臺灣的城鎮化道路基本上避免了過度城市化、失業率高、城市「貧民窟」等社會問題。

〔註 63〕　「行政院」經濟建設委員會都市及住宅發展處，《都市及區域發展統計彙編》，1996 年，第 12 頁～13 頁。

〔註 64〕　盛九元、胡雲華著：《臺灣都市化與經濟發展》，九州出版社，2009 年，第 137 ～138 頁。

結　語

　　城鎮體系是區域城鎮群體發展到一定階段的產物，也是區域社會經濟發展到一定階段的產物。不同地域的自然環境和社會經濟狀況不同，其城鎮體系的形成、發展狀況及其佈局特色也不盡相同。同時城鎮體系又具有共同的特徵，即動態性、整體性和等級層次性。一旦組成城鎮體系的某個要素如一條新交通幹線建成、某一項區域資源開發、某一個中心城鎮迅速發展或日趨衰退，都可能通過交互作用和反饋，影響城鎮體系的整體格局。尤其是在近代以來工業化的社會背景下，更容易隨著區域經濟的發展和城鎮化進程的變遷而發生劇烈變化。本書通過長時段的歷史分析，可以大致清晰地勾畫臺灣城鎮體系發展變遷的歷史軌迹及其穩定的自然社會文化特徵。

一、臺灣城鎮發展的歷史演進

　　自北宋末年，最遲於南宋時大陸漢族人民遷移臺澎，從事打魚、撈貝和耕種。明朝末年，顏思齊和鄭芝龍爲首的海商集團在「笨港」登陸，在臺灣島墾荒拓土，開展亦農亦商的活動。崇禎年間，福建大旱，出現大批流民，鄭芝龍得到福建巡撫熊文燦准許，曾組織大批移民到臺灣拓墾。1624 年荷蘭殖民者從臺灣西南岸登陸。荷蘭人先是佔領澎湖，在島上建立武裝城堡，後轉而盤踞臺灣島上，先後在安平修築熱蘭遮城、在臺南修築普羅民遮城，作爲荷蘭殖民者在臺灣的政治及貿易中心。1629 年，西班牙人建城堡聖·多明各，吸引商人前來貿易。1662 年，鄭成功率軍驅逐荷蘭殖民者收復臺灣，將荷蘭人建的熱蘭遮城和普羅民遮城作爲鄭氏政權的總部，並興建街市，吸引商人前來貿易。不過，清代以前的臺灣市街，規模不大，數量不多，基本上

處於萌芽狀態。

　　清代統一臺灣之初，曾採取措施限制大陸移民來臺，但是移民還是源源不斷地渡海來臺，臺灣的土地開拓不斷由南向北，由沿海向內陸推進，臺灣與大陸間的貿易不斷發展，經濟日益繁榮，行政建制逐漸健全。隨之，臺灣的城鎮以臺南爲中心不斷向全島擴展，城鎮數量規模日漸擴充，等級職能漸趨分化，相互間的聯絡開始增強，城鎮體系趨於完善。清代臺灣主要形成了三類城鎮聚落：一是港口城鎮。大陸沿海移民從福建漳州、泉州、廣東汕頭等地，先到臺灣南部，再擴展至北部港口登陸，西部的沿海、河口成爲最早的「港口城鎮」。如安平、東港、鹽水、朴子、北港、基隆、鹿港、艋舺和大稻埕等。二是行政城鎮，隨著清政府在臺灣行政建制的健全，一些行政中心城市逐漸成長起來，如臺南、臺北、竹塹、宜蘭、臺中、彰化、嘉義、左營、鳳山等。三是山地貿易城鎮。早期移民與山地居民交易頻繁，在區位條件較優越的交通樞紐位置自然形成了「山地貿易市集」。如桃園、中壢、新埔等。總體而言，儘管清代臺灣的城鎮數量不斷增多，但是規模不大，而且受海峽兩岸人員商貿交流的影響，臺灣西海岸的港口城鎮發達，基本上形成港口與行政中心城鎮鼎立的發展模式。開港後，臺灣的經濟被捲入國際貿易體系，四大港口成爲國際貿易的商港，商品貨物的貿易逐漸向四港口集中，形成了以打狗（包括安平）和淡水（包括基隆）爲中心的南北兩個貨物集散地，並與臺南、臺北府城結合發展而成爲兩大區域性中心城鎮，以此爲核心形成南、北兩個城鎮網絡。

　　1895 年日本殖民者強佔臺灣後，爲了掠奪臺灣資源，維護其殖民統治等，在臺灣實施「基礎工程」建設，修建鐵路、公路，開挖疏濬港口，規劃都市建設等，促成沿鐵路幹線交通樞紐城鎮的快速成長。臺灣早期的港口城鎮多被新興的鐵路沿線城鎮所取代，擴建後的基隆、高雄港口也取代了淡水和安平的地位。日據時期，臺灣的城鎮規模有所擴大，11 個州轄市基本奠定了此後臺灣大都市的發展格局，其中以臺北市的發展尤爲迅速，臺北城內、艋舺、大稻埕三大部分已經連成一體，到 1944 年臺北市已發展爲人口超過40 萬的城市，人口規模爲當時臺灣最大。因殖民者實施「農業臺灣、工業日本」政策，儘管當時出現了一些工礦、食品加工等工業，但是臺灣城鎮並不具備現代城鎮發展所需的現代工業基礎，因而，這一時期臺灣城鎮功能基本上仍是以政治中心和商品交換運輸爲主。

　　光復後，臺灣在創造令人矚目的「經濟奇迹」之時，城鎮化水平也在快速提升，不同等級的城鎮都有顯著的規模擴張，城鎮數量不斷增多。與此同時，臺灣的城鎮化進程保持了一個鮮明的特色，就是城鎮首位度一直不高，基本是大中小城市的協調發展。不過，因為地理自然環境、歷史社會等原因，臺灣的城鎮在空間分佈上一直呈現西密東疏的態勢。特別是臺灣西部的幾個都會區逐漸發展、擴大，漸漸形成西部沿海城鎮帶。

二、臺灣城鎮體系職能組合結構的變遷

　　一個地域城鎮體系職能組合結構的形成，是以一系列不同職能城鎮的結合為基礎的。各地城鎮由於發展條件的差異和開發歷史的不同，相應地形成了以地域組織為特色的不同地域城鎮體系職能組合類型〔註1〕。傳統的農業社會城鎮主要表現為政治軍事中心、物品的交易中心以及商港交通中心等。隨著機器大工業的興起，近代以來的城鎮由於製造業的發達和商品經濟的繁盛，其性質、功能更多具備了加工製造中心、商業貿易中心、交通中心、文化中心等綜合功能。

　　清代臺灣的城鎮基本以港口城鎮、行政中心城鎮和山地貿易集市為主。清代臺灣的主要經濟活動以傳統的農業生產為主，早期臺灣的城鎮功能變遷與臺灣的墾殖開發歷程呈現出明顯的一致性。最早大陸人來臺多以澎湖為跳板，而澎湖又靠近臺灣南部，再加上洋流等原因，大陸移民對臺灣的墾殖從南部開始，城鎮的發展遂以南部為早。大陸移民乘船渡海來臺，他們首先登陸的是能停泊船隻的海港和河港，這些港口不僅是移民來臺的跳板，也是當時與島外進行商品交換、社會聯繫的渠道與橋梁，由此清代臺灣的大部分城鎮是港口，其功能主要是港口運輸。隨著臺灣的墾殖開發，清政府在島內相繼設立了府、縣、廳等行政中心，這些行政中心隨著人員、基礎設施的增多逐漸成長起來，此外在交通、區位較優越之處，還出現了貨物貿易中心。到1875年，臺灣15個較大的城鎮中，港口有9個，其他的多是行政中心或貨物交易中心。到1899年，除原有15處城鎮外，又增加四處，即淡水、三峽、北斗和臺中。除了臺中是清代的府治所在地外，其餘三個均為港口。開港後近代工商業在臺灣開始興起，出現了基隆煤礦，以及因木材、樟腦、礦產等開採加工而興起的新型城鎮，如大料崁、鹹菜硼、樹杞林、八份、三義河、

〔註1〕顧朝林等著：《中國城市地理》，商務印書館，1999年，第180頁。

東勢角、集集等。而且隨著臺灣公路、基隆至新竹鐵路及八斗煤礦至基隆碼頭鐵路的興建，以及清末嘉義——臺南——鳳山——屏東——潮州——枋寮，鳳山——旗山，屏東——萬丹——東港，淡水——金山——基隆，淡水——臺北——基隆，臺北——楊梅——新竹——苗栗——彰化及蘇澳——花蓮間的公路通行馬車〔註2〕，基隆、臺北、新竹、臺南及鳳山等地又成為陸路運輸的中心。清代臺灣城鎮的職能是港口運輸、行政中心、山地貿易集市，以及後期少數的煤礦開採、加工為主的城鎮。

　　日據時期，臺灣的城鎮主要以行政中心、交通中心為主，另有少量的工礦業城鎮。日本殖民者強佔臺灣後，修建了一系列鐵路和公路，溝通了臺灣南北、東西間的聯繫；殖民者還疏濬、擴建了原有的基隆、高雄、花蓮港口。因為交通的便捷，臺灣一些新的城鎮如高雄、臺東、花蓮、屏東、西螺、虎尾、員林與豐原等逐漸興起。而清代原有的眾多港口，除了淡水、梧棲、鹿港和東港等為數不多的港口外，大多港口因泥沙淤積、殖民者的貿易壟斷、貿易政策以及便捷陸路運輸的衝擊等原因相繼衰落。為了掠奪臺灣農業資源，日本殖民者引進先進的製糖技術，以及紡織、金屬、機械、窯業與化學等工業，日據後期又因戰時需要而在臺灣發展製鐵、重機械、石油、製紙、製城、硫酸錏及酒精等工業，由此島內出現了一些因工業發展而形成的城鎮，如羅東、竹東、埔里、南投、員林、西螺、斗六、虎尾、新營、鶯歌等。當時日本殖民者還在臺灣設立了許多軍事基地，基隆、左營、岡山與鳳山等地都具有軍事重鎮的功能。此外，臺北、臺中與臺南因高等教育機關的設立，又新增加了文化的功能。日據時期臺灣城鎮的職能主要是行政中心、運輸中心、商業中心，數量很少的製糖等近代工礦業城鎮的發展均從屬於殖民統治的需要，發展空間受到嚴重的限制。

　　光復後，臺灣的城鎮數量增多，規模擴大，職能則以綜合性城鎮居多。自1953年實施經濟建設計劃以後，經濟發展快速，產業結構由農業經濟為主體的傳統經濟向以工業經濟為主體的現代經濟轉變，進而由勞動密集型工業向資本和技術密集型工業轉變，而且現代服務業逐漸成長壯大，西部沿海出現大都會區，甚至逐漸連成西部沿海城鎮帶，城鎮功能更趨於多樣和綜合。隨著光復後臺灣高等教育的發達，基隆、淡水、新竹、臺中、臺南與高雄等

〔註2〕李瑞麟：《臺灣都市之形成與發展》，《臺灣銀行季刊》，第二十四卷三期，1973年，第15頁。

地又增添了高等教育的功能；旅遊觀光業的發展還給臺北、高雄、臺南、恒春和花蓮等地城市帶來遊憩的功能。光復後臺灣的城鎮職能形成了政治中心、交通中心、工業中心、旅遊中心四大基本類型，其中以綜合性城鎮居多，城市多是一定區域的行政、經濟、文化的中心，差異僅是以某種職能為主。

從下表臺灣主要城鎮功能變遷中，可以大致看出臺灣各主要城市的功能變化過程，特別明顯的是清代一些港口城鎮，到光復後逐漸喪失港口功能；光復後更多的城鎮則增加了交通運輸中心、文化中心的職能，而三重、永和、中和、新莊等城鎮則新增了衛星城鎮的新職能，反映出光復後臺灣城鎮之間聯繫交往的密集以及由此伴生的經濟、文化、交通等功能的發展，各種職能的綜合性趨勢的加強。

表結語-1：臺灣主要城鎮功能變遷

城鎮名稱	清　　代	日　據　時　期	光　復　後
臺北市	行政中心、陸運中心、教育中心	空運中心、金融中心、大學、工業、商業中心、行政中心、	政治、經濟、文化、交通中心
高雄市	港口、製鹽	行政中心、商業中心、陸運中心、工業	港口、重化工業中心
基隆市	行政、陸運中心，港口、煤礦	工業、商業中心、軍事重鎮	港口、工業重鎮、文化中心
臺中市	行政中心	商業、陸運中心、製糖	中部的經濟、文化、交通中心
臺南市	行政、商港、陸運中心	工業、商業、文化中心	經濟、文化中心
新竹市	行政、陸運中心	工業、商業中心	高科技工業中心
嘉義市	行政中心	工商業、陸運中心、木材集散地	製糖中心
三重市	－	－	工商業城市、衛星城
板橋市	河港	河港、鄉村中心	臺北縣政治、經濟、文化中心、衛星城
永和市	－	－	衛星城
中和市	－	－	工商業城市、衛星城
新莊市	河港	河港	工商業城市、衛星城
新店市	－	－	電子工業、衛星城
中壢市	山地貿易集市	鄉村中心	工商業城市

桃園市	山地貿易集市	鄉村中心	桃園縣的行政、經濟、文化中心
苗栗市	行政中心	製糖、陸運中心	苗栗縣的行政、經濟、文化中心
豐原市	—	行政、陸運中心，木材集散地	臺中縣的行政、經濟、文化中心
南投市	—	製糖	南投縣的行政、經濟、文化中心
斗六市	行政中心	製糖、陸運	雲林縣的行政、經濟、文化中心，工業重鎮
新營市	鄉村中心	工業、製糖、陸運	臺南縣的行政、經濟、文化中心
鳳山市	行政、陸運中心、軍事重鎮	—	高雄縣的行政、經濟、文化中心，工業和軍事重鎮
臺東市	行政中心	陸運中心、工業	臺東縣的行政、經濟、文化中心
馬公市	港口、軍事重鎮	軍事重鎮	澎湖縣的行政、經濟、文化中心，軍事重鎮
彰化市	行政中心	商業、製糖、陸運中心	彰化縣的行政、經濟、文化中心
屏東市	—	行政中心、陸運中心、製糖	屏東縣的行政、經濟、文化中心
花蓮市	—	港口、行政中心、陸運中心、製糖	花蓮縣的行政、經濟、文化中心
宜蘭市	行政中心	陸運中心	宜蘭縣的政治、經濟、文化、交通中心

三、臺灣城鎮體系地域空間結構的變遷

　　城鎮體系的地域空間結構是某一體系內各個城鎮在空間上的分佈、聯繫及組合狀態。城鎮的地域空間分佈受歷史、地理、資源、交通、社會經濟發展等多種因素影響。自然生態因素的變遷、交通通信技術的發展、經濟結構的變化、重大投資項目等都會影響城鎮的空間分佈。

　　清代臺灣城鎮空間分佈孤立分散，規模小，以中小城鎮為主。當時臺灣是以農業為主的社會，區域經濟以農業為主體，儘管存在與大陸間的人員、貿易往來，但這種往來都是依託臺灣島西海岸的眾多的河港或海港進行。清

初臺灣的城鎮市街集中分佈在以臺灣府城為中心的西南部沿海平原地帶，直
到清末臺灣設省後，全島格局的城鎮空間體系才逐漸健全。但是，清代臺灣
陸路交通極其不便，城鎮間的聯繫多受限於地理環境，港口配合其背後的腹
地，形成一個個狹小的市場圈。因城鎮大多腹地不廣，島內的大城鎮不易形
成，小的城鎮則分散於各地，同級城鎮之間缺乏密切的聯繫和職能分工，因
而，以中小城鎮為主的清代臺灣城鎮呈現出低水平、低速度、均衡穩態發展
的空間格局。

　　日據時期，臺灣城鎮規模增大，空間分佈由原來沿西海岸集中分佈逐漸
趨向於沿鐵路線縱向分佈。殖民者出於殖民統治的目的，在臺灣修築了鐵路
和公路、開挖疏濬了基隆、高雄等港口，健全了統治臺灣的行政體系，各州、
廳治所城鎮穩定發展。鐵路與分佈南北的兩大深水港基隆和高雄相結合，構
成了臺灣的的主要交通體系，與此同時清代原有的大量沿海沿河港口，則漸
漸衰落。在此背景下，主要的行政城市逐漸成為區域的中心城市。1935 年臺
灣超過二萬人口的城市，分別是臺北、臺南、基隆、高雄、嘉義、臺中、新
竹、彰化、鹿港、宜蘭與屏東。這些城市除了鹿港外，不是州治，就是升格
為市的行政中心。由於日本的「農業臺灣、工業日本」政策，日據時期臺灣
的農產加工業一直占工業的大部分，後來才發展了紡織、金屬、機械、窯業
與化學等工業，推動了高雄、臺東、花蓮、屏東、西螺、虎尾、員林與豐原
等城鎮的興起，但是除了高雄在 20 世紀 30 年代後，因為日本的南進政策而
發展部分大型工業，躍升為臺灣的第二大都市外，絕大部分城市的發展還是
因為行政體系與區域貿易的擴張所致。日據時期臺灣的城鎮空間結構逐漸轉
向沿鐵路線分佈，生動地反映了交通工具的變化在重塑城市空間格局中的巨
大引導作用，「交通工具的改良，會絕對縮短商品的移動期間……隨著交通工
具的變化，舊的生產中心衰落了，新的生產中心興起了」〔註3〕。臺灣西部平
原鐵路沿線由北向南，每隔大致相同的距離，成長起來臺北、新竹、臺中、
嘉義、臺南、高雄等主要城市，而且臺灣東部的宜蘭、花蓮、蘇澳等城市也
先後有較大發展。但是，城鎮空間分佈具有顯著的地域差異。如臺北都市化
優勢顯著，全島僅有的一個 25 萬人以上的大城市，即是位於臺灣北部的殖民
地首府臺北市。臺東廳和花蓮廳最低，而且低於全島的平均水平。

　　光復以後，臺灣城鎮空間格局出現新趨向，即都會區和沿海城市帶的出

〔註 3〕 《馬克思恩格斯全集》，第二十四卷，人民出版社，1972 年，第 277 頁。

現。城鎮具有較高的經濟效益和社會效益，規模經濟和集聚經濟的驅動促使各種產業向城市地域集聚。光復後，由於工業的快速發展，各種產業向城鎮地域集中，進而帶動大量人口向城鎮轉移，臺灣的城市化進程明顯加快，都市人口急劇增加，不同等級的城鎮都有顯著的規模擴張。原來的大城市發展得更大，小城市發展變成大都市，原來的鎮成長為市，原來的村落升格為鎮，再加上交通運輸的網絡化，便捷化，以及交通工具的改變等，更促進了臺灣中心城市的郊區化趨向，幾個中心城市的空間逐漸超越其原有行政界線。20世紀80年代以後，臺灣西部沿海基本上形成了臺北都會區、臺中都會區、高雄都會區，以及中壢、新竹、嘉義三個次都會區，進而發展蔓延出西部沿海都市連綿帶。

表結語-2：臺灣各歷史時期前 25 名城鎮空間分佈

區　　域	清朝（1900 年）城鎮	日據時期（1935 年）城鎮	光復後（1980 年）城鎮
北部地區	臺北市	臺北市	臺北市
	基隆市	基隆市	基隆市
	新竹街	新竹市	新竹市
	新莊街	三重埔	板橋市
	滬尾街	金瓜子	三重市
	大料崁街	宜蘭市	中和市
	宜蘭城內	－	永和市
	羅東街	－	新莊市
	－	－	新店市
	－	－	樹林鎮
	－	－	桃園市
	－	－	中壢市
	－	－	楊梅鎮
合計數	8	6	13
占總數%	32%	24%	52%
中部地區	臺中城內	臺中市	臺中市
	梧棲街	彰化市	彰化市
	葫蘆墩街	豐原街	員林鎮
	後壠街	東勢街	南投市
	北斗街	清水街	斗六市
	鹿港街	鹿港	－

中部地區	彰化街	南投街	—
	林杞埔街	埔里街	—
	北港街	北港街	—
合計數	9	9	5
占總數%	36%	36%	20%
南部地區	嘉義市街	高雄市	高雄市
	朴子腳街	臺南市	臺南市
	臺南市街	嘉義市	嘉義市
	鳳山城內	學甲	鳳山市
	安平街	麻豆街	屏東市
	鹽水港街	朴子街	—
	打狗街	灣里	—
	東港街	屏東市	—
	—	東港	—
合計數	8	9	5
占總數%	32%	36%	20%
東部地區	—	花蓮港	花蓮市
	—	—	臺東市
合計數	0	1	2
占總數%		4%	8%
總　　數	25	25	25

資料來源：

1. 1900 年數據，《臺灣省通志》，卷二，《人民志‧人口篇》，臺灣省文獻委員會，第
   145 頁。
2. 1935 年數據，陳正祥、孫得雄、蔡曉畊著《臺灣的人口》，南天書局出版，1997
   年，第 79 頁。
3. 1985 年數據，「行政院」經濟建設委員會住宅及都市發展處，《都市及區域發展統
   計彙編》，1986 年，第 136～142 頁。

　　上表的臺灣各歷史時期前 25 名城鎮空間分佈，以 1900 年、1935 年和 1980
年排名前 25 名的城鎮代表清代、日據時期、光復後三個時期，可以分析臺灣
大中型城鎮空間分佈的變遷。清代臺灣城鎮最早形成於南部，隨著臺灣開墾
由南向北、由西向東進展，到 1900 年中部地區城鎮數量稍多，北部和南部大
致一致，東部地區尚無 3000 人以上的城鎮。到日據時期，因一些港口城鎮的
衰落、一些工業以及交通城鎮的興起，在臺灣當時的前 25 名城鎮之中，北部
地區的城鎮數量減少，東部的城鎮花蓮港興起，排名在第 12 位。不過，日據

時期北部的臺北市成為臺灣最大的城市。光復以後，隨著臺灣經濟的發展和工業化進程，城市集聚現象日益突出，特別是臺北市周圍一些城鎮日益發展成長，1980 年臺灣前 25 名的城鎮之中，臺北附近的竟達到 13 個。

從上表結語-2 可以看出臺灣主要城鎮空間變遷（1900 年～1980 年），1900 年時臺灣前 25 名城鎮空間分佈除東部外，其他各地差別不大，主要還是分佈在西部沿海一帶。1935 年時，當時的前 25 名城鎮比較密集地分佈中部和南部，東部出現一個城鎮花蓮港。到 1980 年時，在臺北市周圍城市集聚現象明顯，其他各地相對稀疏。

臺灣各個時期的一些大的行政中心城鎮基本歷經各個歷史時期保持不變，如臺北市自從劉銘傳把臺北作為省會後，一直是臺灣的政治、經濟、文化中心。臺南、基隆、新竹、臺中、彰化、嘉義、鳳山、高雄等城市也基本上一直是各個歷史階段其所在區域的行政、文化、經濟中心。這一方面體現了行政中心城市在城市發展、成長過程中的強大優勢，同時也可以看出臺灣城鎮發展的累積性和歷史一致性。

總起來看，在臺灣城鎮變遷的過程中，有幾個明顯的特徵和動力：其一，行政中心城鎮具有明顯的發展優勢。清代在臺灣逐漸建立健全行政體系之後，臺灣行政中心型城鎮逐漸發展起來，而且其行政城鎮的發展規模多與城鎮所在的行政級別密切相關，行政地位越高的城市，規模也越大，發展速度就越快，反之亦然。如臺灣建省之後臺北成為省會所在地，其發展逐漸超越古老的城市臺南，成為臺灣最大的政治、經濟、文化中心。其二，對外貿易在臺灣城鎮形成發展中舉足輕重。臺灣是一海島，面積不大，資源有限，因而與島外各地的聯繫和貿易在城鎮形成發展中，特別是在港口城鎮的發展中有著較為重要的作用。清代的港口眾多，基本上與當時的行政中心城鎮鼎足而立。日據以後，港口的數量減少，基隆、高雄、花蓮港逐漸興起，1940 年分別成為位居臺灣第 2 位、第 4 位和第 10 位的城市。光復後，隨著臺灣出口貿易的發展，高雄港、基隆港、臺中港、花蓮港、蘇澳港發展成為五個對外開放的國際商港。其三，工業化是近代臺灣城鎮體系變遷的根本動力。工業化是城市化的加速器，拉動各種經濟要素向城市集中，加速著城市化進程，具有極強的集聚效應。另一方面，城市又因其功能齊全的基礎設施、優越的區位條件，成為工業集聚的理想地域，兩者相互促進，城市產業結構不斷調整，空間形態不斷演變。20 世紀 60 年代中期以後，臺灣邁入工業經濟社會。

工業化的快速推進，帶動臺灣經濟的高速發展，第二、三產業創造的大量就業機會吸引眾多人口遷移到城市，促進城市的數量增加，規模的擴大。然而，大量人口向中心城市的集聚，導致中心城市生產、生活成本的提高，引起城市空間的蔓延，使城市的空間發展超越城市法定的行政地域界限，促使整個區域在社會、經濟功能上整合成一個複雜的都會網絡系統，即都會區和都市帶的出現。其四，交通技術的發展對臺灣城鎮空間變遷的影響較大。根據西方城市地理學者對城市發展史的研究發現，馬車時代的城市用地範圍從未超過 3 英里半徑（約 4.8km）。直到 19 世紀末，有軌電車使得居民的出行距離增加，同時使得城市邊界向外擴展。20 世紀 20 年代汽車的發明和廣泛應用，以其快速、方便、靈活、多起點、多終點的優勢，促進了城市經濟從集中化向分散化方式轉變〔註4〕。日據時期，臺灣縱貫鐵路等鐵路的開通，改變了清代臺灣城鎮沿西海岸集中分佈的空間格局而代之以沿鐵路線分佈。20 世紀 70 年代後臺灣健全的交通體系，特別是高速公路的通車，進一步改善了各區域的發展條件，縮短南北交通時距。再加上臺灣人均收入的增加，臺灣的汽車持有率不斷提升，1964 年平均每千人持有汽車 2.04 輛，1974 年增至 14.08 輛，1984 年則增至 64.4 輛〔註5〕。汽車作為一種靈活方便的交通運輸工具，大幅度降低了運輸成本和通勤成本，而高速公路的大量興建和網絡化，進一步提高了汽車出行的效率。汽車的普及、交通的便捷以及各種基礎設施的優化，為人口、資本和技術流向郊區提供了極大的便利。另一方面，隨著各種經濟要素在中心城市集聚，大城市人口不斷增加，人口、產業的集聚超過一定程度後會導致規模不經濟的後果，引發大城市中心區人口、產業的外流。在此背景下，「從門到門」的汽車交通極大地促進了城市空間的拓展和郊區化，原來集中於中心城區的多種經濟活動日益分散到郊區，推動大城市周邊城鎮的發展。一些大的都會區與次級的都會區形成並日益發展，臺灣西部沿海出現了西海岸城市帶這一新的城市空間形態。

〔註 4〕 薛俊菲、顧朝林、孫加鳳，《都市圈空間成長的過程及其動力因素》，《城市規劃》，2006 年，30 卷第 3 期，第 55 頁。

〔註 5〕 《臺灣地區都市與區域發展之研究──都市成長極空間結構之變遷》，「行政院」經濟建設委員會都市及住宅發展處，1985 年，第 68 頁。

主要參考文獻

檔　案

1. 〔日〕村上直次郎等，《巴達維亞城日記》，眾文圖書公司，1991。
2. 《籌辦夷務始末選輯》，臺灣銀行經濟研究室，1964。
3. 《淡新檔案》，「國立」臺灣大學出版，1995。
4. 《淡新檔案選錄行政編初集》，臺灣銀行經濟研究室，1971。
5. 沈葆楨，《福建臺灣奏摺》，臺灣銀行經濟研究室，1958。
6. 朱壽朋，《光緒朝東華續錄選輯》，臺灣銀行經濟研究室，1969，
7. 《清德宗實錄選輯》，臺灣銀行經濟研究室，1964。
8. 《清季臺灣洋務史料》，臺灣銀行經濟研究室，1968。
9. 《清季申報臺灣紀事輯錄》，臺灣銀行經濟研究室，1968。
10. 《清會典臺灣事例》，臺灣銀行經濟研究室，1966。
11. 《清經世文編選錄》，臺灣銀行經濟研究室，1966。
12. 《臺案彙錄丙集》，臺灣銀行經濟研究室，1963。
13. 《臺案彙錄壬集》，臺灣銀行經濟研究室，1966。
14. 《臺灣總督府檔案》，中譯本第四輯，臺灣省文獻委員會，1994。

碑　刻

1. 《明清臺灣碑碣選集》，臺灣省文獻委員會，1994 年，
2. 《臺灣中部碑文集成》，臺灣銀行經濟研究室，1962。
3. 《臺灣理蕃古文書》，成文出版社，1983。

4. 《臺灣教育碑記》，臺灣銀行經濟研究室，1959。

5. 《臺灣南部碑文集成》，臺灣銀行經濟研究室，1966。

方志、年鑑

1. 《安平縣雜記》，臺灣銀行經濟研究室，1959。

2. 周元文，《重修臺灣府志》，臺灣銀行經濟研究室，1960。

3. 王必昌，《重修臺灣縣志》，臺灣銀行經濟研究室，1961。

4. 劉良璧，《重修福建臺灣府志》，臺灣銀行經濟研究室，1961。

5. 范咸，《重修臺灣府志》，臺灣銀行經濟研究室，1961。

6. 王瑛曾，《重修鳳山縣志》，臺灣銀行經濟研究室，1962。

7. 《重修臺灣省通志》，卷七，《政治志·建置》，臺灣省文獻委員會，1991。

8. 《重修臺灣省通志》，卷四，《經濟志·交通篇》，臺灣省文獻委員會，1993。

9. 《重修臺灣省通志》，卷四，《經濟志·經濟成長篇》，臺灣省文獻委員會，1993。

10. 《重修臺灣省通志》，卷四，《經濟志·商業篇》，臺灣省文獻委員會，1993。

11. 《重修臺灣省通志》，卷四，《經濟志·金融篇》，臺灣省文獻委員會，1993。

12. 《重修臺灣省通志》，卷七，《政治志·地形篇》，臺灣省文獻委員會，1996。

13. 《重修臺灣省通志》，卷四，《經濟志·農業篇》，臺灣省文獻委員會，1996。

14. 《重修臺灣省通志》，卷三，《住民志·聚落篇》，臺灣省文獻委員會，1997。

15. 陳培桂，《淡水廳志》，臺灣銀行經濟研究室，1963。

16. 盧德嘉，《鳳山縣采訪冊》，臺灣銀行經濟研究室，1960。

17. 《福建通志臺灣府》，臺灣銀行經濟研究室，1960。

18. 陳文達，《鳳山縣志》，臺灣銀行經濟研究室，1961。

19. 柯培元，《噶瑪蘭志略》，臺灣銀行經濟研究室，1961。

20. 陳淑均，《噶瑪蘭廳志》，臺灣銀行經濟研究室，1963。

21. 屠繼善，《恒春縣志》，臺灣銀行經濟研究室，1960。

22. 《嘉義管內采訪冊》，臺灣銀行經濟研究室，1959。

23. 林百川、林學源，《樹杞林志》，臺灣銀行經濟研究室，1960。

24. 沈茂蔭，《苗栗縣志》，臺灣銀行經濟研究室，1962。

25. 林棲鳳，《臺灣采訪冊》，臺灣銀行經濟研究室，1959。

26. 王詩琅，《臺北市志稿》，臺北市文獻委員會，1962。

27. 《臺灣省通志》，卷四，《經濟志·綜說篇》，臺灣省文獻委員會。

28. 《臺灣省通志》，卷四，《經濟志·交通篇》，臺灣省文獻委員會，1969.

29. 《臺灣省通志》，卷四，《經濟志・商業篇》，臺灣省文獻委員會，1970。

30. 《臺灣省通志》，卷四，《經濟志・礦業篇》，臺灣省文獻委員會，1970。

31. 《臺灣省通志》，卷一，《土地志・地理篇》，臺灣省文獻委員會，1970。

32. 《臺灣省通志》，卷四，《經濟志・工業篇》，臺灣省文獻委員會，1971。

33. 《臺灣省通志》，卷二，《人民志・人口篇》，臺灣省文獻委員會，1972。

34. 周蔭棠，《臺灣郡縣建置志》，正中書局，1974。

35. 桃園縣文獻委員會，《桃園縣志》，成文出版社，1983。

36. 《臺北市志》，卷一，《沿革志・城市篇》，臺北市文獻委員會，1988 年。

37. 《臺北市志》，卷三，《政制志・公共建設篇》，臺北市文獻委員會，1988。

38. 《臺北市志》，卷六，《經濟志・合作事業篇》，臺北市文獻委員會，1988。

39. 連橫，《臺灣通史》，廣西人民出版社，2005。

40. 陳東升、周素卿，《臺灣全志》，「國史館」臺灣文獻館，2006。

41. 鄭鵬雲、曾逢辰，《新竹縣志初稿》，臺灣銀行經濟研究室，1959。

42. 周凱，《廈門志》，臺灣銀行經濟研究室，1961。

43. 陳朝龍，《新竹縣采訪冊》，臺灣銀行經濟研究室，1962。

44. 謝金鑾，《續修臺灣縣志》，臺灣銀行經濟研究室，1962。

45. 蔡振豐，《苑裏志》，臺灣銀行經濟研究室，1959。

46. 倪贊元，《雲林縣采訪冊》，臺灣銀行經濟研究室，1959。

47. 周鍾瑄，《諸羅縣志》，臺灣銀行經濟研究室，1962.

48. 周璽，《彰化縣志》，臺灣銀行經濟研究室，1962。

49. 《臺灣省五十一年來統計提要》，臺灣省行政長官公署統計室，1946。

50. 《「中華民國」統計年鑒》。

51. 《「中華民國」經濟年鑒》。

雜文隨筆

1. 郁永河，《裨海記遊》，臺灣銀行經濟研究室，1959。

2. 藍鼎元，《東征集》，臺灣銀行經濟研究室，1958。

3. 姚瑩，《東槎紀略》，臺灣銀行經濟研究室，1958·

4. 《清初海疆圖説》，臺灣銀行經濟研究室，1962。

5. 〔美〕馬偕，《臺灣六記》，臺灣銀行經濟研究室，1960。

6. 蔣師轍，《臺游日記》，臺灣銀行經濟研究室，1958。

7. 《臺灣雜詠合刻》，臺灣銀行經濟研究室，1958。

8. 丁曰健,《治臺必告錄》,臺灣銀行經濟研究室,1958。

9. 黃叔璥,《臺海使槎錄》,臺灣銀行經濟研究室,1958。

10. 唐贊袞,《臺陽見聞錄》,臺灣銀行經濟研究室,1958。

11. 夏獻綸,《臺灣輿圖》,臺灣銀行經濟研究室,1959。

12. 《臺灣遊記》,臺灣銀行經濟研究室,1960。

13. 《臺灣輿地會鈔》,臺灣銀行經濟研究室,1966。

14. 連橫,《雅堂文集》,臺灣銀行經濟研究室,1964。

外文資料

1. Chih-ming Ka. *Japanese Colonialism in Taiwan: Land Tenure, Development, and Dependency, 1895-1945*.Westview Press. 1995.

2. Samuel P. S. Ho. *Economic Development of Taiwan 1860-1970*. Yale University Press, 1978.

3. *Maritime Customs Annual Returns and Reports of Taiwan, 1867-1895*. Vollume I-Ⅱ,「中研院」臺灣史研究所籌備處,1997.

調查和研究報告

1. 《清代臺灣大租調查書》,臺灣銀行經濟研究室,1959。

2. 《都市及區域發展統計彙編》,「行政院」經濟建設委員會都市計劃處編。

3. 《「中華民國」交通統計月報》,交通統計部編。

4. 《臺灣地區各級都市成長與人口遷徙之研究》,「行政院」經濟建設委員會住宅及都市發展處,1984。

5. 《臺灣地區都市與區域發展之研究——都市成長極空間結構之變遷》,「行政院」經濟建設委員會都市及住宅發展處,1985。

6. 《臺灣四大都會區人口遷移與社會調適之研究》,「內政部」人口政策委員會,1986。

資料合輯

1. R・E・帕克(R・E・Parker)等,《城市社會學——芝加哥學派城市研究文集》,宋俊嶺等譯,華夏出版社,1987。

2. 北京社會科學研究所城市研究室選編,《國外城市科學文選》,貴州人民出版社,1984。

3. 《資源委員會檔案史料彙編:光復初期臺灣經濟建設》(上、中、下)「國史館」,1995。

4. 《臺灣經濟史初集》，臺灣銀行經濟研究室。

5. 《臺灣經濟史二集》，臺灣銀行經濟研究室。

6. 《臺灣經濟史三集》，臺灣銀行經濟研究室。

7. 《臺灣經濟史四集》，臺灣銀行經濟研究室。

8. 《臺灣經濟史五集》，臺灣銀行經濟研究室。

9. 《臺灣經濟史六集》，臺灣銀行經濟研究室。

10. 《臺灣經濟史七集》，臺灣銀行經濟研究室。

11. 《臺灣經濟史八集》，臺灣銀行經濟研究室。

12. 《臺灣經濟史九集》，臺灣銀行經濟研究室。

13. 《臺灣經濟史十集》，臺灣銀行經濟研究室。

14. 黃武達，《臺灣近代都市計劃之研究（1895～1945）》（1），臺灣都市研究室，1996。

15. 黃武達，《臺灣近代都市計劃之研究（1895～1945）》（2），臺灣都市研究室，1996。

報紙、雜誌

1. 臺灣日日新報。

2. 臺灣中央日報。

3. 大成舊刊（電子版）。

4. 民國期刊（電子版）。

5. 東方雜誌。

著 作

1. 許雪姬，《北京的辮子——清代臺灣的官僚體系》，自立晚報社文化出版部，1993。

2. 〔英〕K.J·巴頓，《城市經濟學：理論和政策》，商務印書館，1984。

3. 林仁川，《大陸與臺灣的歷史淵源》，文匯出版社，1991。

4. 林滿紅，《茶、糖、樟腦業與臺灣之社會經濟變遷》，聯經出版事業有限公司，1997。

5. 許學強、周一星、寧越敏，《城市地理學》，高等教育出版社，1997。

6. 高汝熹、羅明義，《城市圈域經濟論》，雲南大學出版社，1998。

7. 張鍾汝等，《城市社會學》，上海大學出版社，2001。

8. 上海證大研究所，《長江邊的中國——大上海國際都市圈建設與國圖家發

展戰略》，學林出版社，2003。

9. 〔美〕劉易斯·芒福德，《城市發展史——起源、演變和前景》，宋俊嶺、倪文彥譯，中國建築工業出版社，2008。

10. 何一民，《從農業時代到工業時代：中國城市發展研究》，四川出版集團巴蜀書社，2009。

11. 高珮義，《城市化發展學原理》，中國財政經濟出版社，2009。

12. 朱鐵臻，《城市發展學》，河北教育出版社，2010。

13. 林仁川，《大陸與臺灣的歷史淵源》，文匯出版社，1991。

14. 紀俊臣，《都市及區域治理》，五南圖書出版股份有限公司，2006。

15. 許佩賢，《攻臺見聞》，遠流出版事業有限公司，1995。

16. 曾乃碩，《復興基地臺灣歷史沿革》，正中書局，1987。

17. 袁穎生，《光復前後的臺灣經濟》，聯經出版事業公司，1998。

18. 邱文彥，《海洋文化與歷史》，胡氏圖書出版社，2003。

19. 顧朝林，《概念規劃——理論·方法·實例》，中國建築出版社，2005。

20. 李祖基，《近代臺灣地方對外貿易》，江西人民出版社，1986。

21. 莊英章，《林圯埔——一個臺灣市鎮的社會經濟發展史》，「中研院」民族學研究所，1977。

22. 呂淑梅，《陸島網絡——臺灣海港的興起》，江西高校出版社，1999。

23. 王旭，《美國城市史》，中國社會科學出版社，2000。

24. 王旭，《美國城市化的歷史解讀》，嶽麓書社，2003。

25. 鄧孔昭，《閩粵移民與臺灣社會歷史發展研究》，廈門大學出版社，2011。

26. 陳孔立，《清代臺灣移民社會研究》，廈門大學出版社，1990。

27. 林如玉，《清代臺灣港口的空間網絡結構》，知書房出版社，1996。

28. 松浦章，《清代臺灣海運發展史》，卞鳳奎譯，博揚文化公司，2002。

29. 唐次妹，《清代臺灣城鎮研究》，九州出版社，2008。

30. 廖正宏，《人口遷移》，三民書局，1995。

31. 黃武達，《日治時代（1895～1945）臺北市之近代都市計劃》，都市計劃研究室，1997。

32. 松浦章，《日據時期臺灣海運發展史》，卞鳳奎譯，博揚文化公司，2004。

33. 黃晉太，《二元工業化與城市化》，中國經濟出版社，2006。

34. 何培齊，《日治時期的臺南》，「國家圖書館」，2007。

35. 王健，《日據時期臺灣總督府經濟政策研究（1895～1945）》，中國社會科學出版社，2009。

36. 王健,《日據時期臺灣米糖經濟史研究》,鳳凰出版社,2010。

37. 林滿紅,《四百年來的兩岸分合——一個經貿史的回顧》,自立晚報社文化出版部,1994。

38. 宋家泰,《臺灣地理》,上海正中書局,1947。

39. 吳壯達,《臺灣地理》,三聯書店,1957。

40. 龍冠海,《臺灣城市人口調查研究》,東方文化書局,1972。

41. 陳紹馨,《臺灣的人口變遷與社會變遷》,聯經出版事業公司,1979。

42. 周憲文,《臺灣經濟史》,臺灣開明書店,1980。

43. 陳碧笙,《臺灣地方史》,中國社會科學出版社,1982。

44. 唐富藏,《臺灣地區都市問題與政策之研究》,「行政院」研究發展考覈委員會,1982。

45. 黃宇元,《臺北市發展史》,臺北市文獻委員會,1983。

46. 曹永和,《臺灣早期歷史研究》,聯經出版事業公司,1985。

47. 瞿海源、章英華主編,《臺灣社會與文化變遷》,「中央研究院」民族學研究所,1986。

48. 陳俊編,《臺灣道路發展史》,交通部運輸研究所,1987。

49. 戴寶村,《臺中港開發史》,臺中縣立文化中心,1987.

50. 邱家文,《臺灣農業的過去與現在》,渤海堂文化公司,1988。

51. 江慶林,《臺灣鐵路史》上卷,臺灣省文獻委員會,1990。

52. 陳永山、陳碧笙,《中國人口(臺灣分冊)》,中國財經出版社,1990。

53. 黃福才,《臺灣商業史研究》,江西人民出版社,1990。

54. 李家泉,《臺灣省經濟地理》,新華出版社,1991。

55. 李文朗,《臺灣人口與社會發展》,東大圖書公司,1992。

56. 洪致文,《臺灣鐵道傳奇》,時報文化出版企業股份有限公司,1992。

57. 宋光宇,《臺灣經驗——歷史經濟篇》,東大圖書公司,1993。

58. 畢福臣,《臺灣城市與縣鄉鎮總覽》,中國統計出版社,1997。

59. 蔡勇美、章英華主編,《臺灣的都市社會》,巨流圖書公司,1997。

60. 陳正祥、孫得雄、蔡曉畊,《臺灣的人口》,南天書局,1997。

61. 劉克輝等,《臺灣農業發展概論》,廈門大學出版社,1997年。

62. 東嘉生,《臺灣經濟史概說》,周憲文譯,海峽學術出版社,2000。

63. 于宗先、王金利,《臺灣中小企業的成長》,聯經出版事業公司,2000。

64. 張素玢,《臺灣的日本農業移民——以官營移民爲中心(1909~1945)》,「國史館」,2001。

65. 林仁川、黃福才,《臺灣社會經濟史研究》,廈門大學出版社,2001。

66. 《中國大學學術講演錄》(2002),廣西師範大學出版社,2002。

67. 井出季和太,《日據下之臺政》(卷一、二、三),郭輝編譯,海峽學術出版社,2003。

68. 王振寰,《臺灣社會》,巨流圖書公司,2003。

69. 李非,《臺灣經濟發展通論》,九州出版社,2004。

70. 游棋竹,《臺灣對外貿易與產業發展之研究(1897~1942)》,稻香出版社,2005。

71. 賀濤等,《臺灣經濟發展軌迹》,中國經濟出版社,2009。

72. 盛九元、胡雲華,《臺灣的都市化與經濟發展》,九州出版社,2009。

73. 張志遠,《臺灣的古城》,生活・讀書・知新三聯書店,2009。

74. 單玉麗、劉克輝,《臺灣工業化過程中的現代化農業發展》,知識產權出版社,2009。

75. 李世榮、吳立萍,《老鄉鎮》,遠足文化事業有限公司,2010。

76. 黃紹元,《臺灣的老街》,遠足文化事業有限公司,2010。

77. 湯韻,《臺灣城市化發展及其動力研究》,浙江大學出版社,2011。

78. 張海鵬、陶文釗,《臺灣史稿》,鳳凰出版社,2012。

79. 〔美〕塞繆爾・亨廷頓,《文明的衝突與世界秩序的重建》,周琪等譯,新華出版社,2002。

80. 張明雄等,《躍升的城市臺北》,前衛出版社,1999。

81. 蔡少卿,《再現過去:社會史的理論視野》,浙江人民出版社,1988。

82. 侯怡泓,《早期臺灣都市發展性質的研究》,臺灣省文獻委員會,1989。

83. 何一民,《中國城市史綱》,四川大學出版社,1994。

84. 顧朝林,《中國城鎮體系——歷史、現狀、展望》,商務印書館,1996。

85. 隗瀛濤,《中國近代不同類型城市綜合研究》,四川大學出版社,1998。

86. 〔美〕施堅雅,《中華帝國晚期的城市》,葉光庭譯,中華書局,2000。

87. 高淑娟,馮斌,《中日對外經濟政策比較史綱——以封建末期貿易政策為中心》,清華大學出版社,2003。

88. 趙岡,《中國城市發展史論集》,新星出版社,2006。

89. 黃俊傑,《戰後臺灣的轉型及其展望》,臺灣大學出版中心,2006。

90. 傅崇蘭等,《中國城市發展史》,社會科學文獻出版社,2009。

91. CamillclmImult Huart,《臺灣島的歷史與地志》,黎烈文譯,臺灣研究叢刊第 56 種,臺灣銀行經濟研究室。

論　文

1. 李林傑，王金玲，《對工業化和城市化關係量化測度的思考》，《人口學刊》，2007 年 4 期。

2. 洪敏麟，《從東大墩到臺中市的都市發展過程》，《臺灣文獻》，1975 年，26 卷 2 期。

3. 張冠華：《當前臺灣經濟轉型面臨的挑戰與選擇》，《臺灣研究》，2004 年 5 期。

4. 侯仁之，《城市歷史地理學的研究與城市規劃》，《地理學報》，1979 年，第 34 卷 4 期.

5. 黃勇、朱磊，《大都市區：長江三角洲區域城市化發展的必然選擇》，《浙江社會科學》，2003 年 2 期。

6. 李祖基，《大陸移民渡臺的原因與類型分析》，《臺灣研究集刊》，2004 年 3 期。

7. 薛俊菲、顧朝林等，《都市圈空間成長的過程及其動力因素》，《城市規劃》，2006 年 3 期。

8. 張顥瀚、張超，《大都市圈的成長階段與動力機制》，《江海學刊》，2006 年 1 期。

9. 吳坤季，《帝國符碼與殖民地策略──臺灣日日新報圖像內容分析》，臺北教育大學碩士論文，2010。

10. 熊俊莉，《ECFA 對臺灣經濟利大於弊》，《理論參考》，2010 年 4 期。

11. 陳俊星，《構建海峽都市圈的戰略思考》，《中國行政管理》，2010 年 11 期。

12. 戴寶村，《近代臺灣港口市鎮之發展──清末至日據時期》，臺灣師範大學歷史研究所博士論文，1988。

13. 王德忠、吳曉曦、高小青，《區域一體化的關係研究》，《四川大學學報》，2009 年 5 期。

14. 黃蘭翔，《日據初期臺北市的市區改正》，《臺灣社會研究季刊》，1995 年第 18 期。

15. 黃武達等：《日治時代臺灣近代都市計劃法制之創設》，《都市與計劃》，24 卷 2 期。

16. 楊啓正，《日治時期臺灣州治城市的基礎空間型態比較》，成功大學建築研究所碩士論文，2005 年。

17. 王成銀，《解析文化差異在現代經濟合作中的影響》，《工業技術經濟》，2004 年 6 期。

18. 林會承，《清末鹿港街鎮結構研究》，《臺灣文獻》，1980 年，31 卷 3 期，

4 期。

19. 邵秦,《略談臺灣城市人口與城鎮化特點》,《社會學研究》,1986 年 5 期。

20. 林仁川,《論清代臺灣社會的轉型》,《中國社會經濟史研究》,2003 年 4 期。

21. 傅玉能,《近 50 年來臺灣地區城市和城市體系的發展》,《經濟地理》,2006 年 2 期。

22. 張立彬,《日據時期臺灣地區城市化的特徵》,《吉林師範大學學報》,2007 年 4 期.

23. 施添福,《清代臺灣市街的分化與成長:行政、軍事和規模的相關分析》,《臺灣風物》,1989 年,39 卷 2 期,1990,40 卷 1 期。

24. 黃得時,《大稻埕發展史》,《臺北文物》,1953 年,2 卷 1 期。

25. 富田芳郎,《臺灣鄉鎮之研究》,《臺灣銀行季刊》,1955 年,7 卷 3 期。

26. 林鈞祥,《臺灣都市人口之研究》,《臺灣銀行季刊》,1966 年,第 17 卷第 3 期。

27. 林子瑜,《臺灣之都市計劃與區域計劃》,《臺灣銀行季刊》,1973 年,24 卷 3 期。

28. 李瑞麟,《臺灣都市之形成與發展》,《臺灣銀行季刊》,1973 年,24 卷 3 期。

29. 孫清山,《臺灣三十年來都市成長模式》,《東海社會科學學報》,1985 年 4 期。

30. 李非,《臺灣城市聚落型態的演變及其發展趨勢》,《人口學刊》,1987 年 6 期。

31. 李莉文,《日據時期臺灣港市發展與區域都市化之研究》,《臺灣文獻》,1988 年 1 期。

32. 侯曉虹、劉塔,《臺灣西部城市地帶的形成與發展》,《熱帶地理》,1994 年 1 期。

33. 嚴正,《臺灣海峽都市圈正浮出水面》,《亞太經濟》,2006 年 4 期。

34. 盛九元,《臺灣的都市化與經濟發展互動之研究》,《世界經濟研究》,2009 年 7 期。

35. 莊翰華等,《臺灣地區空間規劃體系的形成與演變》,《城市與區域規劃研究》,2009 年第 3 期。

36. 盛九元,《臺灣都市化發展的經驗與缺陷》,《臺灣研究集刊》,2010 年 5 期。

37. 湯韻、張榕暉,《臺灣城市規模分佈初探》,《集美大學學報》(哲學社會科學版),2011 年 2 期。

38. 施昱年、廖昭雅、秦波,《我國臺灣經濟增長階段的城市規劃功能演變》,《城市發展研究》,2009 年 6 期。

致　謝

2010 年，我離開工作多年的高校，再次成爲一名學生。其間，承受著學業、事業、家庭、生活等種種的壓力，各種滋味難以盡言。求學的三年裏，恩師張海鵬先生的睿智思想、淵博學識使我受益匪淺、終生銘記；先生觀察問題的敏銳性、分析問題的獨到性始終啓迪著我，使我分析問題和解決問題的能力得以提升；我的畢業論文從題目的選定、提綱的修訂、內容的修改、甚至是文字的敲定，無不沁透著先生的心血和汗水。

特別感謝中國社科院近代史所的姜濤教授、虞和平教授、李長莉教授、褚靜濤教授，以及當代城鄉發展規劃院的傅崇蘭教授，他們不但無私地傳授知識給我，而且對我的論文題目、結構的設計、提綱的修訂等提出了寶貴意見，傅崇蘭先生尤其在城市理論方面給予了細緻的指教。感謝論文評閱人陳光庭教授、田文祝教授以及答辯委員會董黎明教授、傅崇蘭教授、華林甫教授、姜濤教授、李細珠教授對論文的肯定與批評。感謝在論文寫作過程中，在論文中注明或沒有注明的論著作者，正是這些專家學者在理論研究上的指導和啓發，使我的論文得以順利完成。感謝近代史所圖書館的老師們總是爲我查閱圖書資料提供最大的便利和幫助。

感謝劉靜、李娟婷、李娜、楊海貴、劉春強、朱俊等同學，是他們在學習和生活上給予我極大的鼓勵。尤其感謝師弟呂柏良，正是他不辭辛苦幫我從臺灣查找資料，使我能大量翻閱並借鑒臺灣學者的第一手材料。感謝老朋友于樂軍、黃志宏等人，他們對我的論文提出了細緻的修改意見。感謝我的家人，自始至終給了我最大的支持和幫助。

在畢業論文即將出版之際，謹向多年來所有關心、指導和幫助過我的老師、同學和朋友致以衷心的感謝和深深的敬意！限於自己的學力及視野，書中疏漏、錯訛之處在所難免，懇請前輩、同行、讀者不吝賜教！

呂穎慧

2015 年 4 月於北京木樨地